Sansão e Dalila

A história romanceada de um dos relacionamentos mais turbulentos da Bíblia

THOMAS NELSON
BRASIL®
Rio de Janeiro, 2015

Publisher	Omar de Souza
Editores	Aldo Menezes e Samuel Coto
Coordenação de produção	Thalita Ramalho
Produção editorial	Luiz Antonio Werneck Maia
Adaptação de roteiro e Edição de texto	Marcelo Santos
Preparação de texto	Vanessa Fófano
Revisão	Samuel Gonçalves S. de Lima
Diagramação	Julio Fado
Capa	Wesley Mendonça

Este livro foi impresso em 2016, pela Edigráfica, para a Thomas Nelson Brasil.
A fonte usada no miolo é Bembo corpo 12. O papel do miolo é
Avena 80g/m², e o da capa é cartão 250g/m².

CIP-BRASIL. CATALOGAÇÃO NA PUBLICAÇÃO
SINDICATO NACIONAL DOS EDITORES DE LIVROS, RJ

S221

Sansão e Dalila / [Thomas Nelson Brasil]. - 1. ed. - Rio de Janeiro : Thomas Nelson Brasil, 2016.
256 p.

ISBN 978.85.7860.663-3

1. Histórias bíblicas. 2. Cristianismo. I. Título.

CDD: 220.9505
CDU: 27-276

Rua Nova Jerusalém, 345 — Bonsucesso
Rio de Janeiro - RJ - CEP 21042-235
Tel.: (21) 3882-8200 - Fax: (21) 3882-8212 / 3882-8313
www.thomasnelson.com.br

NOTA AO LEITOR

Este livro é um romance, uma obra de ficção. Embora seja baseado no relato bíblico e histórico de Sansão e Dalila, que se encontra em Juízes 16, este livro é independente das Escrituras Sagradas e não deve ser confundido com ela. Como em qualquer obra de ficção, usa-se de liberdade poética para tentar recriar como teria sido o desenrolar daquilo que a Bíblia conta com muita maestria, mas com poucos detalhes. O livro dá asas à imaginação, mas sem transgredir o relato das Escrituras.

Se você já gosta da história de Sansão e Dalila, esperamos que vire fã deste relato ficcional repleto de ação, um romance épico capaz de suscitar os mais variados sentimentos, pois esta história mexe com nosso produtivo imaginário e nossas emoções mais profundas.

Boa leitura!

Os Editores

★

CAPÍTULO 1

Uma terra sem paz

(1100 a.C., Tempo dos Juízes)

Poucos eram os lugares seguros no território dominado pelos hebreus. As doze tribos que descendiam do patriarca Jacó, posteriormente chamado de Israel, espalhavam-se por uma extensão de terra irregular, arenosa, cortada por desertos e que se estendia pelo território de Canaã, nas proximidades da península do Sinai. Havia pouca água potável. Pouco solo para o plantio. E quase nenhuma paz.

Peregrinos hebreus eram constantemente vítimas dos ataques violentos dos filisteus, uma poderosa nação. Desde que haviam escapado na miraculosa travessia pelo mar Vermelho, guiados por Moisés — quase meio século antes —, os hebreus eram perseguidos pelos filisteus por vales e colinas. Vez ou outra, os filisteus invadiam povoados, incendiavam suas casas, matavam os homens, estupravam as mulheres e escravizavam as crianças. O horror fez dos descendentes de Jacó um povo andarilho sobre a terra.

Foi atravessando, cambaleantes, a secura do deserto sob um sol escaldante, que uma dessas caravanas em fuga encontrou o povoado de Zorá, então sob o domínio dos danitas. Era uma das regiões mais férteis para o plantio e com alguma tranquilidade. Os danitas descendiam de Dã, filho de Jacó. No grupo que procurava refúgio, havia dezenas de homens, mulheres, idosos e crianças. Eles carregavam em animais o pouco que conseguiram guardar antes de o povoado ser devastado pelos filisteus. Na bagagem, alguns utensílios usados para arar a terra e sementes, e nenhuma água ou comida.

— Por favor, não se assuste. Viemos em paz. Aqui é a tribo de Dã? — perguntou um homem com roupas esfarrapadas, rosto queimado pelo sol e aparente exaustão. Sua voz era ofegante.

De pé e comovido, Manoá ouvia o viajante. Um dos líderes daquele povoado, Manoá era reconhecidamente um homem piedoso e respeitado por seus amigos. Mesmo com os poucos recursos de sua aldeia, não deixaria seus irmãos hebreus morrerem de fome e sede.

— Vocês sabem que não estarão seguros aqui —, advertiu Manoá.

— Peço apenas um pouco de água para nossas mulheres e crianças. Logo partiremos.

Manoá ergueu os olhos aos céus e depois fitou Zilá, sua esposa. Eles se conheciam bem o suficiente.

— Venham por aqui. Há água e comida para vocês — disse Zilá.

Assim como Manoá, ela não permitia que a amargura ou o rancor dominassem a já dura vida que eles levavam. Na meia-idade, quando as gestações rareavam, resignava-se com a condição de esterilidade. Por vezes, Zilá era confrontada por outras mulheres, como a mãe de Jidafe, que abandonou o Deus de Israel, de seus antepassados, para servir a ídolos pagãos, como uma estátua talhada em pedra com a figura de uma águia. Assim como ela, outros da tribo de Dã acendiam incensos e dedicavam oferendas às estatuas.

Certa vez, Zilá divertia-se com as peraltices das crianças do povoado, que corriam alegres, disputando pedaços de panos.

— Como é confortante saber que ainda existe inocência por aqui, não é? — disse Zilá à mãe de Jidafe, que lhe devolveu um olhar raivoso e, em seguida, ordenou que seu filho parasse de brincar.

— Deixe que eles brinquem — tentou argumentar Zilá, abrindo um sorriso conciliador.

A mulher segurou seu filho pelos braços, o chacoalhou no ar para, em seguida, lançá-lo ao chão.

— Não precisa ser violenta. Não é assim que aprenderão — censurou Zilá.

— Ora, o que uma mulher que nunca trouxe um filho ao mundo sabe sobre a criação deles? Se o Deus dos hebreus permitiu que você fosse uma mulher estéril, quem sabe outros deuses não a transformam numa mulher de verdade — provocou a mulher, retirando-se secamente.

Zilá ficou atormentada com as duras palavras. Um pouco afastado, Manoá acompanhava o diálogo e foi confortar a esposa.

— Ela não sabe o que diz — falou, enquanto a amparava carinhosamente pelas mãos.

—Viverei eternamente com essa dor de não lhe dar filhos, Manoá. Mas, ainda assim, eu não abro mão da minha fé. Isso nunca.

Zilá apanhou um cesto do chão. Pôs-se a enchê-lo com panos e mantos. Envolveu-o delicadamente com seus braços, como se aconchegasse a um bebê recém-nascido, e seguiu desnorteada em direção a um vale próximo. Lá poderia chorar o tempo necessário, sem nenhuma testemunha para censurá-la.

Caminhou por quase uma hora, com lágrimas e pensamentos perturbadores. Ao passar por um pequeno monte, ela viu, no alto de uma colina, um homem. Seu rosto era ofuscado pelo sol que parecia brotar bem detrás dele. Nas mãos um cajado, como os que os pastores de ovelhas da região usavam. Sua túnica, entretanto, era nova, limpa e bonita demais para ser usada por um hebreu sem rumo no deserto.

— Não tema. Sua fé a trouxe aqui.

Zilá se assustou com a misteriosa aparição. Quem era aquele homem que brilhava no alto da colina? Por que ele lhe dirigia a palavra? Por que tinha gestos doces e voz tão serena?

—Você conceberá e dará à luz um filho.

— Quem é você? E por que me maltrata assim?

— Sei que você é estéril e nunca teve filho. Porém conceberá e dará à luz um menino. Por isso, guarde-se. Não bebas vinho nem coma o que for impuro ao Senhor — declarou o homem, suave e firmemente.

Zilá já não sabia se sonhava ou se aquela cena era real. Sabia apenas que era muito bom ouvir àquelas palavras quando o seu coração mais sangrava, e assentiu, prestando muita atenção.

— Há algo que você precisa saber. Jamais você deve passar a navalha sobre a cabeça do menino, pois ele será um nazireu, consagrado a Deus, desde seu ventre até o dia de sua morte.

As lágrimas lavaram o rosto de Zilá. Ela conhecia bem sobre a tradição de alguns hebreus que faziam votos de nazireu, abstendo-se de bebidas fortes e comidas impuras, além de nunca cortar o cabelo. Esse voto havia sido regulamentado pela lei do Sinai e não exigia uma vida ascética e de isolamento. Seu choro tornou-se um riso nervoso e comovido.

— E esse menino que você trará ao mundo... — aproximou-se o misterioso mensageiro — começará a livrar o povo hebreu dos inimigos filisteus.

Ao mesmo tempo que Zilá conversava com o mensageiro de Deus, explodindo num sentimento de felicidade... em pleno deserto, soldados filisteus invadiam o povoado de Zorá com espadas e cavalos, numa marcha devastadora. Manoá corria, tentando avisar quem encontrasse sobre o iminente e inevitável massacre.

— Filisteus! Filisteus!

Um soldado surgiu repentinamente e golpeou Manoá com um chute, arremessando-o para longe. Outros chegavam em montarias com espadas em punho, golpeando qualquer um que atravessasse o caminho. Zorá era implacavelmente atacada.

O som das lâminas, dos gritos de dor, do choro e dos apressados trotes dos cavalos misturavam-se pelo ar. Tão rápido os filisteus chegaram, eles partiram. Um ataque surpreendente e traiçoeiro. Aquele era apenas um aviso de que eles não abririam mão daquele recanto dominado pelos hebreus.

Zilá, que voltava de sua incursão pelo deserto, andava ainda radiante. Mas seu sorriso foi cedendo lugar ao desespero ao entrar em Zorá e defrontar-se com tantos feridos e mortos pelo chão.

— Manoá! Manoá! — começou a gritar.

— Estou aqui — respondeu o marido, levantando-se com dificuldade e dor.

Os dois se abraçaram e choraram dolorosamente.

— Manoá, isso vai ter fim. Eu acabo de encontrar um mensageiro de Deus que me prometeu que teremos um menino — disse Zilá, enquanto acariciava os cabelos embranquecidos do marido. Mas ele parecia não entender nada. Sua vila gemia e sangrava. Que futuro bom poderia almejar?

— Escute, Manoá. Acredite nas palavras daquele homem. Teremos um menino e ele nos trará a libertação.

Apesar de toda a alegria de Zilá, os dias que se seguiram foram destinados a sepultar os mortos e reerguer o que sobrou do vilarejo. Algumas semanas mais tarde, enquanto ceava, Zilá voltou a falar da promessa que ouviu no deserto.

— Manoá, você se lembra do que eu disse?

— Como me esqueceria, Zilá? Não se iluda com isso.

— Não é ilusão. Eu vi com meus próprios olhos. Era um mensageiro do nosso Deus. Acredite. Ele garantiu que teríamos um filho. Um menino. Ele será capaz de libertar o nosso povo dos filisteus.

Manoá não esboçou nenhuma reação. Apanhou mais um pedaço de pão e passou a comê-lo vagarosamente.

— Acredite, não foi um devaneio. Foi real.

— Pois eu peço ao Senhor que envie novamente esse mensageiro. E que ele nos diga o que devemos fazer e qual será o destino desse menino.

Mesmo já envelhecido, em meio aos constantes conflitos que se seguiam na região onde viviam e com a esposa estéril, Manoá desejava, mais do que tudo, acreditar naquela redentora promessa. Em seu coração, ele já até conseguia enxergar o seu filho. Um homem forte, varonil, destemido e comprometido com o povo.

No dia seguinte, o casal seguiu em direção ao deserto. Manoá levou frutas, cereais, vegetais e um cabrito para ofertar a Deus. Com esmero, arrumou o banquete sobre uma rocha. Do lado oposto, ouviu uma voz suave.

— Eu não posso aceitar a sua oferta. Não é a mim que deve oferecê-la — falou o mensageiro, andando em direção a Zilá e Manoá. A luz, que então ofuscava seu rosto, permitiu que sua face fosse conhecida.

— Você deve apenas se guardar de tudo aquilo que proibi, Zilá.

Nesse instante uma chama veio em direção ao sacrifício. O clarão provocado pelo fogo cegou o casal por alguns segundos e, quando voltaram a ver, o mensageiro e o sacrifício já não estavam mais ali.

— Morreremos, Zilá. Nós vimos Deus.

— Não, Manoá. Nós seremos pais de um menino. De um filho — sorriu.

Naquela manhã eles retornaram para Zorá sorrindo e trocando olhares apaixonados. Amaram-se como há muitos anos já não se amavam. E nos meses seguintes a promessa preconizada pelo mensageiro confirmou-se: Zilá estava grávida.

★

Completados os nove meses, o riso e a festa podiam ser ouvidos ao redor da casa de Zilá e Manoá.

— Como pode trazer tanta luz, como se fosse um pequeno sol a irradiar dentro de casa, dentro da gente? — dizia Zilá ao marido, que, esfuziante, erguia o garotinho como se fosse um troféu dourado.

— Seu nome será Sansão! — completou a mãe.

O vilarejo de Zorá desfrutava de alguns anos de paz. As crianças cresciam, ouvindo constantemente rumores de invasões aqui e acolá. Porém, nada acontecia nas ruas do povoado.

Numa tarde, Sansão, então com dez anos, Héber, seu principal amigo, e Jidafe brincavam na plantação de trigo enquanto as mulheres faziam a colheita de alguns feixes de trigo. Foi quando o garoto presenciou pela primeira vez a violência gratuita, cruel e covarde dos filisteus.

Soldados invadiram a plantação e atacaram algumas mulheres, entre elas a mãe de Jidafe, que foi agarrada e degolada por um dos soldados. Tudo isso diante dos olhares desesperados e atentos dos garotos, que não podiam fazer nada além de se esconder.

— Solte-me, Sansão! — Jidafe tentava se desvencilhar e desesperado, chamava. — Mãe! Mãe! Mãe!

Sansão abafou os gritos do amigo, ao mesmo tempo que o imobilizou até que os soldados fossem embora.

A tragédia deixou os garotos transtornados e indignados com a maldade. Nas semanas seguintes mal comiam e quase não falavam. As cenas brutais estavam impregnadas nas retinas das crianças, roubando-lhes de vez toda a inocência juvenil.

— Eles mataram a mãe do Jidafe. Ela não fez nada, nada!

— Aqueles soldados são filisteus, filho. São nossos inimigos e, felizmente, não invadiram de novo todo o povoado — explicou Zilá, pacientemente.

— São uns covardes. Não foi Deus quem nos trouxe até aqui? Se ele libertou nosso povo da escravidão, por que não expulsou também os filisteus da nossa terra, mãe?

Zilá aproximou-se do filho, acariciou-o e entrelaçou seus cabelos, já crescidos. Ela tinha tanto para dizer ao garoto, mas não achava as palavras certas. Sabia que a vida de Sansão tinha um propósito e que ao seu tempo, acreditava, este se cumpriria.

— Esse sofrimento. Essas injustiças. Tudo isso vai acabar, filho.

— Como, mãe?

— Um dia, um mensageiro de Deus apareceu a mim e ao seu pai. Ele disse que o Senhor abençoaria um homem de nossa tribo. Ele começaria a libertar o povo hebreu da tirania dos filisteus. Filho, esse homem será você.

Sansão saltou do colo da mãe.

— Como? Eles são muitos!

— Você é mais forte que todos eles juntos, meu filho. Esse mensageiro ordenou que seus cabelos nunca fossem cortados, como um voto de consagração a Deus. Esse é um segredo que deve guardar. Jamais diga a ninguém, entendeu? A ninguém revele a fonte de sua força, a fé no Senhor, nosso Deus.

Sansão sabia que tinha uma missão e, quando as palavras reveladoras saltaram dos lábios de Zilá, elas não lhe assustaram. Sua força era, de fato, sobre-humana. Às vezes erguia seus amigos sobre os ombros, provocando risos em toda a turma.

— Não tenha medo, filho. Quando chegar a hora, você estará preparado.

O tempo passou na velocidade de uma flecha, e Sansão tornou-se um jovem forte e belo. Aos trinta anos de idade, ainda não tinha se casado. E nem tinha pressa. Gostava de atrair os olhares curiosos e apaixonados das moças de seu vilarejo.

Sansão gostava de se exibir, carregando grandes feixes de trigo com leveza. Suspendia os amigos como na infância, como se fossem rastelos de madeira usados para arar a terra. Suas brincadeiras em excesso deixavam os amigos Héber e Jidafe desconfortáveis.

— Querem voltar para seus afazeres? Será que eu terei que carregar sozinho aquelas carroças? — reclamou Héber ao ver Sansão trocando sorrisos e olhares com as garotas, entre elas Samara.

Samara amava Sansão desde a adolescência de ambos. Héber, por sua vez, amava Samara secretamente. Sansão não queria magoar o amigo nem perder a admiração da jovem. Por isso se esquivava das conversas mais diretas, sempre sorrindo e cativando ainda mais a delicada e bela amiga.

— Procure uma moça que lhe agrade em vez de olhar para todas as direções! — advertia o velho Manoá.

— É o que busco, mas ainda não encontrei. O senhor tem minha palavra, pai. Tomarei por esposa a primeira que tocar o meu coração.

★

Não muito longe dali, no vale de Soreque, região habitada por pescadores filisteus, vivia uma jovem chamada Dalila. Ela tinha olhos amendoados, cabelos lisos e compridos que chegavam até a metade de suas costas. Curvas delicadas num corpo esguio e sensual. O olhar decidido e firme, pequenas covas nas bochechas, que eram ressaltadas cada vez que abria um luminoso e perfeito sorriso. Era a moça mais bonita do vale. Desejada pelos homens da aldeia, entre eles, seu padrasto, Rudiju.

Rudiju era casado com a mãe de Dalila, Agar, que havia sido abandonada pelo marido anterior quando a filha ainda era pequena. Era pescador, como a maioria em seu vilarejo. Era também um homem agressivo e que vivia, geralmente, embriagado. Há tempos ele fitava os passos da enteada. Seguia e a observava enquanto ela se banhava às margens do mar Mediterrâneo.

Nem mesmo diante de Agar ele continha seu olhar desejoso.

— Se apresse, mulher, preciso mandar esses peixes na primeira caravana para a feira — disse rispidamente a Agar, enquanto observava a distância mais um banho da enteada.

— Vou buscar Dalila. Que tipo de vida pensa que levamos? Ela deveria estar aqui, ajudando você. Acha que somos seus criados — avisou o pescador, indo em direção à praia onde Dalila mergulhava.

Alheia aos olhares do padrasto, Dalila divertia-se na água, lavando os longos cabelos e o rosto. Ao emergir, no entanto, deparou-se com a figura estática de Rudiju diante dela.

— Sua mãe está precisando de ajuda e você aqui, à toa?

— Eu voltaria logo — disse a jovem, pegando uma bolsa onde guardava cordões que ela tinha feito com conchas do mar.

— Deixe-me ver isso — interrompeu, tomando a bolsa da mão de Dalila —, talvez tenha algum valor na feira de Timna. Quero que vá amanhã e troque essas peças por algo que sirva para nós.

Dalila balançou a cabeça, mas sabia que não poderia argumentar com o padrasto. Coube resignar-se em vender os colares que guardava com grande afeição.

Na mesma tarde encontrou Myra, sua amiga, na praia.

— Terei que ir amanhã até Timna e vender meus únicos enfeites. Ele não podia ter feito isso comigo — reclamou Dalila.

— Eu vou com você. Veja pelo lado bom. É uma oportunidade de sair desse lugar, Dalila. De ver outras pessoas, quem sabe buscar uma sorte diferente à das mulheres que moram no vale.

— Mas eu não quero vender...

— E quem disse que alguém vai comprar? — rebateu Myra, com um sorriso malicioso. — Quem sabe lá em Timna você não encontre um pretendente à altura de sua beleza?

★

Em Zorá, Sansão planejava viajar também.

— Você só pode estar brincando, Sansão. Timna? Viajar por horas para misturar-se aos filisteus? Você sabe que lá é território dominado por eles, não é? — disse Héber, tentando, em vão, dissuadir o amigo teimoso.

— Eles não saberão que somos danitas. Será divertido.

— Divertido? Só se for para eles. Vão nos pendurar de ponta-cabeça. Eu não tenho os seus músculos, amigo. Eu não vou e pronto.

Vinte minutos depois um emburrado Héber e um sorridente Sansão seguiam em direção à famosa feira em Timna. Jidafe via toda a cena com ar de reprovação.

Timna era o coração do domínio filisteu e ponto de parada para os peregrinos e soldados. Ficava próxima ao vale de Soreque e à beira da estrada de Antipatris para Jerusalém. Ali eram vendidos alimentos, especiarias, enfeites e qualquer tipo de utensílio. Algumas prostitutas aproveitavam a presença dos homens para vender os seus serviços.

O clima era de festa e descontração. O som do tilintar das taças de vinho e das músicas ressoava por todos os cantos.

Não muito distante dali, em Gaza, outra festa acontecia. As mulheres filisteias mais bonitas eram admitidas como concubinas e dançavam nos átrios do palácio do príncipe Inárus. Seus principais soldados o reverenciavam e tomavam parte na grande festa.

Inárus era o principal governante de Gaza. Um homem de poucas afeições e conhecido por sua tirania, violência e vaidade. A vingança era sempre um motivador importante de suas ações, e o seu principal objetivo militar era o extermínio do povo hebreu. Aos soldados, pedia sempre que lhe trouxessem as cabeças dos filhos de Israel que conseguissem abater, e essa era a única ocasião em que era possível ver o esboço de um sorriso na expressão dura de Inárus.

Seu principal comandante era Abbas, um homem que trazia consigo muito sangue nas mãos e, exatamente por sua frieza, atraía a atenção e o respeito dos soldados mais jovens. Como no caso de Faruk, um jovem soldado ansioso para mostrar as suas habilidades de combatente. Era extremamente autoritário e meticuloso. Gostava de ter conhecimento de cada ação de seu exército, por menor que fosse.

Durante a festa no palácio de Gaza, enquanto conversava com Hannah, uma bela mulher, chefe das concubinas, Abbas foi interrompido pelo jovem soldado Faruk. O rapaz, visivelmente ansioso, tinha os olhos arregalados ao dirigir-se a Abbas.

— Perdoe-me se o momento não é adequado. Mas sirvo ao exército filisteu com lealdade e ainda não tive a oportunidade de comandar uma tropa.

— Não está preparado — respondeu Abbas, secamente, deixando Faruk para trás.

O soldado o cercou novamente, inclinou-se com reverência e depois olhou-o com intensidade e firmeza.

— Quero provar que estou pronto. O que devo fazer para ganhar a sua confiança e a simpatia do grande príncipe Inárus? — perguntou num tom desesperado.

— Traga algumas cabeças de hebreus, aquela gente primitiva e imunda — disse Abbas, e em seguida descontrolou-se num riso, como se estivesse contando uma piada de humor irresistível.

Recomposto, perguntou intrigado:

— Qual é o motivo de tamanha determinação?

— Quero ser um bom servo, apenas isso.

Abbas era um homem experiente e não era todo dia que um soldado de patente menor o instava com tanta energia. Ou o jovem era um insensato que deveria ter sua cabeça cortada, ou dono de um talento que merecia ser lapidado, tal qual as peças de bronze que abundavam a região. O comandante apanhou uma maçã numa bandeja, mordeu furiosamente e lançou seus olhos intimidadores sobre Faruk.

— Se é assim, existe uma região chamada Zorá, dominada pela maldita tribo de Dã. Fica na fronteira com os nossos domínios e é uma região fértil que não merece ser pisada por aquela gente.

Faruk percebeu a oportunidade e não se intimidou.

— O que devo fazer, meu senhor?

— Mate todos os danitas e expanda os domínios dos filisteus. Com certeza o grande príncipe Inárus ficará muito satisfeito com isso.

★

Após horas de caminhada, Sansão e Héber chegaram à feira de Timna. Enquanto Héber mal conseguia parar de tremer, amedrontado, Sansão divertia-se tal qual uma criança em uma de suas mais divertidas brincadeiras. Acenava para as belas e sorridentes filisteias que dançavam ao som da música.

— Já foi difícil chegar. Vamos nos manter vivos, Sansão! — queixava-se Héber cada vez que passavam por tropas de soldados filisteus.

— Eu não tenho medo deles — rebatia, placidamente, Sansão.

— Mas eu tenho. E muito. Há mulheres mais bonitas no nosso povoado; não precisava vir aqui — resmungava o amigo.

Sansão interrompeu a sua dança, voltou-se para o amigo com ar sério e condescendente.

— Prefere que eu tome Samara por esposa, Héber?

— Não foi o que eu quis dizer — rebateu o amigo, olhando para o chão.

— Eu nunca faria isso. Sei de seus sentimentos por ela — Sansão sorriu, brincalhão.

— É tão evidente assim, Sansão? Acha que ela também percebe e que talvez possa nutrir algo por mim também?

De repente a música cessou e uma tropa de soldados passou entre os visitantes e trabalhadores da feira, derrubando barracas e empurrando as pessoas violentamente. Uma moça que estava por perto se assustou com a movimentação e caiu, machucando o joelho.

— Você está bem? — Sansão correu para ajudá-la a se levantar.

— Obrigada. Estou bem — respondeu a moça com os olhos fixos nos de Sansão.

Naquele instante era como se o mundo tivesse interrompido a sua rotação frenética. Ieda, a moça ferida, era a mulher mais linda que Sansão já havia visto em sua vida. Mãos delicadas como as das moças que são pajeadas integralmente por suas amas. Pele rosada, macia como um figo. Cheirosa como uma romã. Seus olhos eram profundamente verdes e, por um momento, Sansão sentiu-se mergulhando nas águas do Mediterrâneo.

Ieda achou graça que, mesmo já tendo agradecido a ajuda, o rapaz continuava a segurar suas mãos com um sorriso adolescente, tímido e com olhos mergulhados nos seus.

— Já disse que estou bem, obrigada.

Héber puxou o amigo pelo braço e o levou de volta à estrada, rumo a Zorá.

— Sansão, Sansão. Você não tem jeito.

★

Por ali, Dalila e Myra também se divertiam. As imponentes construções, os utensílios em bronze e ferro, danças e festa. Tudo era sofisticado demais para duas garotas que viviam numa aldeia de pescadores.

Os olhos brilhavam diante das possibilidades que apareciam a cada esquina. Myra encantava-se com a virilidade dos soldados. Pararam um instante diante de uma casa, com amplas janelas e muitas portas. No seu interior, através das cortinas, era possível ver casais se beijando, bebendo, tudo ao som de músicas animadas.

— Vejo que não são daqui. Sugiro que mantenham distância dos soldados. Embora sejam realmente muito atraentes, costumam ser violentos — deteve-as, suavemente, Zaira, uma mulher de olhar enigmático e que surgira sorrateiramente por detrás das moças.

Suas roupas, brincos e adornos envoltos ao pescoço demonstravam que ela não era uma camponesa nem pescadora. Era uma mulher da cidade, com trejeitos de quem tinha intimidade com palacianos.

— Moramos no vale de Soreque e viemos apenas para a feira... — respondeu Dalila, assustada.

Zaira observava atentamente Dalila e Myra. Esgueirava-se entre as duas amigas como uma cobra que serpenteia antes do certeiro e fatal golpe.

— Não querem ficar? Posso garantir um bom futuro para vocês. Principalmente para você. Qual é o seu nome?

— Dalila. Por que diz isso? — a moça demonstrava desconforto com o olhar atento de Zaira.

— Dalila, até o mais forte dos homens sucumbiria à sua beleza. Eu posso fazer de você uma mulher muito poderosa.

As jovens encararam Zaira e perceberam que suas palavras eram verdadeiras. O medo fez com que disparassem pelo vilarejo de volta ao vale de Soreque.

★

Em Soreque, Rudiju andava irritado de um lado para o outro dentro da pequena cabana onde morava com a esposa e a enteada. Agar observava a ansiedade do marido, enquanto ajeitava as redes para a pesca do dia seguinte.

— Onde está Dalila? Já era para ter retornado.

— Eu também estou preocupada, Rudiju. Ela deve chegar logo.

— A culpa é sua, mulher. Não a criou direito.

— Não seja injusto, Rudiju. Eu a criei sozinha, fiz o que pude...

Um tapa interrompeu as explicações de Agar. Rudiju não aceitava ser contrariado e enfureceu-se com as palavras da esposa.

— Injusto? Eu lhe amparei quando você estava abandonada como um pedaço de manto velho, sujo e usado. Assumi você quando foi largada por outro homem — berrou, indo em direção a uma corda que estava pendurada próxima.

— Não me conteste nunca mais. Eu não admito!

— Não, Rudiju. Tenha piedade de mim. Não! — Agar tentava se proteger como podia da fúria do marido.

O pescador a golpeou com força, chutando-a como se fosse um velho trapo. As cordas abriram vergões ensanguentados na mulher que continuava, em vão, a pedir por misericórdia. Após a surra, Rudiju foi dormir, deixando a mulher machucada e chorando no chão.

Cerca de uma hora depois, Dalila voltou. Passou silenciosamente por onde Rudiju dormia e seguiu até o seu aposento. Antes, viu sua mãe machucada e chorando no cômodo ao lado.

— O que aconteceu?

Não era preciso respostas. Não era a primeira vez que ela a encontrava encolhida, ferida e em prantos. Dalila, silenciosamente, entendeu o que havia acontecido. Cerrou os dentes em raiva e desespero e chorou junto de sua mãe.

★

No vilarejo de Zorá, Jidafe estava irritado. As colheitas não iam bem e a opressão dos filisteus encurralava o povo hebreu em um espaço pequeno para o cultivo.

Ao contrário do povoado, que via em Sansão e sua força uma esperança contra os filisteus, Jidafe não poupava críticas ao amigo. Achava-o imaturo para a sua idade, irresponsável com sua comunidade e mais interessado nas moças do que em libertar os danitas.

— Não desanime, Jidafe. Nossos antepassados estavam à beira da morte, na casa da servidão, e o Senhor os libertou — encorajou-o Manoá.

— Você vive de ilusão, Manoá.

— Vivo de fé.

— A mesma que o faz acreditar que Sansão um dia libertará o nosso povo?

Manoá abaixou a cabeça, envergonhado. Ele sabia que as palavras do mensageiro demoravam a se cumprir no filho. Tinha consciência que Sansão era fruto de uma promessa divina e que sua força não podia ser medida. Mas de nada adiantaria tantos dons se ele não assumisse a sua condição junto ao povo.

— Onde está Sansão agora, Manoá? Ele está mais próximo dos nossos inimigos do que de nós. Parece nem fazer parte desta tribo. Não se importa com a miséria e as dificuldades que temos para sobreviver dia após dia. Só usa os músculos para impressionar as mulheres, não para nos defender — desabafou o jovem Jidafe.

— Eu entendo você, Jidafe. Só não posso duvidar do que eu ouvi do mensageiro do Senhor, quando disse que o meu filho seria o libertador do nosso povo.

— Se ao menos nos organizássemos para atacar os filisteus... — Jidafe disse, ressentido.

— Só iríamos morrer mais cedo. Quando Deus o convocar, Sansão atenderá ao chamado — argumentou Manoá.

Jidafe encarou Manoá e disse aquilo que há tempos vinha guardando no coração.

— Eu acredito que o Deus dos hebreus estaria muito frustrado se realmente tivesse escolhido Sansão como o juiz da tribo de Dã — e assim, Jidafe retirou-se da presença do ancião.

Em Gaza, Faruk já havia escolhido dez homens para acompanhá-lo até o povoado de Zorá. A cada dia alimentava ainda mais o desejo de impressionar o seu comandante e o príncipe Inárus.

Diante de um sacerdote filisteu, ofereceu sacrifícios e participou de um ritual onde havia uma enorme escultura com a imagem de uma mosca. O sacerdote ungiu-lhe a testa com cinzas.

— Quero ver como um deus invisível vai salvar aqueles danitas. — Faruk sussurrou para si mesmo.

Após a cerimônia, o sacerdote lançou sobre a tropa o restante das cinzas. No entanto, uma forte lufada de vento levou o pó em outra direção. Faruk e o sacerdote se entreolharam por um instante, mas não deram muita importância àquele detalhe, afinal, grandes coisas estavam para acontecer.

⋆

Na casa de Zilá e Manoá, Sansão conversava com sua mãe, visivelmente alterada.

— Não é possível que procure uma mulher em meio aos povos do mar, em meio aos filisteus. Como você pode fazer isso, Sansão?

— Não procurei mulher nenhuma, minha mãe. Foi ela quem me encontrou.

Sansão não conseguia esquecer Ieda, a mulher filisteia que tinha visto em Timna. E falava sem parar sobre ela, seus modos requintados, sua aparência doce e nobre.

— Você veio ao mundo com um propósito, meu filho. Jamais se esqueça disso — dizia Zilá.

Sansão não demonstrava nenhuma preocupação com o fato de a moça ser filisteia.

— O amor não pode ser algo ruim.

— Amar uma mulher de um povo inimigo, que quer nos exterminar, é sim algo muito ruim. É um sentimento que cega e desorienta. Transforma os sábios em tolos. Fortes em fracos. Quando a palavra de Deus se cumprir, você precisará de toda a sua força.

— Eu tenho ouvido essas palavras a vida toda, minha mãe. E, até hoje, elas não fazem sentido para mim.

— O Deus que lhe deu a força também lhe dará o entendimento — assentiu Zilá, pacientemente.

Sansão respeitava seus pais, mas seu coração latejava por Ieda. Andava ainda mais distraído. Em seus pensamentos, planejava como poderia encontrar a moça. Quem seria ela? Onde morava? O que estaria fazendo naquele momento? Será que também ficou impressionada com ele? Estava prometida a algum homem? Sim, estava.

★

Em Timna, Faruk visitava a plantação de Simas, um homem muito rico, produtor de todo o trigo que abastecia as cidades dominadas pelos filisteus. Era também um pai zeloso com suas filhas, a caçula Judi e a bela Ieda.

— Então você foi escolhido para uma missão em nome do príncipe Inárus, de Gaza? Meus sinceros parabéns, Faruk — cumprimentou Simas.

— Talvez assim eu consiga credibilidade a ponto de ser digno da mão de sua filha.

Secretamente, Faruk queria muito mais do que apenas agradar ao seu comandante e ao príncipe Inárus. O que o motivava, na realidade, era a determinação em ganhar a simpatia do pai de Ieda. E o jovem sabia que a única maneira disso se concretizar seria mostrando seu valor como guerreiro.

— Não tenha ressentimentos por causa das preocupações deste velho pai. Minhas filhas são mais especiais que todo esse campo de trigo. Eu preciso entregá-las nas mãos de homens que possam cuidar muito bem delas e de todo esse patrimônio.

— Eu lhe provarei que sua filha e suas propriedades estarão em boas mãos comigo. A mesma sorte não terão os hebreus — gabou-se, sorridente.

Faruk despediu-se de Simas e seguiu o seu caminho. A próxima parada agora seria apenas em Zorá, onde deveria cumprir a sua missão.

★

Após toda a agitação do dia anterior, Dalila dormia em seus aposentos. Rudiju, como de costume, observava-a. Ele aproximou-se devagar. Queria tocá-la, mas por um instante hesitou e então contentou-se em apenas cheirá-la bem de perto. Embriagado como de costume, Rudiju não conseguia enxergar qualquer limite, pelo contrário; via-se livre para concretizar seus mais profundos desejos.

Porém, Dalila despertou assustada com a proximidade de Rudiju.

— Não lhe vi chegar, Dalila.

— Você estava dormindo. Minha mãe estava chorando, encolhida. Por que faz isso, Rudiju? — disse com voz baixa e amedrontada.

O pescador percebeu a fragilidade da jovem e passou a dirigir-se a ela aos gritos.

— Eu faço as perguntas. Você está mentindo. Não esteve em feira alguma. Estava com um homem? Deixou que ele sentisse o seu cheiro e tocasse em sua pele?

Nesse momento ele já a segurava com as duas mãos, lançando seu corpo suado, malcheiroso e sujo sobre Dalila.

— Você dançou para ele como eu sempre quis que dançasse para mim?

Rudiju estava descontrolado. Tentou beijar Dalila, que se esquivava em pânico. Fora da cabana, Agar se aproximava e a movimentação deteve o pescador por um instante.

— Oriente sua filha — disse Rudiju, saindo irritado de dentro de casa.

Agar era uma mulher marcada pelo sofrimento e pela dor. Sabia que seu marido desejava a filha, mas não conseguia reagir. Seria vergonhoso demais ser abandonada novamente e, por isso, fingia que não percebia o que estava acontecendo diante de seus próprios olhos.

— Ele me persegue, mãe. Ele me espia, com maldade. Nunca lhe disse porque sei que o ama, mas agora estou com medo e com raiva — Dalila desabafou, com lágrimas nos olhos.

Agar escutou sem reação. Seus olhos eram gelados, sem demonstrar qualquer tipo de sentimento. Então, calmamente disse:

— Não é isso o que quer, Dalila? Que todos os homens fiquem loucos por você? Você planta a semente e nega a colheita.

— O que está dizendo, mãe?

— Que Rudiju é meu homem, Dalila. Ele é meu homem! — disse Agar, deixando a filha atônita na cabana.

Dalila já não sabia quem a tinha ferido com maior gravidade. Se a brutalidade lasciva do padrasto ou a insensibilidade de sua mãe. Saiu correndo dali em direção à praia. Caminhou com dificuldade pela areia e, sobre uma pedra, chorou amargamente.

Rudiju havia seguido a enteada guiado pelo desejo ardente de tê-la em seus braços. Ao vê-la, sozinha, chorando numa praia distante, deparou-se com a situação perfeita para finalizar o que havia começado na cabana.

— Não se assuste, vim lhe fazer companhia — aproximou-se o pescador, assustando Dalila novamente.

— Deixe-me em paz, Rudiju!

Seu desejo e o vinho que tomara o cegaram totalmente. O padrasto estava transtornado com a ideia de que Dalila estava com outro homem. Não seria justo, pensava. Ele que recebeu mãe e filha em tempos tão difíceis. Que as sustentou durante anos. Ele queria ser o primeiro a provar das curvas da enteada. De sua pele juvenil. De seus lábios macios e úmidos.

— Pode gritar, Dalila. Ninguém irá ouvi-la daqui. Estão todos ocupados preparando as redes e os barcos para o dia de amanhã.Vamos aproveitar essa solidão.

Os olhos avermelhados e famintos do pescador percorriam todo o corpo de Dalila. Suas mãos tremiam, tentando segurá-la pelos cabelos. Ele a apalpava com violência.

— Eu lhe imploro, Rudiju. Não falarei nada para minha mãe. Apenas me deixe ir! — suplicava, em prantos.

A praia deserta só aumentava a excitação de Rudiju. Num golpe, Dalila conseguiu escapar e correu em direção à cabana, na tentativa de encontrar sua mãe.

Seus pedidos de socorro, no entanto, não encontraram ninguém. Agar não estava na cabana. Dalila pensou em correr novamente para a praia, mas não houve tempo. Ao virar-se viu a atormentada figura de Rudiju.

— Você não vai a lugar algum, Dalila. Vou lhe mostrar quem é o verdadeiro dono de sua beleza.

*

Os amigos de Sansão estavam incomodados com o seu jeito.

— Você anda muito pensativo, Sansão — aproximou-se Samara ao ver o jovem nazireu sentado na borda de um poço de água.

— Você me conhece bem, Samara. Eu não poderia enganá-la...

— O Héber me contou sobre a mulher na feira que o deixou assim. Ela é uma filisteia?

— Provavelmente, mas eu não me importo com isso — disse Sansão.

Samara sorriu e segurou as mãos de Sansão delicadamente. Acariciou seus dedos firmes, calejados e compridos. O encarou com serenidade.

— Os seus pais estão preocupados.

— Não, minha amiga. Eles se preocupam com eles mesmos. Com vocês. Não é apenas comigo. Tenho certeza de que Deus não deve ver o amor que sinto com maus olhos. Foi ele quem a colocou no meu caminho. Será que isso é tão difícil de entender?

Os olhos de Samara, cheios de doçura, foram inundados, e ela disfarçou o choro. Seu amor por Sansão era genuíno. Nenhum outro homem importava para ela. Mas Sansão não parecia perceber a dimensão do carinho da moça.

— Nunca o vi assim por nenhuma outra mulher. Nunca o vi com esse brilho no olhar, esse sorriso.

— Ela é linda, Samara. A mais bela de todas. Queria tanto encontrá-la novamente. Tê-la em meus braços, protegê-la de todo e qualquer mal...

A empolgação de Sansão era demais para a jovem apaixonada. Ela passou as mãos sobre os cabelos do amigo, sorriu desajeitada e deixou-o onde estava, absorto em seus pensamentos.

Samara desejava estar nos sonhos de Sansão assim como ele estava nos dela. Queria que aqueles suspiros, aquele sorriso, o brilho no olhar fossem para ela.

Distraída e decepcionada, a moça não andou muito até deparar-se com os soldados filisteus liderados pelo jovem comandante, Faruk, na entrada do vilarejo. Ela ainda tentou correr para avisar o povoado, mas foi impedida pelos soldados, que abafaram seus gritos.

— Uma bela jovem danita? Não vamos machucá-la... — Faruk discursou cinicamente enquanto afagava o delicado rosto de Samara.

— Você também acredita no Deus invisível? Será que ele vai aparecer para salvá-la? Ou ele mandará algum mensageiro?

Os soldados riam enquanto Faruk tripudiava da fragilidade e desespero da moça.

Sansão percebeu a estranha movimentação na entrada do vilarejo; e, logo que se aproximou, viu Samara sob o domínio dos soldados. Então Sansão lançou-se sobre o soldado que segurava a amiga e o arremessou para longe. Outros dois correram ao seu encontro e, com um único golpe, foram derrubados pelo hebreu.

— Fuja, Samara. Avise a todos no povoado — orientou.

Faruk achava graça na cena.

— Um hebreu destemido? Sem armas, armadura. Isso vai ser bem divertido. Como você se chama?

— Sansão!

— Pelo jeito é assim que você irá defender seu povo — provocou Faruk, desembainhando sua espada. A lâmina recentemente afiada reluzia contra o sol.

— Não é certo subestimar nenhum inimigo. Vocês deveriam retornar pelo mesmo caminho de onde vieram.

Faruk desceu do cavalo e caminhou lentamente em direção ao oponente. Sua voz debochada ganhou gravidade.

— Pensarei no seu conselho enquanto estiver matando cada uma dessas pessoas.

Por ali, um aglomerado de pessoas se formou para espiar a cena. Entre elas, Zilá e Manoá, que se olhavam. Seria esse o momento em que Deus salvaria, de vez, o seu povo? A jornada do herói hebreu estaria começando ali?

— Daqui onde estou, vocês não passarão! — alertou Sansão, com a firmeza de quem sabia o que estava por vir.

Faruk, transtornado com a coragem do jovem danita, sinalizou para que seus homens avançassem sobre Sansão.

Numa sequência de golpes rápidos e precisos, Sansão derrubou um por um os homens de Faruk. Continuou, furiosamente, quebrando ossos de adversários e lançando-os sobre as casas ao redor como se fossem folhas de papel atiradas ao vento.

Não havia mais nenhum outro adversário, exceto Faruk, que levantou sua espada em direção a Sansão.

— O seu povo vai precisar escolher outro líder — bradou, mirando sua lâmina em direção ao dorso de Sansão.

★

CAPÍTULO 2

Amores proibidos

Rudiju era um homem atormentado. A beleza de Dalila fustigava sua mente e seu espírito. Era como se vivesse entre dois mundos; no primeiro estava sua enteada, alvo de todos os pensamentos mais prazerosos. Lá ela dançava vagarosamente e sorridente diante dele. Nos seus sórdidos pensamentos, ele a olhava se remexer ao som das cítaras como uma víbora em movimentos ondulatórios. Esse era o seu mundo platônico, ideal, um lugar que tinha consciência de ser inacessível para um pescador embrutecido, velho e miserável como ele. Por isso, quando cercou Dalila na cabana onde viviam, seu lado mais primitivo urrava dentro de si. Sentiu-se, enfim, poderoso.

Dalila, por sua vez, tinha o horror nos olhos. Ao redor não havia um bastão, uma corda, nada que pudesse apanhar para se defender. Apenas uma quina, um canto na lateral da construção, um beco doméstico onde se refugiou erguendo seus finos braços. Estes, impotentes diante dos músculos de um experiente pescador. Rudiju a segurou fortemente pelas mãos e a pressionou contra as tábuas da cabana. Rasgou a sua roupa com violência e olhou seu corpo desnudo por um momento.

Dalila emudeceu. Seus gritos tornaram-se gemidos de dor e ódio. Sua inocência juvenil era rompida ali, pela brutalidade do padrasto.

★

Em Zorá, Sansão acabava de esquivar-se das lâminas de Faruk, que o encarava desconcertado.

— Olhe à sua volta, soldado — disse Sansão, apontando para os corpos dos filisteus sem vida.

— Isso é o que acontecerá a todo o filisteu que pisar sobre essa terra que nos pertence.

Faruk não havia desistido por completo. Era a sua primeira expedição como comandante e melhor seria voltar morto do que derrotado. Outra vez ergueu a afiada espada em direção a Sansão e o atacou furiosamente, aos gritos.

— Está enganado, seu hebreu maldito!

Sansão, num movimento rápido, segurou a espada e a quebrou em duas partes. Com seu braço direito agarrou o jovem soldado filisteu pelo pescoço e o ergueu diante de si, encostando o rosto trêmulo do soldado ao seu. Ao redor, os moradores de Zorá observavam a batalha com grande satisfação.

— Volte à sua gente e avise ao seu príncipe tirano que ele nunca mais atente contra nós, você entendeu? — falou Sansão, soltando Faruk no chão e lhe devolvendo a espada repartida. — Mande a espada ao seu príncipe como uma lembrança de Sansão e dos herdeiros de Dã.

Faruk estava prostrado, sem forças, ofegante e enraivecido. Suas mãos, fincadas no pó da terra, sangravam.

— Você irá se arrepender de não ter me matado, hebreu — sussurrou, antes de saltar em seu cavalo e partir em direção a Gaza.

Aquelas palavras fariam todo sentido pouco tempo mais tarde.

Terminada a batalha, o povo foi ao encontro de Sansão para abraçá-lo. Héber foi o primeiro a correr para o amigo herói e festejá-lo. Pela primeira vez, em muitos anos, havia uma esperança. Sansão talvez fosse realmente tudo aquilo que sua mãe dizia. Sua enorme força e coragem poderiam fazer dele juiz de Dã, e tempos de paz talvez estivessem a caminho.

★

Dalila deixou a cabana devastada. Sua vivacidade, tão latente, havia desaparecido. Cambaleando, foi até o mar e esfregou-se, tentando limpar não só o corpo, mas a própria alma, até que vergões ensanguentados surgissem em seus braços e pernas. Deixou as águas, vestiu-se com uma roupa seca e caminhou em direção a um homem que carregava uma carroça com um cavalo.

— Por favor, me leve para bem longe deste lugar.

O homem se comoveu com a fragilidade de Dalila. Sem lhe perguntar o motivo, arrumou um fardo com trigo onde ela pudesse se recostar. E de lá partiram em direção a Timna.

Chegaram ainda pela manhã. A cidade não tinha o mesmo clima festivo de sua última visita, dois dias antes, mas ainda assim era bem agitada. Dalila agradeceu a gentileza do homem e foi em direção à rua central, onde havia a maior concentração de mercadores e barracas. Ela tinha na memória as palavras da enigmática Zaira: "Posso fazer de você uma mulher muito poderosa."

Não demorou muito para que encontrasse sua futura protetora remexendo alguns tecidos coloridos, esparramados sobre uma mesa improvisada. Dalila se aproximou, e Zaira, ao vê-la, abriu um sorriso hospitaleiro, estendendo-lhe a mão. Amparada, Dalila foi conduzida até à casa de sua anfitriã.

Apesar da altiva e elegante aparência, do pescoço recoberto com colares, brincos, adornos nos braços e rosto cuidadosamente pintado, Zaira tinha gestos maternais. Seu toque era singelo e ao mesmo tempo firme. O olhar compreensivo, porém estimulante. Era hábil em identificar talentos e, desde a primeira vez que viu Dalila refestelando-se em Timna, soube que estava diante de uma joia rara que precisava ser lapidada. Sem Zaira, Dalila era só uma menina, tão frágil quanto bela. Ao lado dela, tornava-se uma mulher vigorosa.

Ao entrar na casa repleta de cortinas, janelas, música e vinho, Dalila foi recebida carinhosamente pelas outras garotas. O local podia ser um bordel cheio de meretrizes para os clientes, mas para quem morava ali, era um lar, um porto seguro. Um abrigo em meio ao mundo injusto e tumultuado.

Zaira desfilou com Dalila pelos cômodos e chegou até um velho gaveteiro de madeira. Abriu e retirou de lá uma grande caixa com semijoias e começou a lhe falar sobre o cliente mais importante do local: o príncipe Inárus.

—Você ouvirá histórias terríveis sobre ele, mas não se deixe impressionar. O que o soberano tem de impiedoso com os inimigos também tem de generoso com as mulheres — contou Zaira, acariciando colares, brincos, pulseiras e uma porção de outros adornos na caixa.

Os olhos de Dalila brilharam. Ela era apaixonada por enfeites e confeccionava peças recolhendo conchas que colecionava do mar.

— Notei que as outras moças estão ansiosas. Ele vem mesmo até aqui? — questionou a jovem.

— O príncipe é um velho conhecido... Sempre que passa pela cidade, faz questão de nos honrar com uma visita. E leva as moças mais belas para serem suas cortesãs no palácio.

Algumas semanas se passaram, e, mesmo com a intensa movimentação na casa, Zaira não pedia para Dalila atender nenhum dos clientes. Ela a guardava para uma ocasião especial.

Um dia, num fim de tarde, quando o sol crepuscular invadia com força uma das janelas da casa de Zaira, ela puxou Dalila suavemente pelos braços, conduzindo-a até o antigo gaveteiro. De lá retirou um diadema dourado. Cuidadosamente, colocou-o sobre a cabeça da jovem e a levou diante do espelho.

O brilho do sol reluzia no diadema, lançando pequenos raios de luz por todo o cômodo. No espelho, seu reflexo era o de uma mulher rica e poderosa, tal como Zaira havia prometido dias antes. Era uma mulher que não tinha nada a temer. Dona de todas as suas vontades.

— Gosta do que vê? — provocou Zaira.

Dalila entreabriu os lábios, mas estava emudecida. Apenas assentiu.

— Essa joia não tem valor, mas não compromete a imagem. E torná-la real só depende de você.

— O que eu devo fazer? — perguntou Dalila.

— Conquiste Inárus. Se ele ficar encantado, ele a levará com ele. Viverá em meio à riqueza, sob a proteção do soberano. Verá que a vida tem muito mais a oferecer, mais do que jamais imaginou.

Dalila deslizou seu olhar pela imagem refletida no espelho. De lá mirou nos olhos pintados de Zaira. Estava seduzida e, dentro do seu íntimo, entendeu que nada poderia ser mais importante do que conquistar Inárus.

— Vou lhe mostrar algo também — disse Dalila.

Ela rodeou sua protetora, silenciosamente, enquanto contraía os músculos da barriga e erguia as mãos. Com dois saltos, como se flutuasse pela sala, Dalila girou, balançando o quadril sem perder a pose voluptuosa. Seus olhos mantinham-se fixados nos olhos de Zaira, num exercício de hipnose e sensualidade. Zaira sorriu satisfeita. Era impossível Inárus não se encantar também.

★

O comandante Abbas estava enfurecido com o fracasso de seu oficial, Faruk. Seu ódio só não era maior do que o que passou a sentir pela tribo de Dã. Como poderiam ter a audácia de enfrentar um destacamento enviado por ele?

Abbas passava dias e noites andando pelo palácio, envolvido em pensamentos sobre como devolver a desonra sofrida. Estava intrigado com o tal hebreu com tranças no cabelo e força descomunal. Queria, desesperadamente, saber a sua identidade.

Faruk era a imagem da derrota. Mais do que todos, tinha o seu orgulho ferido e, vez ou outra, se atracava com soldados que riam de sua malfadada expedição a Zorá. Todos os dias visitava Gaza e procurava Abbas em sua sala, no palácio, para pedir-lhe uma nova chance.

— Deixe-me destruí-los! Permita que eu ataque novamente a tribo dos danitas.

— Não da mesma forma, Faruk. Ou poderá sofrer uma nova derrota. Você insiste nesse assunto há dias e eu não vou autorizar. Volte para a sua cidade e espere o momento propício para agir e derrotar o tal guerreiro de tranças.

— Mas, comandante, tenho certeza de que nosso príncipe Inárus não iria se opor...

Aquela conversa já tinha irritado Abbas demais, que socou a mesa onde estava, interrompendo o argumento de Faruk.

— Eu comando o exército filisteu! — berrou. — Eu decido como e quando atacaremos Zorá novamente. Você nos envergonhou diante daqueles hebreus; virou motivo de zombaria! De que adianta termos armas de ferro se elas são destruídas pelas mãos de um danita?

— Aquele guerreiro, Sansão, não pode ser invencível — justificou Faruk, envergonhado diante do seu superior.

— Mas lhe venceu. E sabemos que o príncipe Inárus não costuma ser generoso com perdedores — encerrou, lançando-lhe um olhar de raiva e desprezo.

Faruk, apesar de impetuoso, sabia que teria que ter paciência. E também ser grato por não ter tido sua cabeça arrancada e entregue de presente numa bandeja prateada ao príncipe Inárus.

Já em Zorá, o clima era de celebração. Desde que os filisteus foram derrotados, o vilarejo dançava e agradecia a Deus pela vida de Sansão. Este, no entanto, só tinha em seus pensamentos a mulher de Timna.

Toda semana ele seguia sozinho em direção à cidade dominada por filisteus à procura da moça. Andava por entre ambulantes, passava por ruas estreitas e agitadas. Com o rosto coberto, esquivava-se das guarnições de soldados filisteus. Espiava por detrás das janelas das casas. Ia até barracas de flores e tecidos. Mas encontrar a moça com pele de figo e cheiro de romã era uma tarefa árdua, da qual não desistiria facilmente.

— Faz semanas que volta a Timna para reencontrar aquela mulher e não fala em outra coisa! — reclamava Héber, emburrado. Apesar do carinho que tinha pelo valente amigo, ele já não suportava mais aquela conversa de garoto apaixonado.

— Não pode procurar uma moça aqui mesmo, em nossa tribo? Não faltam mulheres apaixonadas por você, mas insiste em se interessar por uma filisteia, filha dos povos do mar.

Sansão mal ouvia as palavras do amigo. Seus olhos perdiam-se nas saídas da tribo que o levariam a Timna e também a Ieda.

— Elas não deixam de ser belas por cultuarem falsos deuses. Quem sabe não seja esse o caminho para a paz entre os povos?

— Paz? Que paz, Sansão? Acabamos de ser atacados por filisteus. Você os derrotou sem usar nenhuma arma. Foram humilhados e vão querer se vingar. Dependemos de você, meu amigo. Você foi um herói!

— Não sou herói, Héber. Pare com isso. Fiz apenas o que precisava ser feito. O que foi pouco perto do sofrimento que eles têm nos causado. Se vão procurar vingança? Certamente que sim. Mas aquele soldado não deve mais cruzar o nosso caminho.

★

Agar não trocava uma palavra com Rudiju. Há dias que sua filha havia sumido do povoado, mas isso não parecia atrapalhar sua rotina diária de desembaraçar os nós nas redes. Esticá-las, limpá-las e tornar a estendê-las em varais no quintal da velha casa.

Myra, ao contrário, preocupava-se com o sumiço da amiga. Onde estaria Dalila? Sempre passava diante da cabana em que Dalila morava e espiava pela porta à procura de notícias.

— Não adianta vir aqui todo dia — reclamou Agar.

— Estou preocupada com a Dalila. Por onde ela anda?

No interior da casa, a movimentação de Rudiju chamou a atenção das mulheres.

— Vá embora, Myra, por favor.

Myra correu para a lateral da casa, lá se encolheu, escondendo-se para escutar a conversa do casal e tentar descobrir algo sobre o paradeiro de Dalila.

Rudiju entrou apressado no cômodo onde estava Agar. Pensou que a voz jovem e feminina pudesse ser de sua enteada. Estava aflito com seu sumiço e, por mais evidentes que fossem os motivos, não aceitava que Dalila tivesse partido. Agar, como sempre, levava a culpa pelas frustrações do marido.

— Aquela desgraçada da sua filha nunca ficou tanto tempo longe.

Agar queria apenas lhe agradar. Tinha medo de ser abandonada novamente e tentou acalmá-lo. Largou as redes no chão, levantando-se calmamente. Esticou o vestido amarrotado e sujo e, em tom de cumplicidade, disse:

— Sabemos que ela não vai voltar.

Aquilo soou como uma afronta aos ouvidos de Rudiju. Seu crime havia sido descoberto e, em vez de arrependimento, sentiu raiva e insegurança diante da possibilidade de não encontrar Dalila novamente. Então agarrou sua mulher violentamente pelo rosto.

— O que você está sugerindo, mulher? — bradou.

— Eu sei de tudo, Rudiju. Sei o que aconteceu. Mas fique tranquilo, sei que é Dalila quem o enfeitiça. Ela cega os homens e os deixa assim como você está agora: completamente fora do juízo — condescendeu.

Para o pescador, pouco importava o perdão da mulher. Com um bofetão no rosto, ele a lançou longe.

— Dalila não voltará. Você ainda espera por ela, mas ela não voltará aqui.

As palavras de Agar enfureceram ainda mais Rudiju, que saiu em busca de algum objeto que pudesse usar para golpear a companheira. Encontrou a velha e grossa corda usada na pescaria. Com ela surrou Agar até perder as forças. Do lado de fora, Myra ouvia tudo numa angústia solitária.

*

Em Zorá, Jidafe mobilizava o povoado, no centro do vilarejo, para que decidissem sobre Sansão. Ele insistia que o hebreu assumisse seu papel de líder e juiz de Dã. E que estabelecessem um grupo de homens capazes de guerrear contra as forças filisteias.

Nem todos concordavam. Alguns ainda duvidavam das capacidades de Sansão. Outros estavam dispostos a seguir em marcha até Gaza, atacando todos os filisteus que encontrassem pelo caminho. O falatório era intenso e nervoso.

Manoá pedia calma, mas Jidafe não queria esperar mais. Para ele, se as palavras de Zilá, de que Sansão havia sido escolhido por Deus para libertar Dã da opressão dos filisteus, fossem verdadeiras, estava na hora de elas se cumprirem.

— Sansão já ganhou a confiança da maioria. Ele deve assumir o papel de juiz do povo. É isso o que esperamos dele — clamava Jidafe diante de Manoá.

Era difícil acalmar os ânimos de Jidafe. Manoá não tinha argumentos para rebater a revolta popular. Seu filho nem estava ali; só pensava na mulher filisteia. A essa altura, as palavras do mensageiro de Deus pareciam ser varridas cada vez mais para longe, como a areia é levada no deserto.

Não eram apenas os pensamentos de Sansão que estavam longe. Ele buscava a companhia daquela que atormentava o seu coração, que o fazia sorrir e sofrer ao mesmo tempo. Estava mais uma vez em Timna, em busca da bela donzela sem nome.

Também em Timna estava Faruk, seu principal desafeto. O soldado voltava à casa de Simas. Queria Ieda em casamento, mas o próspero agricultor não entregaria sua filha nas mãos de um homem que tinha envergonhado o exército filisteu.

— Já falei e repito: só entrego a minha filha àquele que provar que pode defendê-la de tudo e todos. Parece que esse não é o seu caso.

— Está enganado, Simas. Não dê ouvidos ao que o povo diz. Ninguém estava lá, ninguém viu o que realmente aconteceu em Zorá.

Simas estava cansado da insistência de Faruk e preferiu não esticar a conversa sobre o episódio com os danitas. Desviou os olhos ao redor do átrio de sua opulente residência e os parou diante do ídolo Dagon, uma portentosa estátua em forma de coluna, como um poste, e com a imagem de um homem e um peixe. Era o deus da agricultura, de quem Simas era devoto.

— Não entenda como algo pessoal, Faruk. Sabe que estimo o seu interesse por Ieda, mas, infelizmente, não cumpriu a sua palavra.

Faruk sentiu o sangue ferver nas veias. Cada vez mais seu ódio por Sansão aumentava. Aquela humilhação em Zorá tinha que ser revertida para que ele pudesse seguir com sua vida. Assentiu e saiu apressado da residência. No meio do caminho deparou-se com Judi, a irmã mais jovem de Ieda e filha de Simas.

Judi tinha o frescor doce e delicado da juventude. Sua pele alva, os cabelos longos e negros e a voz frágil lhe conferiam uma aparência de inocência. Porém, a inveja que nutria pela irmã mais velha a transformava numa pessoa traiçoeira.

— Devagar, soldado! Ou pretende me esmagar como faz com os hebreus? Digo, fazia — sorriu ironicamente.

— Não me provoque, Judi. Não suporto mais tanta humilhação por causa daquele danita de tranças.

— Tranças? O guerreiro hebreu usava tranças — gargalhou.

As risadas de Judi deixaram o soldado constrangido.

— Não se leve tão a sério, Faruk. Há dias de glória e outros de derrota — falou a garota, tentando desfazer o mal-estar causado. Sua ironia, porém, era quase incontrolável.

— No caso da minha irmã, sua derrota é certa. Ela não o ama. E meu pai ainda tem esperanças de casá-la com um homem de posses! — voltou a rir.

— Você não me conhece, Judi. Sua irmã será minha mulher — esbravejou Faruk, retirando-se dali.

No centro de Timna os músicos tocavam seus instrumentos e a agitação entre as barracas era grande. Sansão, mais uma vez, estava ali, à procura de sua amada desconhecida. Depois de muito caminhar por entre as barracas, depois de inúmeras idas a Timna, sem sucesso, ele finalmente a avistou. Ela parecia ainda mais linda do que no primeiro encontro. Brincava com a textura dos tecidos. Enrolava-se em sedas e sorria, mostrando um perfeito e reluzente sorriso. O hebreu percebeu que Ieda estava sozinha e caminhou até ela. Os passos do guerreiro fraquejavam diante da ansiedade de, enfim, conhecer a mulher que lhe havia roubado os pensamentos e o coração.

Ele aproximou-se e Ieda percebeu a sua presença entre a finura dos tecidos que estavam esticados nos varais das barracas. Estancou. Seus pensamentos foram projetados para a última vez que se viram, quando ele a ajudou a se levantar. Ela nem percebeu as perguntas do vendedor, que a questionava se havia gostado ou não daquele tecido amarelo que estava em suas mãos. O mundo inteiro desapareceu. Só havia Sansão.

— Você quer este?

— Desculpe-me, em outra ocasião eu compro.

— Leve este. Diga o preço.

— Desculpe, preciso ir. Obrigada — agradeceu Ieda, ignorando o insistente mercador e deixando o local de forma desastrada, à procura novamente do rosto de Sansão, que havia sumido entre os tecidos, as pessoas e a música.

Alguns passos mais adiante ela sentiu seu braço ser puxado para um pequeno beco.

— Não grite, por favor! — pediu Sansão, aos sussurros. — Não vou lhe fazer mal. Você lembra de mim?

Nos olhos, Sansão tinha apenas doçura. Olhava a moça com admiração, carinho e um amor tão grande que preenchia todo o seu peito. Não era nada parecido como quando olhava outras moças; aquela era diferente, era mais que bela, ela tocava fundo em sua alma, despertando o que havia de melhor dentro dele.

— Sim. Você é um hebreu?

— Sim, da tribo de Dã, para ser mais exato.

— E o que faz aqui?

— Pode não acreditar, mas venho quase toda semana a esta feira em busca de algo que não se compra.

Ieda sorriu, percebendo a sedução de Sansão.

— Além de hebreu, é louco?

Dessa vez foi Sansão quem sorriu nervoso.

— Há tempos venho atrás de uma mulher que eu nem sei o nome. Uma mulher com o sorriso mais doce que o mel.

— Espero que encontre sua mulher sem nome.

— Já a encontrei — disse Sansão, encarando-a. — E, se não for ilusão, estou a um passo de descobrir como se chama.

O encanto foi rompido abruptamente por um grande alvoroço. Fiscais do príncipe Inárus entraram na feira de Timna, em busca de comerciantes que deviam seus impostos. A correria assustou Ieda, que partiu à procura de sua ama.

Há poucos metros dali, cinco homens trabalhavam numa construção. Com a confusão e correria, alguns largaram as cordas que sustentavam uma grande pedra. A rocha precipitou-se rumo a Ieda, que corria naquela direção. De perto, Sansão acompanhava a cena e percebeu a tragédia que ocorreria. Instintivamente, saltou e segurou o enorme bloco.

Todos não acreditavam no que haviam presenciado. Um único homem erguia por sobre a cabeça uma pedra que era levantada com a ajuda de cinco pessoas, com amarras e alavancas. Um peso insustentável para qualquer pessoa.

Ieda, que já havia se agachado à espera do pior, não sabia como agradecer ao seu benfeitor.

— Não sei o que seria de mim sem você por perto. Muito obrigada.

— Agora sou eu quem precisa ir — disse Sansão, ao perceber o grande burburinho que causara.

— Ieda! Me chamo Ieda — disse a moça enquanto Sansão preparava-se para partir.

— Eu voltarei em alguns dias — prometeu o guerreiro hebreu, desaparecendo entre a multidão perplexa.

Ieda ficou por ali um instante após a despedida de Sansão. Agora era ela quem não sabia o nome daquele homem que havia balançado o seu coração. Um sorriso tomou conta de seus lábios e, ainda que quisesse, não conseguia desfazê-lo.

★

Na casa de Zaira a movimentação era enorme. Guardas cercavam todo o recinto. Tudo para resguardar a segurança do príncipe Inárus, que, enfim, tornava a visitar o local. As garotas da casa corriam, saltitantes, de um canto para o outro. Mas, num dos quartos, Zaira só tinha olhos e cuidados para uma delas: Dalila.

— Ele chegou. Você está pronta para mudar definitivamente o rumo de sua vida?

Dalila estava. Ela sabia que era essa a única forma de ascender socialmente. Olhou mais uma vez para o espelho, em busca de autoafirmação e levantou-se, decidida, da cadeira onde estava. Colocou um véu com pratarias refinadas e que lhe escondia os detalhes do rosto, passou pela experiente meretriz e seguiu em direção ao cômodo onde Inárus se encontrava.

Lá, rodeado de belas mulheres e com uma taça de vinho tinto nas mãos, Inárus avaliava cada uma das garotas. Cada curva. Cada olhar e movimento. Para ele, ter lindas mulheres ao seu redor era tão rotineiro quanto é para um homem comum lavar o seu rosto pela manhã. Por isso, sua expressão era apenas burocrática, quase de tédio. Buscava, desta vez, encontrar algo diferente.

Os soldados ao seu redor conversavam agitados. Alguns se permitiam a liberalidade do príncipe e desapareciam, entre cortinas trançadas com cordas vermelhas e verdes, conduzidos pelas delicadas mãos femininas.

Quando Dalila entrou, as conversas deram lugar a um silêncio constrangedor. Inárus, que estava de costas, percebeu que algo diferente tinha ocorrido e virou-se para ver o que estava acontecendo. Ao olhar Dalila, foi enfeitiçado. A jovem filisteia nem precisaria de outros truques de sedução. Sua presença já enchia todo o ambiente. Suavemente ela se aproximou, flertando com o príncipe. Inárus levantou o véu que cobria seu rosto e sentiu o perfume adocicado da novata meretriz. Levantou seu rosto com um leve toque no queixo e percebeu nos olhos de Dalila certa timidez, apesar da firmeza com que o encarava.

Inárus pegou dois tecidos sobre a mesa, um na cor turquesa e outro verde-oliva, e os lançou em direção a jovem. Era o sinal para que se apresentasse.

A jovem virou seu pescoço, deixando escorrer seus longos e belos cabelos. E, com as mãos, passou a contorcer-se numa apresentação de dança. Os tecidos deslizavam pelo ar e por seu corpo, evidenciando seus quadris, suas costas desnudas e seu perfeito abdômen. Tudo isso arrancava sorrisos desejosos do carrancudo príncipe, que apertava com força o pomo de sua espada na bainha.

Em passos sugestivos, Dalila aproximava-se e distanciava-se, como ondas, num jogo que atormentava a imaginação do soberano. Inárus levantou a palma da mão. Estava satisfeito. Ele segurou Dalila pelos pulsos até um aposento preparado especialmente para ele. Lá, deitou-se com a jovem.

Era sua segunda experiência com um homem. A primeira tinha sido forçosamente com seu padrasto. A outra, em troca de um adorno para o pescoço.

Após cerca de uma hora, Inárus deixou o cômodo, com ares de satisfação. Ao aproximar-se de Zaira, arrancou um dos anéis que cobriam seus dedos, e deu de presente à dona da casa, demonstrando sua gratidão.

Dalila apareceu em seguida, olhou sua protetora com afeto e gratidão e lhe entregou o colar que acabara de receber. A jovem tinha a sensação de que Zaira havia feito mais por ela do que sua própria mãe, que a ignorava. Reconhecia em Zaira uma figura maternal, bondosa.

De lá seguiu com a comitiva de Inárus, numa liteira branca e acortinada conduzida por soldados do soberano de Gaza.

Timna ficava cerca de trinta quilômetros de Gaza, uma caminhada de cerca de cinco horas. Enquanto sacolejava sobre a liteira, Dalila contemplava as paisagens dos domínios filisteus. Pensava em tudo o que tinha passado e nos desafios que se seguiriam. Pouco antes do sol se pôr, ela chegou ao palácio de Gaza, com suas imponentes colunas e fachadas construídas com o suor e sangue de escravos hebreus.

A riqueza e o poder estavam estampados por todos os lados. Ídolos diversos emolduravam os corredores, como guardas reais e místicos. Pratarias, obras de escultura, cortinas e tapetes tecidos pelas mãos dos mais hábeis artesãos da época. Dalila contemplava tudo assustada e admirada. As paredes da construção pareciam não ter fim. Três enormes pavimentos que se emendavam a outros prédios anexos. Jardins de passeio, terraço para os banhos de sol, salões onde havia músicas e danças e centenas de concubinas. Dalila foi levada até a sala onde estava Inárus e lá foi apresentada a Hannah, chefe das cortesãs.

Hannah era uma mulher belíssima. Apesar de já ter ultrapassado os quarenta anos, preservava sua beleza e altivez. Qualidades que a tornaram a superior de todas as outras concubinas. Exercia domínio sobre cada uma e não hesitava em traí-las, caso isso lhe conferisse algum tipo de vantagem. De pronto, não gostou de Dalila.

— Até que é uma bela moça — disse, observando a jovem da cabeça aos pés, como quem avalia um animal antes de comprá-lo.

Sem perder o sorriso no rosto, aproximou-se de Dalila e sussurrou aos seus ouvidos.

— Sei que agradou ao soberano, mas é a mim que deve obediência. Dependendo dos seus talentos, decidirei se ficará no palácio, se ficará com as demais moças ou se irá se juntar aos empregados na cozinha. Ouvi dizer que precisavam de alguém para limpar os porcos que serão devorados pelos soldados.

Dalila segurou a respiração. Não imaginava que, após suntuosa viagem, fosse tratada com tamanho desdém.

— Mas não tenho dúvidas de que você me provará que pode ser aproveitada de melhor maneira. Venha comigo — ordenou, seguindo por um corredor em direção a um aposento próximo à sala do trono, onde ficavam as cortesãs palacianas.

O local era luxuoso, sempre com frutas, pães e vinhos sobre as mesas. As camas e os assentos eram revestidos de tecidos nobres e acetinados. Os quartos possuíam janelas e, exceto por cortinas e grandes vasos com plantas, eram todos abertos e davam para uma grande área de convivência no centro, onde meninas conversavam, aprendiam acordes nas cítaras e números de danças com plumas e lenços.

— Todas essas mulheres vivem aqui? — perguntou Dalila.

— Por enquanto. Quando perdem o frescor da juventude são rapidamente trocadas. É o que irá acontecer com você. Fique à vontade no palácio, mas não saia sem minha permissão — avisou a superiora, deixando Dalila desconfortável e impressionada com tanto luxo e riqueza.

★

Sansão estava ainda mais apaixonado após o encontro com Ieda. E, por consequência, seu trabalho junto à colheita com os outros danitas era cada vez mais esquecido. Isso irritava profundamente Jidafe e entristecia seu pai, Manoá.

Já o herói hebreu tinha o semblante feliz e realizado. Saber o nome de sua amada lhe dava ainda mais motivos para sonhar com ela. Já não pensava em uma desconhecida, mas sim na formosa Ieda. Sansão planejou logo seu retorno a Timna, afinal, não podia esperar muito mais para voltar a vê-la. Cada dia longe de sua amada era um fardo pesado demais para o seu coração apaixonado.

Em Timna ele reencontrou Ieda, sempre acompanhada por sua ama. Ela observava as pinturas para o rosto quando Sansão aproximou-se entre os tecidos, como se fosse um dos vendedores.

— Bom dia. Posso ajudá-las em algo?

Ieda divertiu-se ao perceber que se tratava do danita.

— Agradeço sua gentileza, mas não será uma tarefa fácil de cumprir. Estou à procura de um homem sem nome — sorriu.

— Eu me chamo Sansão — os olhos de Ieda brilharam com a resposta do belo rapaz.

Sansão puxou delicadamente a jovem pelo braço para um local onde não pudessem ser vistos, por detrás de algumas barracas.

— O que você está fazendo? Imagine se alguém nos vê, o que vão pensar de mim?

— Eles nem saberão que sou um hebreu.

— Mas não é só isso... é que mal o conheço.

Sansão percebeu o desconforto.

— Você está prometida a alguém? Mesmo se estiver, eu a roubarei para mim.

— Mas você me disse que não era um ladrão... — riu Ieda, achando graça de toda a brincadeira.

Era a deixa que Sansão precisava.

— Você descobriu meu segredo — disse, enquanto segurou a moça pelos braços e lhe roubou um beijou. Ieda fez menção de reagir, mas, apaixonada, entregou-se ao momento.

A cena romântica, no entanto, foi interrompida pelos gritos nervosos da ama de Ieda. Ela notou a aproximação de Faruk, pela feira, e tratou de avisar. O soldado, apesar de preterido pela moça, achava-se seu dono e queria conhecer todos os seus passos.

No entanto, Sansão e Ieda estavam definitivamente apaixonados.

— Você será minha esposa, Ieda. Acredite em mim. Posso lhe garantir que farei de você a mulher mais feliz de todas.

— Não ousaria duvidar. Até porque, neste momento, você já cumpre sua palavra... meu marido — sorriu a garota, beijando-o novamente.

— Posso acompanhá-la. Poderia, assim, conhecer seu pai.

— Não. Prefiro que volte em alguns dias, para que eu converse primeiro com ele — despediu-se Ieda, correndo em direção à sua criada. As duas, apressadamente e de mãos dadas, desapareceram da vista de Sansão pelas vielas de Timna.

A criada de Ieda era também a sua principal confidente. Com braços largos e gestos maternais, ela cuidava das filhas de Simas desde que estas eram crianças pequenas, quando ficaram órfãs de mãe.

— Você se arriscou demais, Ieda. Se aquele soldado os encontrasse...

— Mas eu nunca dei qualquer tipo de esperança a Faruk.

De longe, Faruk percebeu Ieda e sua ama. Começou a chamá-las aos gritos. Elas tentaram apressar os passos, mas não houve tempo. Faruk as alcançou.

— Está me seguindo, agora? — reclamou Ieda.

Faruk não queria aborrecê-la. Do seu jeito embrutecido, ríspido e dominador, ele a amava.

— Não, é que sua irmã me disse que você estaria aqui. Eu vim apenas para vê-la. Aconteceu alguma coisa? Você parece nervosa.

— Estou só cansada. Quero ir para casa.

— Estou aqui para acompanhá-la — assentiu Faruk, colocando-se ao lado das mulheres.

*

No palácio de Gaza, Hannah não poupava críticas a mais nova concubina. Via defeitos na forma como se vestia e se maquiava. Um acinte para a sofisticada moda de Gaza. Seu ódio, porém, era pela clara predileção que Inárus nutria por Dalila.

Mas a chefe das meretrizes não era a única a ficar enciumada com Dalila. Tais, uma das mais belas concubinas e frequentadora assídua da cama de Inárus, também não simpatizou com a jovem do vilarejo de Soreque. Com Yunet e Jana, suas principais aliadas, reclamavam da aparência e do jeito desprendido de Dalila. Estranhavam o fato de a moça não demonstrar deslumbres por poder circular pelas alamedas palacianas.

Tais passou a sondar Dalila. E, junto com as amigas, tramava como poderia afastá-la de Inárus. Convidou-a, numa manhã, para um passeio pelos jardins do palácio de Gaza. A área paisagística foi arquitetada de acordo com os exigentes pedidos de Inárus, que queria porções coloridas com flores de lótus, jasmins e rosas avermelhadas. Os caminhos eram calcados por pedras especiais. E lagoas artificiais atraíam os pássaros, principalmente no período de outono e primavera, épocas em que as codornizes e outras revoadas passavam em sobrevoos por Gaza.

Em meio à vegetação, um vulto espreitava o passeio de Dalila, Tais, Jana e Yunet. Era Cário, jardineiro do palácio e um sujeito tímido e introspectivo. Carregava em seu rosto uma deformidade física. Cicatrizes causadas por queimaduras. Tais, maliciosamente, o chamava de o "monstro do jardim".

As garotas circulavam enquanto Tais falava sobre os encantos da cidade de Gaza, da agitação cosmopolita, das inúmeras peças de enfeites que se vendiam nas feiras da cidade e da bela praia. Dalila estava impressionada.

— Por que você não vai até a cidade e aproveita o dia? — disse Tais.

— A Hannah não deve me autorizar antes? — questionou Dalila, insegura.

— Imagina! Não somos prisioneiras aqui. Podemos ir e vir sempre que quisermos.

Dalila sorriu com a ideia. Respirar um pouco de outros ares era o que mais precisava. E, agradecida, saiu em direção aos muros que separavam o palácio do restante de Gaza.

Ela circulava pelas barulhentas ruas de Gaza. Observava as rendas, as redes tecidas manualmente. Admirava-se com a agitação da grande cidade, que seguia num ritmo frenético, em meio a soldados, prostitutas que a observavam e bêbados que vagavam cambaleantes. Rudiju estava entre eles.

Desde que Dalila saiu de Soreque, o pescador não sossegou. Culpava a mãe da jovem e sempre a surrava. Dias antes, avisou que tentaria sorte melhor na grande cidade de Gaza. "Quem sabe não arrumo outra mulher, aliás, qualquer mulher seria melhor que você", ridicularizou-a, satisfeito.

Rudiju não imaginava que estaria tão próximo de Dalila. E, nem Dalila, que seu pesadelo tivesse atravessado a secura do deserto para encontrá-la num momento em que, enfim, desfrutava de conforto e prestígio.

★

Era noite quando Sansão chegou a Zorá, vindo do encontro em Timna. Percorreu o longo caminho pelo deserto como quem faz um passeio à beira mar. Um sorriso juvenil e pensamentos sobre Ieda o acompanhavam.

Atravessou o pátio do vilarejo sem notar a presença de Samara e do amigo Héber, que conversavam por ali. Subiu pelas escadas que levavam até à casa de seu pai, Manoá, e abriu a porta, triunfante.

— Então você resolveu aparecer! Agora passa mais tempo fora do que em seu povoado. Virou um estrangeiro em sua própria terra — censurou Zilá.

Sansão, sem desfazer o sorriso, aproximou-se e beijou a testa de sua mãe.

— De certa forma, é o que sou.

Manoá estava próximo, e foi ao encontro do filho.

— Precisamos de você, Sansão. A situação está difícil. Hoje mesmo, foi um dia duro. Se estivesse aqui, teria nos ajudado.

Para o jovem danita, nada disso tinha importância.

— Por que essa insatisfação constante, meu filho? O que você tanto procura? — argumentou Zilá.

— Já encontrei, minha mãe. É aquela mulher que vi na feira, em Timna, outro dia, e não saiu mais dos meus pensamentos. Estou decidido. Quero tomá-la por minha esposa, meu pai.

Zilá e Manoá se olharam perplexos. O filho tardio, promessa divina de libertação ao povo hebreu, queria se casar com uma filisteia.

Já em Timna, era Ieda quem travava sua batalha familiar. Esperou seu pai terminar seus compromissos, despachar os empregados, para então aproximar-se dele.

Para Simas, não era segredo algum que ela não gostava de Faruk, apesar de ele ser o melhor pretendente da região e, mesmo após a frustrada diligência a Zorá, tinha potencial de se tornar um grande guerreiro filisteu.

—Você sabe que Faruk pretende se casar com você! — disse Simas.

— Eu nunca amei aquele soldado, meu pai — respondeu Ieda.

A jovem discorreu sobre os detalhes a respeito de como Sansão salvou sua vida há alguns dias, quando uma grande pedra se desprendeu e quase a esmagou. Lembrou que era a segunda vez que ele a protegia, arriscando a própria vida. E, por fim, argumentou que um sentimento afetuoso, tal qual seu pai sentia por sua mãe, quando esta ainda era viva, surgiu em seu coração.

— É até destoante como ele pode ser tão forte e ao mesmo tempo tão carinhoso.

Simas ouvia apreensivo. Suas filhas eram mais importantes que qualquer convenção social ou posse. Ele queria a felicidade delas, a qualquer preço.

— Mas o que faz esse homem? Tem posses? Terras? Qual o seu nome?

— Prefiro que ele mesmo se apresente meu pai, só posso adiantar que é danita e usa tranças — falou quase como num sussurro, envergonhada com a descrição de seu pretendente.

— Um danita? Está me dizendo que seu pretendente é um hebreu, Ieda? — berrou Simas.

Aquela revelação o tirou do sério. Olhou para a imagem de Dagon, como se estivesse pedindo sua ajuda, agitando os braços para cima e para baixo. Um casamento com um homem de outro povo poderia ser prejudicial aos seus negócios e a sua vida social. Aquilo, definitivamente, não estava certo.

— Pai... eu imploro — jogou-se aos pés de Simas. — Não me faça perder a juventude com um homem que não amo.

Simas andava de um lado para o outro. Tentava responder, mas não achava as palavras certas, então preferiu deixar Ieda sozinha, retirando-se em direção ao seu aposento.

Judi escutava toda a conversa, escondida por detrás de uma das colunas da casa. Eufórica com toda a confusão, o que a jovem mais queria era correr até Faruk para lhe contar a novidade. Já imaginava a expressão no rosto do soldado ao saber que o hebreu de tranças havia provocado mais estragos do que ele imaginava.

Na manhã seguinte, Simas havia tomado a sua decisão. Pediu para que a ama chamasse sua filha e comunicou:

— Ieda, traga-o aqui. Quero conhecê-lo.

Os olhos da jovem brilhavam de felicidade. Seu sorriso era indisfarçável e, sem dizer nenhuma palavra, ela apenas assentiu respeitosamente.

Judi, a essa altura, já corria em direção aos arredores da plantação de trigo do pai. Era lá onde costumava encontrar-se com Faruk e o abastecer com novidades sobre os bastidores de sua casa. Secretamente, o desejo de Judi era de que o soldado abandonasse a ideia de casar-se com a irmã e a escolhesse como esposa. Mas sabia que isso seria muito difícil, já que Ieda, por ser a mais velha, deveria ser também a primeira a se casar.

— Outro? Como assim? — questionou Faruk, furioso, ao ouvir sobre as pretensões de Ieda. — Ela é minha! — berrava aos ventos em meio ao trigal.

Judi achou graça do destempero do soldado filisteu, acometido por uma crise de ciúmes, e resolveu apimentar.

— Sei que é um hebreu. Por que não propõe um duelo, Faruk? Você certamente luta melhor que ele e ainda por cima impressionaria meu pai e Ieda.

Faruk gostou da ideia. Ninguém era mais hábil com a espada do que ele. Subiu em seu cavalo e seguiu em direção à casa de Simas, onde o encontrou ainda sobressaltado com o que estava acontecendo.

Para o soldado, aquilo era uma traição. Simas sabia que Faruk pretendia casar-se com Ieda. E não aceitou os argumentos do velho pai de que sua filha estaria apaixonada por outro homem. Propôs então um duelo entre ele e o hebreu.

— Na minha casa, Faruk? Isso é loucura. Não se trata de um jogo! — irritou-se Simas.

— Mas é a felicidade de sua filha que está em jogo. Em breve me tornarei comandante e terei privilégios, prestígio. O que pode ser ótimo para seus negócios — Faruk usou de todos os argumentos que podia para convencê-lo. Que fosse por interesse, isso não importava, desde que Simas entregasse sua filha.

— É claro que não fico à vontade sabendo do interesse dela por um hebreu. Eu nem o conheço, não sei de suas intenções. Mas tenho que admitir que, mesmo sendo do povo inimigo, seu oponente começa com uma bela vantagem. Ele foi escolhido por ela. Ganhou seu coração.

Faruk irritou-se com o que ouviu e avançou sobre Simas. De forma ameaçadora, imprensando-o na parede, avisou:

— Vou tomá-lo de volta. Se o coração de Ieda não for meu, ninguém mais o terá. Fui claro?

Judi, que havia voltado para casa correndo, tratou de avisar sua irmã sobre o iminente confronto. E, agindo com desfaçatez, tentava convencer Ieda de que um duelo vencido pelo danita daria ainda mais valor ao seu pretendente e aniquilaria de vez qualquer dúvida de Simas sobre a capacidade do hebreu.

E, certamente, naquele momento, não havia muitas opções disponíveis...

★

No povoado de Zorá, a notícia de que Sansão queria se casar com uma filisteia tinha se espalhado mais rápido do que rastilho de pólvora. E as opiniões já se formavam de um canto a outro. Samara sofria com a ideia de ver Sansão casado com outra mulher. E Héber sofria com o amor de Samara por Sansão.

Ao vê-la quieta, sentada no pátio do vilarejo, tentou consolá-la.

—Você não é pior que nenhuma outra mulher. Você é linda, bondosa, companheira. Tem jeito com crianças e tenho certeza de que seria uma ótima mãe.

Para Samara, aquelas palavras só teriam sentido se viessem dos lábios de Sansão, e não dos de Héber. Mesmo enternecida com a gentileza do amigo, preferiu sair e caminhar sozinha.

Já Sansão estava preocupado com seu retorno a Timna. Ajeitava sua bolsa poucos dias depois de tê-la esvaziado, colocando itens que considerava essenciais na viagem de volta. Estava ansioso para reencontrar Ieda. A agitação, no entanto, deixava Manoá profundamente decepcionado.

Ele respeitava os sentimentos de seu filho, mas não era aquilo que esperava que fizesse. Ver Sansão partir assim, abandonando os sonhos dele, de Zilá e de seu povo, era aterrador.

— Não estou abandonando vocês, nem nosso povo. Sempre que precisarem estarei aqui, pronto para defendê-los. Mas sinto que esse é o caminho que devo seguir. Às vezes, eu não sei bem o que estou fazendo aqui, apenas me sinto perdido...

—Você deve trilhar o caminho do entendimento e da fé, Sansão. E ele é difícil e solitário. Seja forte! O grande perigo está aqui, dentro de você — falou Manoá, com lágrimas nos olhos, enquanto esmurrava os punhos fechados no peito de Sansão.

O guerreiro danita apenas assentia, cabisbaixo. Sentia pelo sofrimento que estava causando, mas era teimoso, e seu amor por Ieda era, de fato, genuíno.

— Confie em mim, meu pai.

— Não permita que os sentimentos o ceguem. A maior treva é aquela sem a luz do único Deus. O Deus de Abraão, Isaque e Jacó. O Deus do povo hebreu. Não queira viver na escuridão.

Sansão sabia que seu pai tinha razão e o abraçou carinhosamente. Segurou em seus ombros, beijou sua testa, como sempre fez. E partiu.

Era quase meio-dia e o sol ardia mais forte do que nos dias anteriores. A bolsa parecia pesar mais também, assim como a sua consciência. Sansão andava torturado pelos muitos pensamentos. Cenas de Ieda sorridente na feira misturavam-se aos rostos de seu pai, de sua mãe, dos amigos. Ele chorava ao pensar que algo de ruim pudesse acontecer-lhes. Ao mesmo tempo sorria imaginando ter em seus braços a bela Ieda.

Sua enorme força, no deserto, parecia ter cessado. Como um dos muitos andarilhos que não sobreviviam às travessias a pé, Sansão sofria com as sandálias atolando no chão afofado, com os ventos de areia que o cegavam, com a falta de uma sombra para se proteger. Estava no meio de uma imensidão de areia, sendo fritado pelo sol, sem nenhuma companhia.

Algumas horas depois, Sansão, cambaleante, avistou uma pequena carroça. Estava destruída, com roupas e objetos ao redor, como se seu dono tivesse sido brutalmente atacado por alguma fera. Era um cenário de desolação. Sansão avistou um homem ao lado da carroça e pensou em pedir ajuda. Mas toda sua força havia sido minada. Estava sedento demais e enfraquecido pelo calor. Deu dois passos e desabou diante do desconhecido.

Em Zorá, Zilá, ajoelhada, orava a Deus pedindo que guiasse os passos de seu atrapalhado filho.

O homem desconhecido no deserto era o mesmo que, trinta anos antes, havia aparecido para Zilá e Manoá nos arredores de Zorá. Ele carregava em sua mão um cantil com água fresca e caminhou em direção a Sansão, despejando o líquido restaurador em seu rosto.

A sombra do homem lhe protegeu momentaneamente do sol forte, e a água lhe restabeleceu os sentidos. Sansão agradeceu à insólita ajuda. Mas um som profundo, alto e aterrorizante, roubou-lhe aqueles pequenos instantes de paz. Diante dele e do homem surgiu um leão, rugindo, exibindo seus grandes dentes.

—Você é um homem de fé — disse o desconhecido salvador para Sansão.

— E não podemos perdê-la nunca; por mais assustadores que os inimigos pareçam, temos de acreditar que é possível derrotá-los — completou Sansão, sem tirar os olhos de seu predador.

O felino tinha cerca de dois metros e uma pelagem acastanhada que reluzia com o sol. Era assustadoramente belo. Poderoso, com garras cumpridas e afiadas que cravavam pegadas na areia. Nada intimidava seu porte altivo. Rodeava suas presas emitindo rugidos ameaçadores. Assim como Sansão, o animal estava faminto.

*

CAPÍTULO 3

Enfrentando feras

O inóspito deserto do vale de Timna era um local perigoso. As rochas, recobertas pela areia, serviam de esconderijos perfeitos para feras e salteadores. Não havia como fugir naquela imensidão amarela acastanhada de areia. Era comum encontrar esqueletos de aventureiros secando ao sol, ou pedaços de carniças sendo disputadas por corvos e chacais. Durante o dia, o sol forte assustava. Nas noites, o frio se tornava o pior inimigo, levando a temperatura a quase zero grau.

Sansão, pela intervenção de um homem misterioso, escapou por pouco de ser mais uma das vítimas das armadilhas do deserto. Porém, ainda enfraquecido e com reflexos da insolação, tinha diante de si um feroz leão do deserto. O animal estava plenamente ambientado naquela região. Nas proximidades de Timna, o calor geralmente não ultrapassava os quarenta graus. A névoa úmida trazida pelo mar mediterrâneo ajudava a refrescar o cenário de aridez. Além disso, através do faro aguçado, os leões encontravam lagos que de tempos em tempos se formavam sobre as bacias desérticas do local.

O animal pulou sobre o danita, derrubando-o no chão, tentando abocanhá-lo. Uma patada abriu quatro vergões no seu braço direito. Sansão recuou, tentando se afastar da fera.

Numa nova investida do animal, o hebreu fez um movimento rápido, lançando-se sobre o dorso do leão e agarrando-o pela mandíbula. A força da mordida do felino equivalia a quase meia tonelada de energia. Eram trinta dentes afiados, grandes e assustadores que roçavam a face de Sansão. Ele o segurava com suas mãos, enquanto a fera se contorcia, tentando se livrar.

O danita então usou sua força brutal e, urrando pelo esforço e dor, rasgou o maxilar inferior do leão como se fosse um pedaço de papelão sendo rompido. O animal, ferido, rugiu fortemente, e Sansão o sufocou com os braços, matando-o finalmente.

A luta o deixou exaurido. Seu corpo caiu ao lado do cadáver do leão e, por alguns minutos, ficou ali, olhando o céu placidamente azul, sem nuvens. Ao redor apenas o som do vento que carregava a areia de canto a canto. Permaneceu deitado até que seu coração se acalmasse e a respiração retomasse o ritmo natural. Quando ergueu-se novamente, não viu mais o andarilho que o ajudou. Apenas a velha carroça, o animal morto e o vazio no deserto.

Sansão voltou para sua trilha. Estava revigorado, sentindo-se orgulhoso pelo que acabara de acontecer. Nem mesmo um leão era capaz de derrotá-lo. Caminhou até o fim da tarde, quando encontrou um pequeno lago e lá, tal como uma criança, refestelou-se. Estava em plena felicidade. A poucas horas de reencontrar Ieda, sentia-se grato por estar vivo e poder experimentar aquela alegria.

★

Dalila sentiu seu corpo gelar num instante. O pavor percorreu sua alma, e seus olhos banharam-se em lágrimas. Nas alamedas de Gaza, entre comerciantes e prostitutas, estava Rudiju. Bêbado, ele cambaleava, importunando as mulheres. Para Dalila, era a visão mais próxima do inferno. Tê-lo ali, tão perto, era inconcebível. Foram dias de fuga enfrentados por ela, para agora encontrá-lo ali, a poucos metros. A moça amparou-se num muro, sentiu a cabeça tontear, quando um toque familiar alcançou seus ombros. Era Myra.

A amiga estava maquiada grosseiramente, com cores fortes, e vestia roupas simples e vulgares. Após o sumiço de Dalila do vilarejo de Soreque, ela, coincidentemente, foi tentar uma vida melhor em Gaza. A dura realidade lhe mostrou apenas o caminho da prostituição e, por alguns trocados ou joias, deitava-se com os homens da cidade. Myra dividia a casa com outras dezenas de mulheres. Era um lugar repleto de quartos e corredores. E lá as moças atendiam à volúpia de seus clientes, fisgados numa praça localizada logo em frente à casa.

Ao ver Dalila, Myra a abraçou fortemente. As duas permaneceram juntas, sem dizer uma palavra sequer. O reencontro era o que ambas queriam. Ninguém mais no mundo importava para as duas amigas.

— Dalila, pensei que jamais fosse revê-la.

— Como você veio parar aqui em Gaza, Myra?

Myra pôs-se a explicar a sua saga de como deixou Soreque e, de caravana a caravana, chegou até a cidade que abrigava o palácio de Inárus.

— Eu não ficaria ali para sempre.

— E minha mãe?

Myra não queria responder. Abaixou a cabeça, com tristeza, e desviou o olhar. Dalila a segurou pelas mãos, com carinho.

— O Rudiju... ele enlouqueceu. Ficou ainda mais agressivo. Todos os dias ouvíamos o choro e os gritos de sua mãe...

Era o suficiente para Dalila. Ela colocou suas mãos, delicadamente, nos lábios de Myra, silenciando-a. E se abraçaram. Porém, o terno reencontro foi rompido quando Dalila percebeu a movimentação de Rudiju ali perto. Seus olhos, então, minutos antes repletos de alegria, encheram-se de ódio.

— O que aquele desgraçado faz aqui também?

— Ele entrou no lugar onde trabalho — disse Myra, assustada em reencontrar o pescador logo ali, no prostíbulo onde vivia.

Dalila estava tensa. Seus olhos sobressaltados. Seus dentes rangiam de raiva. Notou que um dos mercadores que vendiam produtos na praça trabalhava com metais e ferramentas de corte. Então foi até ele. Tirou do dedo um anel e o trocou por uma pequena e afiada adaga prateada, uma espada curta, com lâmina dupla. Caminhou apressadamente e de forma decisiva em direção a Rudiju, mas foi detida, no meio do caminho, por Myra.

— Dalila, isso é loucura. Não se destrua por causa de um homem que...

— Que me destruiu, Myra. Que acabou com todos os meus sonhos e agora desconta sua loucura na minha mãe! A presença dele aqui é a minha chance. Chance de acabar com isso. Você irá me ajudar? Posso fazer o que for preciso para que o príncipe Inárus a aceite como uma das cortesãs no palácio, que é onde eu vivo agora.

A obsessão de Dalila não deixava dúvidas. Rudiju não passaria incólume naquele largo. Myra percebeu nas pupilas dilatadas, no suor que escorria em sua testa, nas mãos trêmulas e na frenética pulsação que o ódio que a jovem sentia era incontrolável. Olhou ao redor e viu, sentado próximo dali, Hamã, um sujeito alto, com braços fortes e aparência sombria. Ele fabricava cestos e, corriqueiramente, estava envolvido em brigas. Tinha inúmeros assassinatos em seu histórico e colecionava feridas pelo corpo, fruto de suas desavenças. Uma delas trazia no rosto uma profunda cicatriz. Calado, era ele a quem as prostitutas do largo das meretrizes recorriam quando algum cliente causava confusões. Hamã jamais negava ajuda às moças.

Myra fez um sinal e Hamã se aproximou. Cochichou algumas palavras em seu ouvido e apontou para o cambaleante Rudiju, que acabara de entrar no prostíbulo. Hamã fez menção de sorrir ironicamente, mas era rude demais até mesmo para isso. Pegou das mãos de Dalila a adaga e seguiu em direção à Rudiju.

— Quem é este homem? — quis saber Dalila.

— É um dos piores tipos que andam por aqui. E o ideal para o que você precisa — disse Myra, explicando seu plano.

No bordel, Rudiju entregou algumas moedas de prata para uma das prostitutas que estavam ali. A jovem o conduziu pela mão até um dos quartos, que ficava num extenso corredor. A moça sorria, mesmo diante do pescador embriagado, malcheiroso e aos farrapos, e, com delicadeza, o fez deitar na cama. Fechou as cortinas do cômodo, acendeu as velas, deixando a luz bruxulear, e saiu.

O pescador permaneceu imóvel por um tempo, mas, ao perceber o sumiço da mulher, ficou impaciente e pôs-se a gritar.

— Meretrizes! Meretrizes! Eu as paguei! Onde vocês estão?

Nesse momento uma delas abriu a cortina que isolava o quarto. Ela tinha o rosto envolto em um véu e a pele alva dos braços era delicada como a de um figo. Rudiju ficou encantado com a jovem.

— Eu dançarei para você.

A cortesã o fitou e puxou seus braços para que se levantasse. Rudiju a encarou e reconheceu aqueles olhos. Os reconheceria em qualquer lugar da palestina. Era Dalila.

— Dalila? Da-li-la?

Ele estava apavorado. A pouca luz e a embriaguez o deixavam ainda mais confuso. Seria mesmo Dalila, ali, prestes a lhe entregar seu corpo voluntariamente? A cortesã abaixou o véu que escondia seu rosto. Cerrou os dentes. Seus olhos comprimiram-se de raiva. Não havia mais sinal da menina frágil, amedrontada que Rudiju havia visto da última vez. Aquela era outra pessoa, uma mulher confiante, determinada e pronta para cobrar o preço de tudo aquilo que lhe fora tirado.

— Que os deuses filisteus o castiguem, eternamente, por todo o mal que fez em vida.

Rudiju mal acabou de ouvir a sentença e sentiu suas costas ardendo, ao serem atravessadas vagarosamente por uma lâmina. Abriu os braços, buscando desesperadamente inspirar todo o ar possível, mas a perfuração, feita com precisão quase cirúrgica, rompeu um dos pulmões e o impediu de respirar. Seus olhos escureceram-se em poucos segundos, e ele caiu aos pés de Dalila. Por detrás dele estava Hamã, quem o golpeou. O homem olhou para Dalila e assentiu, sem dizer uma só palavra. Entregou-lhe o punhal sujo de sangue e saiu do recinto.

Vê-lo ali, inerte, ensanguentado e com a vida se esvaindo era libertador para Dalila. O fim de uma história macabra, doentia e que lhe roubou a virgindade e qualquer possibilidade de encontrar um bom marido e construir uma família. Rudiju representava a morte do amor, da esperança. Sua morte devolvia Dalila à vida.

★

Faruk estava eufórico com o duelo contra o pretendente hebreu de Ieda. E, no acampamento militar de Timna, treinava golpes marciais e com espadas de madeira. Golpeava um a um, mostrando sua destreza com socos e chutes. Manobrava a espada com habilidade, atingindo sempre pontos fatais de seus adversários nos treinamentos. Era rápido e preciso.

Já Ieda, ao saber dos planos do soldado filisteu, entrou em desespero. E dia após dia tentava convencer seu pai a não aceitar uma luta por sua causa.

— Eu não sou uma recompensa para ser disputada à espada. Isso parece uma armadilha — dizia ao pai, enquanto, inquieta, andava de um lado ao outro, entre lágrimas e gestos.

— Acalme-se, Ieda. O hebreu não é um homem forte, que a protegeu? Você não confia que ele seja capaz de vencer Faruk?

Para o agricultor, Faruk seria o genro mais acertado. E, internamente, desejava que o duelo o fizesse vencedor. Ele sabia que as habilidades e liderança do soldado, cedo ou tarde, levariam-no a ocupar altos comandos no exército filisteu, e isso poderia ser interessante aos seus negócios na distribuição de trigo. Porém, como pai zeloso, também não queria ver Ieda triste.

— Se eu quiser que Faruk seja seu marido, ele será. E você terá que esquecer essa ideia absurda de se casar com um homem de um povo inimigo! — esbravejou.

— Se a escolha não me pertence, faça o que preferir, meu pai. Você tem minha vida nas suas mãos — reconheceu a filha, retirando-se do amplo átrio da casa e indo para seus aposentos, onde sua ama a esperava.

— Seu pai sabe o que é melhor para você, Ieda — tentou consolá-la a empregada, sua maior confidente. — Você mal conhece o Sansão.

Ieda rapidamente pôs a mão na boca da ama, silenciando-a. Ela preferia que ninguém soubesse o nome de seu pretendente hebreu. E sabia que se o nome de Sansão chegasse aos ouvidos de Faruk, este seria capaz de perseguir todos os homônimos até matar seu concorrente.

A ama compreendeu o gesto e sorriu.

— Você está apaixonada, menina. Eu me lembro de sua mãe, com o mesmo coração puro e olhar apaixonado.

— Mas eu sou uma mulher — comentou sorrindo.

Judi, como costumeiramente fazia, escutava a conversa entre a irmã e a ama. E arregalou os olhos ao ouvir o nome de Sansão. Apressadamente foi até o centro de Timna à procura de Faruk, para contar-lhe as novidades.

Nas agitadas ruas de Timna, era Sansão quem, após a longa viagem, estava à procura de Ieda. Esperava encontrá-la ali e formalizar suas intenções com Simas, mas um esbarrão, entre as barracas de frutas, o levou a encontrar Judi.

— Desculpe-me, moça. Deixe-me ajudá-la.

Judi tinha caído e, irritada, preparava-se para se levantar. Foi quando percebeu o homem que acidentalmente a derrubara. Era forte, alto e tinha tranças.

— Sansão? — murmurou.

— Como sabe meu nome?

Judi percebeu a oportunidade e fingiu gemer e contorcer-se de dor. Preocupado, Sansão a pegou no colo e perguntou se podia ajudá-la.

— Sim, leve-me até em casa. É perto daqui.

*

A escassez diária em Zorá era o oposto da vida em Timna e Gaza, a cidade que sediava o palácio. Os filisteus dominavam a distribuição de grãos e frutos, impediam a comercialização de mercadorias agrícolas ou produtos manufaturados entre os hebreus. Dominavam as rotas por onde as produções escoavam e asfixiavam a economia dos filhos de Israel a uma cultura de subsistência.

As construções filisteias eram amplas, espaços generosos geralmente erguidos em homenagem ao deus Dagon. Nos interiores, os átrios tinham altares onde ardiam fogos em devoção ao deus da agricultura, da pesca e a outras divindades.

Nas ruas, feiras e mercadores misturavam-se às prostitutas. Nas barracas haviam metais artesanalmente trabalhados. Vasos de argila, tapetes, tecidos finos, cestos talhados artisticamente. Nas mesas, os banquetes com carne de boi, cabras, carneiros, aves e porcos — o que causava repúdio aos hebreus —, azeites, além da variedade de frutos, como uvas, tâmaras, figos, maças e romãs. Tudo regado a vinho e suco de cevada, bebidas que também eram exportadas às outras regiões.

Já no vilarejo dos danitas, a vida era rudimentar. A força de trabalho era pequena, e os poucos homens saudáveis tinham que dar conta de reparos, construções, cuidar da agricultura e proteger a cidade das invasões. A alimentação era à base do trigo, com pães. E as vinhas eram poucas.

Toda semana, o levita, responsável por preservar as tradições religiosas, lembrava os grandes feitos de Deus. Das maravilhas reveladas a Jacó e de como o Senhor os havia livrado da opressão no Egito e, através de Moisés, ensinado:

— Pois a rocha deles não é como a nossa Rocha, com o que até mesmo nossos inimigos concordam. A vinha deles é de Sodoma e das lavouras de Gomorra. Suas uvas estão cheias de veneno, e seus cachos, de amargura. O vinho deles é a peçonha das serpentes, o veneno mortal das cobras. Assim ensinou nosso patriarca Moisés sobre as nações inimigas.

Héber e Jidafe estavam em volta de uma fogueira, ouvindo o levita, e se entreolharam. Enquanto o primeiro esperava o momento em que Deus os livraria de mais uma luta diária, Jidafe amargurava-se ainda mais. Sentia, nas dores do dia, a ausência de Sansão. Enraivecia-se ao pensar que o líder danita deveria estar ali, junto ao seu povo, e não à mesa com os filisteus.

Manoá e Zilá também estavam aflitos. A mãe de Sansão ressentia-se por não ter apoiado o filho em sua decisão, mesmo sendo contrária ao que ela considerava correto. Temia por sua vida, pelas promessas que ouviu do mensageiro de Deus. Nada fazia sentido e seu coração de mãe queria apenas amparar o filho.

— Confie, Zilá. Se Deus guiou nosso filho até lá, há de ter um motivo. E se Sansão estiver certo? E se este for o caminho para a paz? — dizia Manoá, segurando docemente as mãos agitadas de Zilá.

— A paz de Sansão está aqui, com o nosso povo. Não é nos filisteus que ele encontrará o amor. E, muito menos, achará a paz — reagiu Zilá, levantando-se e começando a arrumar os utensílios de casa. Ela se preocupava com a reação da família da filisteia por quem Sansão enamorou-se.

Na casa de Simas, Sansão chegava com Judi nos braços. Assim que passaram pelo jardim e entraram na grande construção, a jovem saltou dos braços do danita e correu para avisar a Simas e Ieda, que conversavam ao redor da mesa.

— O hebreu chegou. E posso garantir que é um homem extremamente gentil.

Sansão observava tudo ao redor. Jamais imaginava que Ieda fosse de uma família tão rica. Seus olhos percorreram cada mobiliário, as plantas, o pé direito alto, os vãos no teto, que permitiam que a luminosidade invadisse a casa e, claro, a grande estátua em homenagem a Dagon. Porém, seus olhos se detiveram em Ieda e, por alguns segundos, nem notou a presença de Simas no mesmo ambiente.

— Ieda, providencie algo para o nosso convidado comer. Precisamos ter uma conversa de homem para homem — interrompeu Simas.

Sansão se desculpou e apresentou-se ao futuro sogro. Simas já sabia algumas coisas sobre o jovem. Entre elas, sabia que Sansão adorava apenas um Deus, o Deus invisível, e tratou de provocá-lo mostrando a escultura de Dagon.

— É apenas um dos nossos deuses. Podemos vê-lo e tocá-lo.

— Metade homem e metade peixe?

— Sim, devemos muito ao mar.

— Mas não foi ao seu povo que o mar se abriu, não é? — ironizou o danita.

Simas percebeu a sagacidade de Sansão e sua primeira impressão foi de desaprovação. Não gostava de ser desafiado dentro de sua própria casa.

— E você acredita em um relato assim tão primitivo? Acredita apenas em um Deus? Um Deus sem forma e invisível? Quer ofender a minha crença e tomar minha filha por esposa, rapaz? Onde estão seus pais?

— Não quis ofendê-lo, mas digo que posso sentir meu Deus com muito mais força e calor do que uma pedra dura, fria e sem vida.

Para Simas aquilo já bastava. Levantou-se irritado.

— Sejamos diretos e práticos. O que você quer para desistir da minha filha?

A primeira conversa entre o filisteu e o danita não era promissora. As diferenças eclodiam a todo instante. Da rivalidade militar à religião. Das roupas e costumes à alimentação. Tudo era razão para que o debate inflamasse. Simas então impôs outra condição. Sansão teria sua permissão, desde que aceitasse lutar contra Faruk, o soldado filisteu que pretendia a mão de Ieda anteriormente. Seria um duelo pelo amor da filha.

— Não quero seu dinheiro. Também não tenho medo de duelar com nenhum soldado, mas acho ofensivo para a Ieda que a espada determine seu futuro.

Nos arredores da casa, era Faruk quem chegava montado em seu cavalo. Judi o viu a distância e acenou, pedindo que se aproximasse rapidamente.

— O que você quer, Judi?

— Você precisa ver como Ieda está feliz hoje. Meu pai está lá dentro, com o noivo hebreu dela e tratando sobre o duelo que ele terá com você.

Faruk ficou furioso e correu em direção a casa, deixando Judi rindo, divertindo-se com o resultado de suas tramas.

Logo ao entrar na casa e deparar-se com o rosto conhecido de Sansão, o soldado ficou sobressaltado com a descoberta de que era ele o homem por quem Ieda estava apaixonada. Apenas encarava o danita, e as poucas palavras que conseguiu proferir foram:

— Você?

— Este é o soldado de quem lhe falei, Sansão. O pretendente de Ieda — Simas apresentou, desajeitado.

Porém Sansão e Faruk se conheciam bem.

— Esqueça sobre o que tinha falado anteriormente. Terei o maior prazer em lutar por sua filha — sorriu Sansão, com ironia.

Faruk tentou avançar sobre o danita, mas Simas o conteve.

— Aguarde até amanhã, neste mesmo horário, e acabamos logo com isso.

Sansão colocou as mãos sobre a cintura e encarava Faruk, pronto para reagir caso fosse agredido. Para ele, seria a chance de consertar o erro de não ter matado o filisteu quando este tentou destruir Zorá.

Ieda estava surpresa. Não imaginava que os dois já se conheciam e nem sob qual circunstância isso tinha acontecido. Percebeu apenas um evidente ressentimento, de ambos os lados, e que superava a disputa por sua mão.

— Ele não voltará — provocou Sansão.

— Veremos! — berrou, ainda mais enraivecido, Faruk.

— Vou lhe mostrar o que sou capaz de fazer pela mulher que amo.

*

Tal como prometeu, Dalila levou Myra até o palácio de Inárus. Conduziu a amiga pelos corredores e, antes de chegar ao quarto das concubinas, encontrou Hannah, que demonstrava irritação.

Logo após Dalila deixar o palácio em Gaza, Tais procurou a chefe das cortesãs para incitá-la contra a jovem de Soreque. Contou que, mesmo após ter sido avisada, Dalila desobedeceu a orientação de não deixar o palácio e saiu para passear na cidade.

Insinuou ainda que a insolência da novata seria por achar-se melhor que as demais, por ter atraído a atenção de Inárus. Hannah sorvia cada palavra venenosa de Tais. A cada frase, seu ódio por Dalila aumentava. Quando a encontrou retornando ao palácio, foi tirar satisfações, com rispidez.

— Como ousa sair sem a minha permissão?

— Desculpe, mas me disseram que...

— E quem é essa mulher ao seu lado?

— É uma amiga que reencontrei na cidade. Se você permitir, ela pode ser útil ao palácio...

Hannah não estava disposta a ouvir mais explicações. Ordenou aos guardas que retirassem Myra do palácio imediatamente e a lançassem na rua e avisou Dalila que, caso não a obedecesse, teria o mesmo fim.

— Venha comigo.

As duas partiram, em silêncio, por extensos corredores iluminados com tochas. Desceram algumas escadas até chegarem num anexo do palácio. Era uma ala onde os soldados iam para descansar, beber e encontrar mulheres. Havia cerca de trinta homens que gargalhavam e falavam em voz alta, e que silenciaram com a entrada das duas. Nas mesas, aves despedaçadas e taças de vinho caídas. Os soldados estavam sujos e exalavam um cheiro ruim. Eram os piores homens do exército, a tropa mais violenta.

— Atenção! Aqui está Dalila. Deem boas-vindas a ela — debochou Hannah. Em seguida, virou-se para a jovem, que estava apavorada com os olhares que a cercavam.

— Estou certa de que fará da noite desses homens um momento inesquecível.

Dalila desesperou-se. Pediu para que Hannah reconsiderasse ou enviasse mais algumas meninas para ajudá-la, mas a chefe das concubinas estava irredutível.

— Sirva nossos convidados, Dalila. É uma ordem — determinou, secamente, partindo dali e deixando-a só.

Os homens a cercaram como se fossem lobos famintos ao redor de uma presa. Dalila tentava escapar e, com os braços, se proteger das mãos que percorriam seu corpo. As palavras chulas fundiam-se no ar e, no meio das dezenas de homens, viu a imagem do rosto sádico de Rudiju, como se fosse um fantasma que voltava para castigá-la.

— Dance para nós! — gritavam os soldados.

E ela, sem alternativa, obedeceu. Ensaiou alguns passos, enquanto limpava as lágrimas que corriam em sua face, mas logo foi agarrada por um soldado mais afoito que a violentou ali mesmo, no meio de todos. Os outros homens seguiram a violência, num rito que durou quase a noite toda. De perto, mas escondido, o jardineiro Cário compadecia-se com o drama de Dalila.

No quarto das concubinas palacianas, Tais comemorava o castigo dado por Hannah.

— Depois dessa noite, Dalila se sentirá a pior das mulheres.

— Não seria bom irmos ajudá-la? — hesitou Jana.

— De forma alguma — gargalhou Tais.

— Como você pode ser tão cruel, Tais? — censurou Yunet.

Na ala dos soldados, Cário esperou os homens partirem para ajudar Dalila. Levou uma manta e cobriu seu corpo nu, sujo, machucado e desacordado no chão. Esperou até que a jovem despertasse e a levou até um tanque, onde ela pôde se limpar. Esfregou seus cabelos com as essências palacianas, untou seus machucados enquanto as lágrimas lavavam seu rosto. Ali, a concubina e o jardineiro selaram o início de uma verdadeira amizade.

Após se recompor, Dalila retornou para a ala onde viviam as concubinas. Passou por outras cortesãs, que disfarçadamente riam da sorte da novata. Tais, cinicamente, aproximou-se, fingindo preocupação.

— Você está bem, Dalila?

— Por que não estaria? — respondeu secamente, desviando-se.

Yunet também foi ao encontro de Dalila. Sentia remorso pelo que havia ocorrido e pôs-se à disposição para ajudar.

— Posso fazer algo por você?

— Não, mas o príncipe Inárus certamente poderá.

— Mas ninguém pode se aproximar do príncipe se Hannah não permitir. Você pensa em fazer uma queixa a ele? — perguntou Yunet, surpresa, ao lado de Jana.

Dalila não respondeu e seguiu até seu quarto. Lá, sobre sua cama, percebeu que lhe foram deixados dois lírios brancos. Ela inspirou o perfume vagarosamente, intrigada com o presente. Pouco mais tarde, percebeu que havia outras flores idênticas espalhadas pelo chão, como se fosse uma trilha. Seguiu pelos corredores, curiosa, e as pistas a conduziram até um jardim. Lá, entre fontes, espelhos d'água e plantas ornamentais, estava o príncipe Inárus. Ao seu lado, um vaso repleto de lírios. Era um convite.

Hannah, que estava com Abbas durante toda a noite, chegou pouco depois na ala das cortesãs palacianas. Perguntou sobre Dalila e foi informada, por Yunet, que ela estaria no palácio, na área dos jardins. Hannah estava irritada. Pouco antes, havia sido humilhada pelo comandante, a quem amava. Abbas era um sujeito grosseiro e divertia-se com a fragilidade de Hannah. Gostava de ridicularizá-la, lembrando que já não era jovem suficiente, como as outras moças do palácio. E que, cedo ou tarde, iria substituí-la por outra mulher. Recordou da boa impressão que Dalila havia causado entre os soldados. Era o suficiente para despertar a ira e o ciúme da experiente cortesã.

Hannah saiu apressadamente para o jardim, mas lá encontrou Dalila já com Inárus. Seu olhar foi de desaprovação e perplexidade ao ver sua subordinada conversando com o soberano. Dalila, ao avistar Hannah, apenas sorriu ironicamente.

Depois de servir ao príncipe Inárus, Dalila retornou para os seus aposentos. Lá, Hannah já a aguardava. Estava furiosa e, com violência, agarrou-a pelos braços. Dalila, porém, defendeu-se, abaixando o braço de Hannah com a mesma força e firmeza.

— Não me toque!

— Como você ousa me afrontar assim? — questionou Hannah, com ainda mais rispidez.

— Não a afrontei. Apenas atendi a um pedido do soberano e não pude avisá-la, já que você não estava aqui.

Hannah percebeu o golpe. Sabia que, naquele momento, estava em desvantagem e tentou se justificar.

— Eu tenho outros afazeres e...

Porém, foi Dalila quem interrompeu a conversa secamente.

— Se não precisa mais de mim, gostaria de me recolher. Amanhã tenho de me reencontrar com Inárus. Parece que minha presença agradou ao soberano.

Pouco tempo mais tarde, as cortesãs juntaram-se numa grande sala para desfrutar de um farto banquete. Dalila não só estava presente, como tinha companhia. Sua grande amiga Myra estava ao seu lado. As duas conversavam alegres, relembrando aventuras do passado.

Tais, ao ver a satisfação de Dalila e o rosto desconhecido de Myra, não perdeu tempo e foi buscar Hannah para mostrar-lhe o que estava acontecendo. A chefe das cortesãs, guiada por Tais, apressou-se para saber o que havia de errado.

— Quem permitiu que essa mulher entrasse aqui novamente? Guardas! — gritou Hannah.

Dalila, porém, ordenou que os soldados se afastassem. Passou por Myra e deteve-se diante de Hannah, que estava transtornada com os últimos acontecimentos e sentia sua autoridade se enfraquecer pela impulsividade de sua nova cortesã. Fitou seus olhos arregalados e, sem hesitar, anunciou.

— O nome "dessa mulher" é Myra. É bom que você aprenda. Ela irá morar conosco. Foi o príncipe Inárus quem permitiu.

*

Faruk planejava uma forma de vencer Sansão. Ele sabia que o hebreu era um hábil lutador e tinha uma força incomparável, responsável por derrotar seus homens em poucos minutos. Ainda que doesse admitir, ele sabia que só havia sobrevivido graças à misericórdia do danita, e agora queria fazê-lo se arrepender por seu gesto de fraqueza.

No acampamento, Faruk conversava com Aron, outro soldado de destaque e sublíder do exército filisteu em Timna. Tentava encontrar uma saída para vencer o hebreu e sabia que sua espada seria insuficiente. Foi quando lembrou-se de algo da feira da cidade que poderia lhe ser útil.

Logo que amanheceu, Faruk foi até a feira. Quando os comerciantes viram o soldado, agitaram-se, pensando se tratar de uma fiscalização a mando do príncipe Inárus. As fiscalizações eram ocasiões tensas, com abuso de poder por parte dos soldados, que roubavam produtos, agrediam e prendiam os mercadores por qualquer razão. Mas Faruk estava em busca apenas de uma coisa e a encontrou nas mãos de um velho e místico vendedor. Tratava-se de um pó que, misturado com água, tornava-se num potente veneno.

Forçado por Faruk, o místico comerciante preparou a espada, banhando-a no veneno, e o avisou de que sua arma ganhava agora um novo poder, ainda mais mortal que sua lâmina.

— Basta apenas um único contato na pele de seu inimigo para que ele fique vulnerável e seja facilmente derrotado.

O soldado sabia que, mesmo assim, não seria tarefa fácil. Levou o veneno, a espada e partiu em direção à casa de Simas, onde ocorreria o duelo.

Simas e Ieda estavam preocupados com a proporção que aquele encontro havia tomado. Sabiam que não tinham como escapar daquela situação e que Faruk não desistiria até matar ou ser morto. Judi, por sua vez, estava animada, mal podia esperar para ver o grande duelo pelo qual tanto havia esperado. A imaturidade cegava os olhos da jovem, que pensava somente em si mesma.

Já Sansão demonstrava tranquilidade. Preservava-se dos alimentos filisteus e, no quarto de hóspedes da casa de Simas, dedicava orações ao Deus dos hebreus. Era assim que se preparava para o duelo com o arrogante soldado filisteu.

Na hora acertada, Faruk chegou sobre seu cavalo. Os relinchos e os trotes apressados do animal anunciavam que ele já estava ali, à espera. Judi, Simas e Ieda correram até o lado externo da propriedade, onde o soldado arremetia com o cavalo, fazendo barulho e levantando poeira. E, aos gritos, chamava Sansão para que o enfrentasse.

— Irá se arrepender de ter cruzado meu caminho, hebreu.

★

CAPÍTULO 4

Um doce e sangrento enigma

Em Gaza, Dalila conquistava a simpatia e o ódio com a mesma intensidade. Se, por um lado, os homens da cidade que abrigavam o palácio de Inárus estavam encantados, embebidos com sua beleza jovial, algumas companheiras do harém nutriam ressentimento e inveja por ela, principalmente sua superiora, Hannah, e Tais, outrora uma das cortesãs prediletas do soberano.

Para a última, Dalila havia demonstrado coragem e personalidade ao enfrentar os desmandos de Hannah, e, como gostava de esbrasear o ambiente, Tais tratava de enfadar a chefe com o assunto.

— Dalila não tem medo de você — comentou Tais, rondando Hannah mais uma vez.

Quando ouviu isso, Hannah ficou ainda mais irritada. Decidiu que precisava fazer alguma coisa e atravessou as cortinas do quarto das cortesãs, empurrando as serviçais que estavam em seu caminho, indo em direção aos jardins do palácio. Lá, pôs-se a espiar Dalila, que conversava com Myra. As duas sussurravam pelas alamedas dos jardins, sinalizando que o assunto era confidencial e importante. Hannah ficou ainda mais curiosa e, esgueirando-se entre pequenos arbustos e flores, ela se aproximou o suficiente das duas a ponto de ouvir o que falavam.

Myra estava preocupada justamente com Hannah. E aconselhava a amiga a tomar mais cuidado. Porém, o assunto bandeou-se para o assassinato de Rudiju.

—Você está arrependida, digo, por tudo? — insinuou Myra.

Dalila estava com os pensamentos dispersos e, sem encarar diretamente a amiga, apenas balançou a cabeça negativamente.

— Mas você não acha que vão nos procurar? — disse preocupada.

— Quem?

— Os soldados, se descobrirem o que houve.

— Houve justiça, Myra. Ninguém vai me punir por isso. Já basta o quanto aquele homem me assombrou em vida, não posso permitir que continue depois de morto.

As duas entreolharam-se, assustadas com o rumo que a conversa tomou e ficaram em silêncio por alguns segundos, com medo de que alguém as ouvisse. Porém, Hannah tinha ouvido e sabia que, se aquele segredo envolvia soldados e um homem morto, na certa eram criminosas. Era tudo o que precisava para afastar Dalila e Myra do palácio. Neste caso, a segurança de Inárus era mais importante do que seus próprios interesses.

Do jardim, Hannah correu para a sala de Abbas. Era responsabilidade do comandante zelar pela segurança do príncipe. E, pela intimidade que nutria com ele durante todos os anos ali, tinha certeza de que seria atendida.

Entrou ainda ofegante após os passos apressados pelos imensos corredores do palácio. Diante de Abbas, com uma expressão de impaciência pela visita repentina, Hannah discorreu sobre os perigos que Dalila oferecia.

— Eu tenho mais o que fazer do que resolver intrigas de cortesãs, Hannah. Expulse quem quiser. Você tem autoridade para isso — respondeu de forma seca e aborrecida.

— Ela é diferente. Seduziu o príncipe Inárus a ponto de que trouxesse sua amiga ao palácio, mesmo diante da minha negativa.

— Agora entendo sua irritação — debochou o comandante, para depois soltar uma risada alta. — Terei que escolher outra mulher para ser a chefe das cortesãs. Você já foi bem melhor no seu serviço.

Hannah encarou-o e disse:.

— Você também, comandante. Em outros tempos jamais permitiria que ninguém colocasse em risco a vida do príncipe. E, se elas forem realmente criminosas, a vida do nosso soberano está em perigo.

Abbas mandou que Hannah saísse na mesma hora e ficou ali refletindo em silêncio. Se a jovem cortesã, que despertava suspiros pelo palácio, era um verdadeiro risco, estava na hora de conhecê-la pessoalmente.

Aprumou-se e foi sozinho até a sala das cortesãs para o seu tête-à-tête. Se Hannah não conseguia, ele mesmo trataria de tirar a limpo a história da nova concubina e, se preciso fosse, a expulsaria dos arraiais palacianos. Entrou no ambiente causando surpresa entre as meninas, que ensaiavam passos de dança ou bordavam seus véus. Ele seguiu até os aposentos de Dalila e a encontrou conversando com a inseparável Myra.

Ao vê-la, ficou desconcertado. Dalila era muito mais bonita do que ele havia imaginado. Ficou observando-a. Cada movimento, sorriso e olhar. Tudo o deixava encantado.

Quando perceberam Abbas, as duas se assustaram. Myra deixou cair das mãos os tecidos e agulhas que usava num bordado especial no qual estava trabalhando, enquanto Dalila o olhou firmemente, porém tensa.

— Não fique assustada. Hebreus e criminosos é que devem temer a minha presença. Você é filisteia? — interrogou Abbas, aproximando-se de Dalila, que assentiu.

— E cometeu algum crime?

Dalila não sabia o que responder. Se negasse, poderia ser desmascarada por alguma prévia investigação do comandante. Se confirmasse, seria seu fim.

— O que diz sua intuição?

— Que por motivos de segurança, é bom que me acompanhe.

— E onde fica seu aposento? — disse Dalila, iniciando uma investida de sedução. Ela sabia, como poucas, se posicionar diante dos homens e encará-los a ponto de que qualquer experiente soldado se sentisse um adolescente tímido e com os nervos à flor da pele.

Dalila movimentava seu pescoço, sensualmente, fazendo com que os longos cabelos escorressem e descobrissem seus ombros nus. Abbas sorria, já totalmente amestrado.

— Poucos conseguem me surpreender.

— Posso garantir que estou entre essa minoria — sorriu Dalila, aproximando-se do comandante e beijando seu rosto. — Posso surpreendê-lo ainda mais.

Abbas envolveu seus braços sobre os ombros de Dalila. E, quando preparava-se para seguir com Dalila para os seus aposentos, Hannah chegou por ali, atraída pelo som da voz de Abbas. A experiente concubina não conseguia crer no que seus olhos viam. Abbas, a quem amava, totalmente seduzido por sua Dalila. Ela então decidiu interferir.

— Dalila, o príncipe Inárus mandou chamá-la.

A jovem cortesã sorriu, aliviada. Pediu licença ao comandante e saiu, mas antes olhou com cumplicidade para Abbas. Hannah tremia de raiva e encarou o comandante, transtornada de ódio e ciúmes.

— Estou sozinha. Eu mesma vou descobrir o que essa menina esconde.

— Eu também... — Abbas sorriu maliciosamente, afastando-se e divertindo-se com a ira de Hannah e com sua brincadeira sedutora com Dalila.

★

Faruk parecia relinchar, assim como sua montaria. Mostrava os dentes e apertava os olhos, demonstrando estar com o espírito pronto para a sua batalha pela mão de Ieda. A espada, que havia sido embebida com o veneno, estava preparada para o golpe que colocaria fim à vida do orgulhoso hebreu.

Sansão saiu da casa de Simas com olhar fixo em Faruk. Uma roda de pessoas se formou, dando forma a uma espécie de tablado ao lado dos trigais da propriedade. Simas lançou uma espada para Sansão, que abaixou para apanhá-la do chão. Foi quando Faruk correu violentamente em sua direção, tentando desequilibrá-lo.

Sansão desviou com habilidade e ajeitou a espada, preparando-se para o combate. Faruk havia treinado por dias. Sabia que não poderia vencê-lo na força e que somente golpes rápidos poderiam atingi-lo. Foi o que fez, correu novamente contra o hebreu e lançou-se ao chão o suficiente para que sua lamina ferisse levemente seu braço direito.

O danita viu o pequeno corte, tentou reagir, mas o efeito do veneno foi imediato. Em poucos segundos ele zonzeava diante de Faruk, triunfante. O soldado filisteu passou a lâmina vagarosamente sobre o abdômen desprotegido do hebreu, que, sangrando, caiu.

Os espectadores estavam atônitos. Entre eles, Ieda, que não conseguia ver a cena. Fechava os olhos, em desespero.

O guerreiro filisteu rodeava Sansão e o golpeava com chutes enquanto proferia insultos ao hebreu, seu povo e sua fé.

— O Deus Invisível não entra na casa de filisteu? Ou foram os nossos deuses mais fortes que o seu?

Os soldados filisteus que assistiam à cena riam da desgraça.

Já Sansão sentiu o sangue ferver em seu corpo em razão das ofensas ao seu Deus, a quem havia oferecido sua vida. Faruk posicionou-se sobre Sansão, segurando o domo de sua espada com as duas mãos para cravá-la no peito do seu oponente. Olhou para Ieda e debochadamente sorriu. E, num rápido movimento, trazendo a espada sobre a cabeça, desceu a arma de cima para baixo com força. Sansão, porém, reagiu. Segurou a lâmina com as mãos e encarou Faruk, que tremia.

— Nunca mais fale do meu Deus!

Empurrou o guerreiro filisteu para o lado, desequilibrando-o. Faruk tentou nova investida, mas Sansão o envolveu com os braços, apertando-o até que quase desfalecesse. Seus ossos estralaram.

Caído, quase sem conseguir respirar, era Faruk que agora agonizava. Sansão aproximou-se, ergueu a espada para terminar logo com o duelo, mas Simas interviu.

— Basta, Sansão. Já chega de sangue em minhas terras.

Simas olhou a figura derrotada de Faruk com decepção e, ao lado do hebreu, anunciou.

— É com Sansão que Ieda irá se casar. Teremos sete dias de banquete para comemorar as bodas. Traga seus pais — disse Simas, segurando as mãos de Sansão, exausto. — Serão bem-vindos à minha casa.

O hebreu sorriu, aliviado. E Ieda correu em sua direção e o abraçou carinhosamente. Enfim, a história de amor entre os dois tinha agora aval de Simas para prosseguir. Restaria a Sansão convencer seus pais a irem até Timna.

Ele preparou sua bagagem, encheu o cantil com água o suficiente para suportar os passos no deserto e pegou o caminho de volta ao seu povoado.

Algumas horas depois, enquanto atravessava o vale de Timna, passou pelo cenário de sua dura batalha com o leão do deserto. Os destroços da carroça abandonada permaneciam ali, cada vez mais deteriorados pela ação do tempo. Ao lado, a ossada do felino, que havia sido devorado por chacais e corvos. Sansão aproximou-se e viu que na carcaça do animal havia se formado uma colmeia. Esticou sua mão entre os ossos e retirou um favo de mel. Provou. Era delicioso. O líquido viscoso escorria por seus dedos. Colheu o quanto pôde, envolvendo os favos num tecido que carregava. Embalou-os cuidadosamente e decidiu levá-los como presente aos seus pais.

*

Dalila foi encontrar-se com Inárus na sala que abrigava seu trono. Entrou diante do soberano armada com seu sorriso e vestindo um traje especial. Túnicas que se sobrepunham umas às outras, formando várias camadas de vestes tecidas com linho. No pescoço, um colar, mais um dos presentes que recebera do príncipe. Assim como os brincos nobres que usava.

Inárus era um homem de poucas palavras. Seus gestos resumiam suas vontades. E, com um mover de suas mãos, Dalila começou seus movimentos sensuais de dança. Ao som de instrumentos de cordas e sopro, Dalila erguia seus braços lânguidos, entrelaçando-os no ar. Seu quadril sacudia com velocidade e, repentinamente, estancava.

A cada movimento lançava ao chão uma das túnicas que a cobriam. Inárus, já ansioso para tê-la nos braços, num gesto rápido, mandou que todos se retirassem da sala do trono e fechassem a porta. Ficaram sós, a jovem de Soreque e o príncipe. E, sem dizer uma só palavra, o governante a agarrou com força, lançando-a ao chão. Deitou sobre ela, percorrendo seu corpo com beijos famintos e apressados. E lá, mais uma vez, a possuiu.

Era claro para a novata cortesã que seu corpo não a pertencia mais. Mas, sagaz, sempre se aproveitava da voluptuosidade do soberano para lhe arrancar mimos e favores. Dessa vez, pediu alguns dias para resolver uma questão em seu vilarejo natal, no vale de Soreque. Queria visitar sua mãe, Agar, e levá-la para trabalhar no palácio. Lá ela teria sua proteção e uma vida mais confortável, ainda mais após a morte de Rudiju, que, embora fosse violento, era o seu provedor.

Inárus permitiu, e Dalila fez suas malas e seguiu viagem. Foram dias até que chegasse diante da velha choupana de madeira onde viveu a maior parte de sua vida. A saudade da mãe era o que a fortalecia, mas, por alguns minutos, faltou-lhe forças para que rompesse as portas de sua antiga morada.

Rudiju poderia não estar mais ali, mas seu fantasma permanecia.

Dalila passou pelos cômodos. Nunca havia percebido como a casa cheirava mal. Um cheiro de peixe estragado. Um odor ardido, quase insuportável. Talvez não fosse pior do que as angústias vividas ali, na cabana. Encontrou Agar sentada, olhando pela janela, à espera de que alguma coisa acontecesse. Estava inerte, como se estivesse ali desde a última vez que a filha a viu. Estava mais magra e com a aparência ainda mais abatida.

— Vim buscá-la para viver comigo. Estou morando em Gaza e posso lhe conseguir um trabalho lá, minha mãe.

Agar virou os olhos lentamente para Dalila e a encarou séria. Seus punhos fecharam-se.

— Jamais me chame de mãe outra vez. Você veio desgraçar a minha vida.

— Rudiju a desgraçou. Ele acabou com a nossa família — reagiu.

— Não. A nossa família acabou quando você veio ao mundo, Dalila. Volte para onde você veio. Aqui não é seu lugar — berrou descontroladamente, apertando os braços da cadeira onde estava.

As palavras eram duras demais para a jovem. Não havia argumentos contra a rejeição de sua mãe. Dalila então virou-se e saiu da casa, chorando discretamente. Caminhou em direção ao mar, há poucos metros dali, até entrar meio corpo nas águas que banhavam o vale de Soreque. Sentiu as ondas agitarem seu corpo e lá se lavou com tristeza. Da mesma maneira como havia se lavado quando Rudiju a estuprou. Outra vez, Dalila era violentada às margens do mar. Porém, dessa vez, pela única pessoa no mundo que amava e com quem, verdadeiramente, se importava. E encarou o horizonte com firmeza. Apesar da tristeza em constatar o desprezo da mãe, Dalila não se permitiu um choro desesperado. Escorreram em seu rosto algumas poucas lágrimas que selavam uma fase. Nascia ali uma nova mulher, forte, determinada e que sabia bem onde queria chegar.

— Tem razão, minha mãe. Sua filha já não existe mais — dizia para si mesma.

★

Em Timna, Simas preparava uma grande celebração de casamento. Ieda contava com a ajuda de Judi e de sua ama nos preparativos. Vestia tecidos diferentes. Colhia flores coloridas e experimentava, compulsivamente, joias antigas que pertenceram a sua mãe.

Já Faruk estava imerso em rancor. Tentava pensar em alguma forma de ainda poder atrapalhar a união de Ieda e Sansão. O soldado justificava suas atitudes pelo amor, porém, àquela altura, amor e orgulho ferido misturavam-se perigosamente. Com o soldado Aron ao seu lado, Faruk tratou de reunir trinta homens. Queria comparecer ao casamento de Sansão e estar preparado para uma oportunidade de vingar-se, finalmente.

Em Zorá, os pais preocupados exultaram ao ver o filho chegando de viagem. Sansão os abraçou demoradamente. E, em seguida, mostrou-lhes os favos de mel retirados da carcaça no deserto.

Já em casa, Manoá e Zilá provaram do doce alimento. E, ao mesmo tempo, ouviam do filho sobre o casamento. Sansão contava como era a família de Ieda e que viveria ali. Junto com a mulher e o sogro, de quem herdaria o trigal. Seu pai parecia resignado. Mas a mãe, ao ver as feridas deixadas por Faruk no corpo de seu filho, ficava ainda mais contrariada.

— Mãe, eu nunca me curvei aos deuses deles. Nem bebi vinho, nem passei navalha no cabelo. Sigo os meus votos e os meus sentimentos.

— Os seus sentimentos o trairão. Assim como sua esposa filisteia. Não posso concordar com isso. Olhe seus braços, suas feridas. Está claro que lutou. É essa a paz que procura? Pois a mim parece que voltou de uma guerra.

— Eu não deveria ter vindo. Uma mulher que me ama está à minha espera.

— Esse amor não é verdadeiro, Sansão. Essa união é uma desgraça.

Manoá permanecia calado. Apenas observava o debate entre a mãe e o filho. Para ele, estava certo que Deus havia decidido escrever por linhas tortas. Ou que Sansão, por alguma razão oculta, não corresponderia ao chamado para ser o libertador de seu povo. Seu sentimento era de tristeza, frustração, porém de aceitação.

— Vocês não vão? — questionou o jovem hebreu.

Manoá olhou-o com doçura e afagou suas tranças.

— Lamento, meu filho.

Sansão olhou para o pai e para Zilá, que estava cabisbaixa. E saiu.

No pátio principal do vilarejo, encontrou Samara. Estava esfuziante de alegria.

— Que bom que voltou.

— Já estou de partida novamente.

— Mas o que aconteceu?

— O amor. O amor aconteceu, mas querem transformar o amor em algo ruim. Eu não aceito isso.

Samara, frustrada, sorriu, disfarçando sua dor.

Sansão despediu-se e foi à procura de seu melhor amigo, Héber.

Encontrou-o separando a colheita, numa área anexa. E, após abraçar o amigo, contou-lhe sobre suas aventuras em Timna. Que seu casamento seria na semana seguinte. E o convidou para ser seu companheiro de honra no casamento.

— Não posso, Sansão. Desejo toda felicidade para você e sua esposa, mas jamais entrarei na casa de um filisteu. Além disso, cada dia de trabalho a menos aqui é pior.

Sansão entendeu. Colocou as mãos sobre os ombros de Héber e seus olhos marejaram. Era, mais uma vez, rejeitado por quem amava.

Jidafe, que estava próximo, não conseguiu segurar sua revolta.

— Como pode um homem tão forte ser igualmente covarde? É isso o que você é, Sansão, virando as costas para seu povo. Você é um covarde!

Sansão o encarou, contrariado. Mas preferiu não aumentar a tensão. Estava claro que sua opção nunca seria aceita por seus pais e seu povoado. E, no mesmo dia, voltou em direção a Timna. Lá ficou hospedado na casa de Simas, enquanto os preparativos para o casamento continuavam.

Simas aproveitava o tempo com Sansão para mostrar-lhe tudo o que ele herdaria estando ao lado de Ieda. Apontava para as vastas plantações de trigo que abasteciam boa parte das cidades. Cinco grandes cidades filisteias, além de Gaza e seus subdistritos, como a própria Timna. Também compreendia os territórios de Ascalão, Asdote, Gate e Ecrom. Simas fazia questão de enfatizar que começara tudo aquilo com uma modesta plantação familiar.

Para o hebreu, apenas uma riqueza o interessava: Ieda. E, sentindo-se ansioso tal qual um adolescente, contava as horas para que as bodas começassem.

★

Com Dalila longe, Hannah passou a perseguir Myra. Estava impaciente com a forma desajeitada da cortesã e não lhe poupava críticas diante das outras moças.

As concubinas ensaiavam por muitas horas naqueles dias, principalmente porque se aproximava o dia do encontro entre os príncipes filisteus. Um acontecimento especial, regado a vinho e mulheres.

Num desses ensaios, Hannah aproximou-se de Myra, que conversava com Yunet.

— Basta. Arrume seus pertences. Não ficará mais aqui.

— Como?

— Não fui clara? Dalila conseguiu colocá-la aqui, mas você já provou que não serve para cortesã do palácio. Você é e sempre será uma meretriz de rua.

Myra sentiu o golpe, e segurou o choro o suficiente para pedir pela compreensão de sua chefe.

— Posso me esforçar mais, Hannah. Sei costurar — a moça correu até seus aposentos e trouxe um tecido que aos poucos tomava os contornos de um vestido. — Veja esse vestido que estou fazendo para a Dalila. Posso costurar para as cortesãs...

Hannah olhou a peça com desprezo. Pegou e, com delicadeza, soltou-a no chão para, em seguida, pedir que Myra a apanhasse. Quando a cortesã se abaixou, Hannah pisou sobre o tecido.

— Você será mais útil como uma serviçal. E é melhor se apressar. Há muitas fossas do palácio que precisam ser limpas até o dia da reunião — e, aproximando-se de Myra, sussurrou: — E é melhor me agradecer por não entregá-la aos soldados. A mim, você e sua amiga não conseguirão enganar.

A chefe das cortesãs virou as costas e deixou Myra perplexa, estarrecida com a possibilidade de Hannah saber do que haviam feito a Rudiju. Enquanto Yunet aproximava-se para ajudá-la, Tais a observava com um sorriso debochado nos lábios.

Myra apanhou alguns objetos e foi acompanhada por alguns soldados até a área das mulheres responsáveis pela limpeza e serviços gerais. Lá apanhou baldes, panos e foi limpar os ladrilhos do palácio.

Alguns dias depois, Dalila retornou a Gaza. Parecia outra pessoa. Estava mais confiante, altiva, e o que restava de sua fragilidade havia desaparecido. A primeira a quem procurou foi Myra. Não a encontrando, foi questionar Hannah.

— Onde está Myra? — perguntou sem rodeios.

— Num lugar mais apropriado para gente do tipo dela. E que não lhe interessa.

As duas se encaravam com um ódio que transbordava no olhar. Dalila sabia que não adiantaria discutir com a chefe das cortesãs. E esta tentava manter seu poder, ameaçado pela força sedutora de sua jovem oponente.

Dalila decidiu procurar pelas alas externas do palácio. E, quando encontrou Cário, o jardineiro, foi conversar com ele.

— Seu nome é Cário, não é? Você sabe onde está minha amiga Myra?

Cário deixou as ferramentas que usava para preparar o jardim no chão, limpou as mãos sujas de barro em sua camisa e, silenciosamente, apontou para um canto mais afastado. De longe, Dalila quase não reconheceu a amiga, que estava despejando restos de comida para os porcos. Sua aparência era suja e cansada.

Dalila correu ao encontro de Myra, mas sua amiga, de tão exausta, não a ouvia.

— Largue isso, Myra. Venha comigo — disse, tirando um balde de suas mãos.

Sem ação, ela precisou ser sacudida, para perceber quem estava ali. E, ao cair em si e ver o rosto solidário de Dalila, chorou.

— A Hannah me obrigou a esse trabalho. Ela sabe o que aconteceu — justificou-se.

— Esqueça isso, Myra. Esqueça o passado. Daqui em diante, as coisas vão mudar.

— Garantiu, abraçando a amiga.

★

O dia do casamento entre Sansão e Ieda, enfim, havia chegado. Sansão vestia uma túnica feita com lã de ovelhas de sua região. Aguardava no átrio principal da residência de Simas, onde havia jarros e tonéis de vinho da melhor qualidade, azeite, carnes, além de frutas, como uvas, maçãs e figos. Estava triste por não ter nenhum convidado pessoal em sua festa nupcial, apenas rostos de estranhos, amigos e familiares da noiva, que o mediam dos pés à cabeça por onde ele andava, para depois cochicharem entre si. Sansão percorria, em silêncio, o amplo salão. Olhou mais uma vez a estátua erguida em homenagem ao deus Dagon, e lembrou-se das palavras repreensivas de sua mãe.

Porém, o anúncio de Judi o reanimou.

— Atenção. A noiva chegou!

Ieda apareceu em seguida. Estava ainda mais deslumbrante com o rosto delicadamente pintado, os cabelos cobertos por um longo véu, decorado com pedras preciosas, ouro e metais nobres. Quatro mulheres erguiam o tecido, que media cerca de três metros de extensão e trazia uma insígnia da família. A luz das tochas, bruxuleando, fazia as pedras refletirem ainda mais, num espetáculo de cores e brilhos. Sansão mal acreditava no que acontecia. Sua felicidade era tanta, que esqueceu todas as adversidades que enfrentara para estar ali.

Ieda também estava feliz. Era o melhor dia de sua vida. E, com passos ritmados e vagarosos, aproximava-se de seu futuro marido com um sorriso no rosto. Sansão a segurou pelas mãos e lhe fez elogios ao pé do ouvido. Juntos, seguiram até diante do levita de seu povoado, o único danita que aceitou estar na cerimônia. Mesmo estando numa casa de filisteus, Sansão não abria mão de fazer os votos à sua maneira.

— Que a promessa que Deus fez ao patriarca Abraão se cumpra em suas vidas. Que sejam férteis e prósperos, trilhando com seus filhos o caminho do Senhor — disse o levita, para depois ungir suas mãos com água.

— Sejam os dois um só. E que o Deus único, o Senhor dos Senhores, sele esta união — finalizou, untando as testas dos noivos com água.

Sob os olhares emocionados de alguns e odiosos de outros, Sansão e Ieda se abraçaram e se beijaram. Do alto, uma chuva de pétalas de rosas cobriu os noivos, que sorriram com a surpresa. Logo um tapete vermelho de pétalas cobriu todo o espaço.

A música também tomou conta do ambiente, e Sansão e Ieda começaram a dançar. Porém, a animação logo foi interrompida. Soldados filisteus entraram, causando grande falatório. Entre eles, Faruk.

Ver o antigo pretendente de Ieda na festa irritou o hebreu. Simas interveio.

— O que significa isso, Faruk?

—Viemos em paz — respondeu o guerreiro filisteu.

— Pois voltem com ela — disse Sansão ameaçadoramente.

— Simas, você vai nos expulsar de sua casa? Já não é sua a palavra final aqui?

O anfitrião ficou constrangido e ergueu os braços, pedindo calma aos dois jovens.

— Claro que é. — E, virando-se para Sansão, anunciou: — São os companheiros de honra. Já que você não trouxe ninguém, aqui estão eles. Acomodem-se.

Faruk e os soldados celebraram. Enquanto Sansão, desconcertado e irritado, deixou o ambiente com Ieda, e foi respirar um pouco de ar puro. Tenso, não admitia tamanho desrespeito. Mas também não queria estragar a festiva noite e logo voltou ao salão principal, para dançar com a noiva.

O comportamento dos soldados o deixava irritado. Os homens bebiam e falavam alto. Derrubavam comida e bebidas no chão. Comiam as carnes com as mãos sujas, rasgando pedaços de assados com os dentes e falando enquanto mastigavam. Cuspiam no chão. Era uma cena pavorosa.

Sansão bebia apenas água e segurava uma taça. Um dos serviçais, notando que o recipiente estava vazio, encheu a taça de vinho. Ao perceber, Sansão, num impulso, jogou o objeto ao chão.

— Não bebe do nosso vinho, Sansão? Tem medo de estar envenenado? — perguntou Faruk, que o acompanhava de perto.

Os outros convidados riram compulsivamente. E um outro homem, debochadamente, questionou.

— Se não bebem, como se divertem? Pensei que os hebreus tomassem vinho até que o Deus invisível aparecesse!

O riso foi ainda mais estrondoso. E Sansão ameaçou uma reação violenta, assustando os convidados. Porém, conteve-se.

— Eu não preciso do vinho para me divertir. Para provar isso queria propor um enigma — disse com um leve sorriso nos lábios.

Ieda ficou curiosa.

— Um enigma?

— Sim, uma adivinhação.

Judi ficou animada com o desafiou e provocou os oficiais filisteus.

— Quem sabe assim algum soldado inteligente consiga derrotar Sansão? Porque na força ele é imbatível.

Faruk não gostou de ser, outra vez, desafiado. E quis saber o que Sansão pretendia e o que ganhariam caso desvendassem o mistério proposto pelo danita.

— Simples. Se me apresentarem a solução do enigma até o sétimo dia das bodas, darei uma veste a cada um de vocês.

Simas, outra vez mais, interveio.

— Eles são muitos, Sansão. São trinta homens. O preço será alto.

Sansão, porém, continuou.

— E, caso não descubram o enigma, vocês me darão as vestes.

Os convidados se reuniram, em roda, interessados no desafio. Faruk pensou um pouco, mas não era de fugir de um desafio.

—Vá em frente, Sansão. Proponha seu jogo de adivinhação. Estamos prontos para ouvi-lo.

O hebreu sorriu. E olhou para os soldados com desdém.

— Do comedor saiu comida. Do forte saiu doçura.

Um silêncio tomou conta do ambiente. Faruk tentava captar as entrelinhas da mensagem e esperava que o enigma fosse ainda mais bem elaborado.

— É só isso? — riu, nervosamente.

— Não é tão difícil. Qualquer pessoa simples do meu povoado teria descoberto. E como os filisteus se julgam mais evoluídos, não terão problemas — provocou o danita.

Os homens ficaram constrangidos com Sansão, que tripudiava da curiosidade deles. Eles se entreolhavam e tentavam entender o mistério. Comedor? Comida? Forte? Doçura? Do que Sansão falava?

— Vocês têm até o sétimo dia — anunciou, triunfante. Ieda ficou entusiasmada com o quebra-cabeça. E segurou, orgulhosa, os braços do marido. Os dois retiraram-se para o aposento nupcial.

Lá se deitaram pela primeira vez. E se amaram, carinhosamente.

Na manhã seguinte do primeiro dia das bodas, Faruk conversava com Aron e os outros soldados. Para ele, seria uma grande humilhação não desvendar um simples mistério. Foi quando se lembrou das palavras de Sansão, de que qualquer pessoa simples de seu povoado saberia a resposta. Chamou alguns homens e cavalgou até Estaol, uma região sob domínio hebreu.

Na entrada do vilarejo ele viu um homem e uma mulher, que aravam a terra. Os soldados filisteus cercaram o casal com seus cavalos e Faruk desceu. Enquanto alguns homens seguravam a mulher, ele foi conversar com o camponês. O filisteu contou o enigma e exigiu uma resposta. Mas o homem, já fragilizado pelo duro trabalho, não sabia o que dizer.

— Eu não sei o que significa. Tenha piedade da minha família.

Os pedidos irritaram ainda mais Faruk, que se pôs a golpeá-lo com socos e chutes.

— Não é hebreu? Então pense. Pense mais. Seu maldito povo tem que saber a resposta. Pense em suas crenças, seus costumes. Pense em algo que faça sentido, seu desgraçado.

Caído, o homem apenas implorava. E, depois de ver que o hebreu não sabia mesmo a resposta, Faruk retirou a espada da bainha e atravessou o peito do homem de uma só vez, diante dos olhos da mulher, em estado de choque.

Faruk e seus homens riam de tudo aquilo e montaram em seus cavalos em busca de outras pessoas. Seguiram até o centro de Estaol onde continuaram interrogando e matando homens, mulheres e crianças. Atearam fogo em casas e, naquele único dia, mataram dezenas de hebreus.

Durante os dias seguintes, Faruk seguia sua sina de opressão. Cavalgava até algum vilarejo, questionava e, diante das negativas, assassinava mais e mais hebreus. Estava inquieto com a iminente derrota para Sansão.

Judi resolveu visitar Faruk em seu alojamento militar. Gostava de tripudiar sobre o soldado, a quem, na verdade, desejava.

— É apenas um enigma, Faruk. Deem logo as vestes e aceitem mais essa derrota.

—Você não entende, Judi. Isso é uma provocação. Uma forma de ele triunfar sobre nosso povo, de nos humilhar com um enigma que não tem solução.

— Claro que tem solução, você que não descobriu. Esqueça Ieda de uma vez, Faruk. É tão difícil perceber que existem outras mulheres? Não me acha bonita? Sou mais jovem e nenhum outro homem me tocou...

Faruk percebeu as investidas da jovem e deixou que ela continuasse a se aproximar. Segurou-a pelas mãos e a pressionou com força contra a parede. Aproximou seus lábios dos dela e, aos seus ouvidos, sussurrou.

— Já não faço mais por Ieda. Quero apenas derrotar Sansão e seguir com a minha vida. Consiga essa resposta para mim que eu a tomo por esposa.

— Mas como farei isso? — disse Judi, recompondo-se.

—Você tem as suas armas. Seduza-o.

Judi voltou pensativa. Precisava descobrir uma forma de enganar Sansão e tirar dele o segredo tão precioso. E logo descobriu um jeito.

Despiu-se por completo e cobriu-se apenas com um véu. Deitou na cama da irmã e aguardou Sansão retornar aos aposentos do casal. Ela sabia que Ieda, naquele horário, deveria estar conversando com Simas. Deixou apenas poucas velas acesas. E esperou.

Não demorou muito até que Sansão retornasse ao aposento. Vendo Judi deitada de costas para ele, pensou tratar-se de Ieda e deitou-se ao seu lado, abraçando-a carinhosamente. Sansão percorreu com suas mãos parte do corpo da cunhada e notou a diferença. Virou-a e levou um susto ao ver que era Judi. Com um pulo, Sansão afastou-se da cama.

— Não gostou da surpresa? Pensa que não notei seus olhares para mim desde a primeira vez que me viu?

— Judi, é melhor sair do quarto.

— A Ieda vai demorar um pouco. Eu sei que gosta de se divertir. Notei quando contou o enigma que inventou. Pois saiba que revelar seu segredo pode lhe dar grande prazer também — disse a jovem, descobrindo seu corpo por completo diante de Sansão.

O danita observou o belo corpo que a moça possuía. Branco e liso. Era tentador. Porém, conteve-se.

— Você não sabe nada sobre mim, Judi. Vista-se e saia daqui — disse, firmemente, Sansão, entregando-lhe o véu. Judi, ofendida, vestiu-se apressadamente. E, antes de sair, encontrou com Ieda na entrada do aposento.

— O que está fazendo aqui?

— Vim apenas desejar boa noite à minha querida irmã e a seu marido. Não queria causar desconforto — respondeu, nervosamente, saindo do local.

Ieda sorriu, sem desconfiar das intenções de sua irmã. Abraçou o marido e, carinhosamente, o beijou.

★

Faruk sabia que não poderia contar apenas com a ajuda de Judi para destruir Sansão e já pensava em outras opções. Para tal, galopou até Gaza, onde procurou por Abbas. Ao comandante contou a situação constrangedora que passava e como estava prestes a ter seus soldados envergonhados.

A paciência de Abbas já havia se esgotado com as trapalhadas de seu subordinado.

— Sansão não cairia numa armadilha tão mal feita.

— Mas Judi é uma mulher bonita.

— Não é por ela que você vai descobrir a verdade. É pela outra, a esposa.

— A Ieda não seria capaz de traí-lo.

Abbas, transtornado, socou a mesa perto de si com muita força, então encarou o jovem soldado.

— Pois ordene aos soldados que, se ela não revelar a resposta do enigma a eles, não só ela, como seu pai, aquele traidor que entregou a filha para um hebreu, devem ser incendiados vivos. E se você perder esse prazo, pagará também com sua vida. Não admito mais uma derrota para esse hebreu. E agora, saia daqui.

Faruk se arrependeu de ter ido visitar o comandante. Não queria mal a Ieda e a sua família e, agora, não lhe restava outra opção a não ser ameaçá-los.

Tão logo saiu do recinto, Dalila entrou, surpreendendo o comandante.

— Não sou bem-vinda? — perguntou, provocante.

— Claro que é, Dalila. Em que posso ajudá-la?

— Gostaria de ver o príncipe Inárus.

— Ele não está. Voltará em alguns dias. Mas, na sua ausência, eu respondo pelo que acontece no palácio. Algum problema?

Dalila sorriu. Como sorria para Inárus, enfeitiçando-o. Aproximou-se do comandante e, aos seus ouvidos, falou.

— Gostaria de pedir algo importante a ele.

— Se eu puder, eu mesmo faço.

Abbas estava rendido. A cortesã o beijou suavemente pelo pescoço e lançou-se sobre seu colo. Os dois se beijaram longamente. Após uma hora, Dalila saiu satisfeita do encontro. Conseguiu o que queria. Abbas também.

A cortesã foi até o jardim e encontrou a amiga, que a aguardava já impaciente.

— Venha, Myra. Já tenho uma nova ocupação para você.

Ela contou sua conquista, deixando a amiga boquiaberta. Ao chegarem ao cômodo onde ficavam as cortesãs, Dalila pediu que Myra aguardasse seu sinal. Em seguida, entrou e encontrou Hannah separando algumas peças de roupas que seriam usadas pelas cortesãs no dia da reunião dos príncipes.

— Saia, Dalila. Não vai se apresentar aos príncipes filisteus — disse a superior.

— E por que não? O príncipe Inárus gostará de me ver — esnobou, enquanto olhava as vestes festivas.

Hannah estava tensa. E irritada com a petulância da jovem cortesã.

— Essa escolha me pertence, menina.

— Pertencia, Hannah — disse, placidamente, sem tirar os olhos das peças de roupas. — Myra, venha até aqui! — chamou.

O rosto de Hannah, que já estava febril, ardeu ainda mais ao ver Myra entrar novamente naquele ambiente. Tentou reagir, mas Dalila não lhe deu tempo de pronunciar nenhuma palavra.

— Deem as boas-vindas à nova chefe das cortesãs.

★

Faruk retornou a Timna e foi direto à casa de Simas. Estava cansado, sujo e atormentado. Já era noite quando ele entrou na casa, secretamente, à procura de Ieda. Encontrou a moça sozinha circulando pela sala principal.

Ele se aproximou e a segurou pelos braços, tapando sua boca com a mão.

— Não grite ou será pior. O que você sabe sobre o enigma de Sansão?

— Solte-me, Faruk. Não sei nada.

— Você está mentindo.

— É verdade. Não sei desvendar o enigma, e mesmo que soubesse não poderia lhe dizer.

— Você se casa com um inimigo e ainda nos convida para que ele zombe do nosso povo? Não percebe que ele zomba de todos nós? — afirmou, enquanto apertava o rosto de Ieda contra a parede.

— Não, você está enganado, Faruk.

O soldado estava cada vez mais tenso e fora de si. Olhou ao redor, para ver se não havia chamado a atenção de mais ninguém na casa, e logo disse a que veio.

— Pela vida de sua família, descubra a resposta desse enigma.

Ieda percebeu a gravidade das palavras de Faruk e o recriminou.

— Não estou gostando do seu tom de ameaça — a moça chorava, nervosa com o rumo da conversa.

— Pois é, sim, uma ameaça. Se não descobrir e nos contar até amanhã, os soldados colocarão fogo na casa de seu pai. E nem pense em avisar a Sansão, se não toda sua família será morta. Você me entendeu? — disse, deixando-a sozinha, apavorada.

Ieda permaneceu ali, estancada pelo terror. Conhecia a índole do antigo pretendente e sabia que ele estava falando sério. Não lhe restava opções. A guerra estava declarada.

★

CAPÍTULO 5

Vingança

A primeira reação de Hannah, ao escutar que estava sendo substituída por Myra, foi de riso. Um riso nervoso. Jamais imaginaria ser trocada como se fosse um pedaço de pano velho ou uma roupa que ninguém mais usa. Por isso debochou de Dalila ao ouvir suas palavras.

— Myra é a nova chefe das cortesãs? Dalila, obrigada por nos divertir, mas nos deixe em paz!

Dalila permanecia estática diante de Hannah. Encarava-a também com cinismo. E gostava de golpear sua oponente com duras palavras.

— A ordem foi dada pelo comandante Abbas. Ele a nomeou agora há pouco. Disse que você... deixe-me lembrar... Ah, sim! Disse que você perdeu o frescor da juventude e que já estava na hora de ser substituída.

Hannah ficou furiosa. Seus olhos encheram-se de lágrimas pela humilhação. Ela sabia que aquelas palavras só poderiam ser ditas mesmo por alguém tão grosseiro quanto Abbas. Era ele quem constantemente a lembrava que já não era mais jovem e que seu interesse era maior pelas garotas que serviam no palácio.

Tais, Yunet e Jana observavam a cena com espanto. Para Tais, principalmente, se Dalila já representava um risco, agora, com tamanha demonstração de força, era um perigo imediato. Sabia que o próximo alvo poderia ser ela mesma, e temeu.

Hannah levou as mãos ao rosto e despenteou os longos cabelos. As lágrimas borraram a pintura de seu rosto, tornando sua face parecida com uma caricatura circense desfigurada.

— Você não sabe do que eu sou capaz! — ameaçou, retirando-se em direção ao gabinete de Abbas. Dalila e Myra entreolharam-se, satisfeitas.

O silêncio permeou todo o ambiente. Myra percebeu a tensão e levantou os ombros, aspirou o ar profundamente, bateu palmas de leve e deu a sua primeira ordem:

— Estão todas dispensadas por hoje.

Era uma manhã gloriosa e o sol invadia com força as janelas palacianas, atravessando as colunas que sustentavam os corredores em abóbadas. Todo o projeto arquitetônico de Gaza era pensado cuidadosamente para que a luz natural fosse aproveitada por mais tempo, deixando as alas laterais arejadas e iluminadas. Por lá, Hannah andava apressada e em prantos. Seu mundo havia virado de cabeça para baixo. Arrependia-se de ter permitido que Dalila se aproximasse tanto assim. Devia ter sido mais diligente. Sua autoconfiança a havia traído. Ela subestimou a jovem caipira de Soreque. Subestimou sua inteligência e ambição. E, agora, via que não se tratava apenas de mais um corpo fresco coroado com um rosto angelical. Dalila era a personificação do Mal.

Seus pensamentos não sossegavam. E, a cada passo em direção a Abbas, ela pensava em sua devoção ao comodante. Foram anos aguardando-o chegar das batalhas, exausto. Ela prontamente desamarrava suas sandálias. Tirava sua armadura pesada. Untava seus ferimentos com unguentos e massageava suas costas. Mergulhava-o em um tanque com essências perfumadas. E, como nenhuma outra cortesã, fazia todas as vontades do comandante.

Agora "perdia o frescor de sua juventude"? E, quando chegou diante da porta larga, côncava e de duas folhas de madeira de cedro-do-líbano da sala de Abbas, arrombou-a com um só empurrão, assustando o comandante filisteu.

— Você não podia ter feito isso comigo! Trocar-me por uma mulher que acabou de chegar, uma possível criminosa — chorava descontroladamente, embargando e tropeçando nas palavras.

— Hannah, em nome do príncipe Inárus, agradeço sua preocupação. Mas, por favor, não insista nisso. Não voltarei atrás em minha decisão — disse alheio ao drama da madura concubina.

— Nós temos uma história! — berrou Hannah, desesperada diante da apatia do comandante.

— Você não precisa deixar o palácio. Há muitos outros trabalhos por aqui — disse esquivando-se de Hannah, impaciente com o pranto que ela derramava.

— Eu jamais vou dividir o mesmo espaço com uma mulher como Dalila.

— É você quem está fazendo a sua escolha. Lamento — respondeu Abbas, dando-lhe as costas depois de gesticular para que ela deixasse os seus aposentos.

Hannah, encolerizada, deixou a presença do comandante. Desceu um lance de escadas que davam para o jardim e quase esbarrou em Cário, que, distraído, aparava algumas folhas. Xingou e empurrou o jardineiro, avançando até a saída do palácio. De longe, Tais a observava ainda atordoada com a velocidade e a forma como as coisas aconteceram.

Dalila, apesar de aparentar força, estava cansada do embate. Ela havia mudado após o encontro com Agar, no vale de Soreque. E parecia não temer mais nenhum enfrentamento. Entretanto, ainda chorava escondida, ressentida com as palavras de rejeição da mãe. "Se não fosse Rudiju", pensava, enquanto lavava-se na sala de banho dos aposentos das mulheres. Para ela, sua história poderia ser bem diferente. O poder e as riquezas não eram alvos de sua vida até ali. Antes, o que sonhava para si era apenas viver com sua família, com seu pai e mãe. E, quando chegasse o momento certo, casar-se com um bom e amoroso marido. Um pescador, tal qual os outros homens de seu povoado. Ela cantaria e dançaria para ele nas noites quietas e estreladas, e o ajudaria a desatar os nós das redes mareadas. E, juntos, embriagar-se-iam de amor numa choupana simples, mas limpa e enfeitada com flores, às margens das águas do vale de Soreque.

Myra a acompanhava e tentava consolar a amiga.

— Não se torture dessa forma, Dalila.

— Que pessoa terrível é essa que minha mãe vê em mim? Para mim, a minha beleza é uma maldição. Eu a amaldiçoo, assim como todos os homens que por ela se atraírem.

Yunet a espiava, condoída com a dor de Dalila. Todas as meninas tinham suas histórias pessoais. E, por mais requinte que a vida palaciana pudesse oferecer, eram, na verdade, apenas serviçais do sexo. Suas vidas não tinham valor. Muito menos seus sentimentos. Eram jovens e atraentes. Mas, com os anos, seriam descartadas como um móvel velho e sem serventia.

Para Jana, que sempre estava por perto, ver a dor da colega era como se ver no espelho. Ela também carregava um segredo que, caso fosse revelado, a levaria certamente à ruína ou à morte. Um mistério que a levava, dia sim, dia não, a sair da ala das cortesãs sorrateiramente e visitar o centro da cidade de Gaza, carregando frutas e pães. Sempre usando trajes que cobrissem seu rosto. Certa vez, cansada de guardar seu drama só para si, compartilhou a aflição com Tais. E com isso tornou-se uma espécie de refém das maldades da colega, que a chantageava constantemente para auxiliá-la em suas tramas em busca de poder. Sempre que Jana se recusava, Tais ameaçava revelar seu mistério.

Sintomaticamente, Jana e Yunet aproximavam-se cada vez mais de Myra e Dalila. Para elas, Dalila não representava uma ameaça. Pelo contrário, parecia ser mais um abrigo. Um refúgio onde pudessem também se despir das vaidades e compartilhar seus sentimentos e inadequações. De serem apenas o que de fato eram, meninas.

Yunet, mesmo sendo constantemente criticada por Tais, ajudava Myra na organização das tarefas. Indicava como conduzir a sala das cortesãs e encorajava-a. E, nesse ínterim, conversavam sobre a vida e sobre Dalila, que parecia cada vez mais solitária.

— Percebi que ela é forte, mas, ao mesmo tempo, parece tão triste — disse Yunet, enquanto separava algumas peças de tecidos junto com Myra.

— Por mais força que demonstre, ela é apenas uma mulher — concordou a nova chefe das cortesãs. — A fonte de energia de Dalila sempre foi a beleza incomum, mas ela não garante o amor verdadeiro. Pelo contrário, muitas vezes aprisiona e condena. E não existe sentença pior do que a solidão.

★

Ieda estava aflita. Lembrava ainda das palavras ameaçadoras cravadas por Faruk. E sabia que, mesmo o soldado lhe devotando amor, não poderia ir contra uma ordem palaciana. Era o comandante Abbas quem havia determinado. Ou ela descobria o enigma e contava aos filisteus, ou pagaria com a vida, assim como toda a sua família e o próprio Sansão. Uma tragédia estava para acontecer.

Foi absorta nos pensamentos que Sansão a encontrou, num canto do aposento.

— Sansão! Você me assustou...

— Desculpe. Eu te chamei, mas você não me ouviu. O que houve Ieda? — aproximou-se o danita, abraçando-a carinhosamente e tentando conduzi-la para se deitar com ele. Ainda restava o último dia para o fim das bodas, e Sansão já estava cansado de tanta festividade na casa de Simas, de encontrar homens bêbados devorando assados pelos corredores do palacete e vê-los ali, entregues aos seus desejos carnais, embriagados e empanturrados de tanto comer, era no mínimo desconfortável para o hebreu, que cria em Deus e a ele devotava a sua vida.

— Por que inventou esse enigma? Você não me ama, quer apenas provocar o meu povo? Foi isso? — disse Ieda, aos prantos.

Sansão fez um carinho em seu rosto e pediu que não se incomodasse com aquilo. Mas Ieda continuou o choro silencioso. Já Sansão, cansado, adormeceu naquele fim de noite.

Faruk permanecia na propriedade e embriagava-se com o vinho que parecia nunca acabar. Estava sentado num degrau, em meio ao frenesi de criados, que se desdobravam para pôr em ordem a casa para mais um dia de festa. Foi quando Judi aproximou-se, ironizando a situação.

— Já preparou as roupas de festa para Sansão? — riu, deixando o soldado irritado. Faruk saltou, agarrando-a pelos braços e lançando a garota contra a parede.

— O que é isso? Está me machucando — desvencilhou-se a jovem.

— Pois vai doer mais se Sansão vencer. Uma desgraça vai acontecer. Agradeça a seu pai, que acolheu um hebreu em sua casa — disse Faruk, virando mais uma taça de vinho. A ama testemunhava tudo e, com um sinal, pediu que Judi a acompanhasse.

A empregada percebia a tensão que se espalhava pela casa. E era a ela que Ieda recorria, reclamando do rumo perigoso que a brincadeira do marido havia tomado.

No dia seguinte, logo pela manhã, Simas, como de costume, fez uma caminhada por sua propriedade. E contabilizou os estragos causados pela bebedeira durante os dias de bodas. Vasos, travessas e outros utensílios de cerâmica quebrados pelo chão, sobras de assados e frutas pelas mesas e toda sorte de sujeira. Observou nos cômodos de sua casa alguns foliões ainda desacordados, entre as colunas que sustentavam o alto pé direito da construção e diante da estátua de Dagon, no átrio principal. Passou por um grupo de soldados do agrupamento de Faruk e saudou-os, mas não recebeu nenhuma reação por parte deles, exceto olhares desconfortáveis e expressões pouco amigáveis. Simas sabia que, orgulhosos como eram os soldados filisteus, o ódio e a preocupação de serem mais uma vez derrotados por Sansão deixaria o clima de rivalidade em níveis insuportáveis. Porém ele confiava em sua capacidade diplomática. Bom comerciante e homem de negócios que era, Simas sabia conduzir desavenças e suavizar conflitos. Sentia-se apreensivo com o final da festa de casamento e, ao mesmo tempo, aliviado.

Naquele dia, estava programado um espetáculo de dança com pirotecnias. Enquanto músicos tocavam seus instrumentos de cordas e sopro, mulheres manobravam hastes com as pontas em chamas que, ao encontrar-se com outras, produziam pequenas explosões pelo ar.

Ieda estava junto ao marido, assistindo à apresentação. Por um momento, Ieda havia esquecido os problemas e aproveitava a festa com

Sansão. Porém, quando avistou Faruk entre os convidados, a angústia tomou conta de seu coração novamente. Então correu em prantos, em direção aos seus aposentos, surpreendendo Sansão e Simas, que assistiam à apresentação artística distraídos.

— Sansão, você prometeu cuidar dela. Cumpra sua palavra — esbravejou o pai.

O hebreu, mesmo não gostando de ser admoestado e repreendido em público, foi atrás da esposa. E encontrou-a desconsolada sobre a cama.

— Tenho um marido que não me ama — murmurou.

Sansão ficou sensibilizado ao ver a aflição da esposa e, mesmo sentindo em seu coração que não devia, contou-lhe o segredo do enigma. Falou-lhe sobre a luta que teve com o felino no deserto, de como sobrevivera e que, durante sua última viagem ao vilarejo de Zorá, encontrou favos de mel na carcaça do animal. Explicou como o embalou e levou de presente aos seus pais. Ieda ouvia tudo com atenção e parecia aliviada com a revelação. Abraçou o marido com força e, em seguida, o beijou.

— Eu o amo, Sansão. Aconteça o que acontecer, nunca duvide disso.

O hebreu não fazia ideia das pressões que recaíam sobre Ieda. E, feliz ao vê-la bem, pediu que ela repousasse um pouco enquanto ele voltaria para a festa.

Algumas horas mais tarde, os soldados filisteus, liderados por Faruk, esperavam por Sansão no átrio principal da residência de Simas. Os convidados estavam aflitos. E Simas, contrariado. Quando Sansão apareceu, todos se levantaram, aguardando seu pronunciamento.

O hebreu achou engraçada a reação de todos e, altivo, olhou para cada um dos convidados. Saboreava seu triunfo contra a arrogância filisteia. E vingava-se da afronta no primeiro dia das bodas, quando os soldados inimigos foram acolhidos como companheiros de honra.

— Caríssimos companheiros de honra, vocês ainda têm algum tempo. Posso esperar — riu o hebreu, debochando dos nervos à flor da pele dos soldados.

— Acabe logo com isso, Sansão. Ninguém conseguiu decifrar seu enigma — interrompeu Simas, tentando evitar um clima ainda mais tenso.

Faruk então saiu por de trás de alguns soldados, posicionou-se ao lado de uma tocha, deixando seu rosto em evidência. Encarou o hebreu com um leve sorriso. Sua sombra projetou-se para o meio do círculo que havia se formado e onde estava Sansão. Ieda, que havia retornado, parecia ainda mais tensa. Estava cabisbaixa, as mãos suadas e os dedos entrelaçados. Fugia dos olhares de Simas, de Judi e, principalmente, de Sansão.

O danita, ao ver que Ieda estava entre eles, segurou suas mãos, conduzindo-a para seu lado.

— Aqueça a memória dos homens do seu povo, para que se lembrem do enigma que propus — pediu Sansão a Ieda.

A voz da jovem embargou e, na primeira tentativa, não conseguiu falar. Amparada por Sansão, ela retomou o fôlego e continuou:

— Do comedor saiu comida, e do forte saiu doçura... — pronunciou, em tom solene e com o rosto lavado por grossas lágrimas.

Sansão, ao contrário, estava leve. Gostava de ver o ódio refletido nos rostos dos soldados filisteus e, olhando para a imagem sem vida de Dagon, satirizou.

— Por que não perguntaram a ele? Tem formas e está bem próximo de seus devotos, mas não os ajuda a decifrar um simples enigma — riu. —Vocês se dizem tão inteligentes, avançados. Orgulham-se de produzir armas de ferro, de seguir vários deuses? Vamos...

Faruk, então, aproximou-se do hebreu e com ironia perguntou.

— Pois então me diga, Sansão: o que é mais doce que o mel... e mais forte que o leão?

O hebreu sentiu-se golpeado pela lâmina da espada inimiga. Olhou para Ieda, que não conseguia esconder sua culpa. Apenas ela, ninguém mais, sabia a resposta.

— É isso? Ele está certo? O Faruk decifrou o enigma? — Judi ficou estupefata e inquieta, olhando para Sansão, que assentiu com indignação. Os filisteus celebraram aos gritos. Enquanto Ieda, inconsolável e soluçando, retirou-se.

Sansão apertou os lábios e rangeu os dentes. Sua raiva aumentava com os estrondos vitoriosos dos filisteus, que faziam um barulho ensurdecedor. Encarando Faruk com ódio, avançou sobre o filisteu, que recuou em posição de combate e com a espada nas mãos. Outros soldados se aproximaram, esperando o momento para atacar o hebreu.

— Se não tivesse trabalhado com a minha novilha, não teria adivinhado meu enigma! — disse, referindo-se a Ieda.

— É mais um dos seus enigmas? — provocou Faruk, arrancando ainda mais gargalhadas dos soldados e dos convidados. — Achou que poderia ser melhor que os filisteus? Pois nenhum hebreu imprestável sabia decifrar o seu enigma...

— O que fez ao meu povo?

— Nada que não merecessem. Agora cumpra sua palavra e nos traga as trinta vestes que nos deve.

Parecia um pesadelo terrível para Sansão. Sua mente vagou por lembranças atormentadoras. Lembrou-se de como a mãe de Jidafe havia sido morta por filisteus na frente do filho, dele e de Héber, enquanto se escondiam nos trigais. Das aflições de seu povoado. E sentiu uma dor lancinante ao recordar das duras palavras de sua mãe, Zilá: "Pois seus sentimentos o trairão. E ela, sua esposa filisteia, também irá traí-lo."

Seus joelhos, nesse momento, fraquejaram. Atordoado, com os olhos lacrimejantes, deixou a casa de Simas em direção ao povoado hebreu mais próximo. Atrás dele, soldados festejavam a vitória. Finalmente Sansão perdia para os filisteus.

Sansão seguiu, trôpego, pela estrada. E, após algumas horas caminhando, chegou ao povoado de Estaol, sob domínio hebreu. Lá encontrou um cenário de devastação. Homens e mulheres inconsoláveis pranteavam sobre as covas recentemente cavadas para seus entes queridos. Casas incendiadas. Carcaças de animais ainda em decomposição. Só havia dor, lágrimas e destruição.

O danita quis saber o que havia acontecido e alguns relataram a fúria dos soldados filisteus que invadiram o local em busca da solução para um complicado enigma. E, como ninguém foi capaz de responder, eles deixaram um rastro de sangue. Sua perplexidade aumentava a cada relato. Ele podia ver o rosto de Faruk e sua satisfação em castigar inocentes.

Sansão continuou sua jornada, totalmente aturdido. Confuso. Estava perdido e sem rumo certo. Seus passos o conduziram a uma barraca, onde um grupo de filisteus realizava uma celebração. Assavam porcos e bebiam vinhos. Riam diante de um ídolo esculpido em forma de boi. Sansão estava embebido de ódio, embriagado de fúria e avançou sobre o local, revirando as mesas com frutas e assados e incendiando o ídolo filisteu. Os homens se assustaram com a impetuosa ação e tentaram, em vão, detê-lo. Sansão os golpeou implacavelmente e matou trinta filisteus como um leão faminto. Arrancou-lhes as roupas ensanguentadas e rasgadas e partiu.

★

Em Zorá, a convulsão social era cada vez maior. Princípios de brigas, disputas por alimentos e comidas. Sem Sansão para assumir sua função predestinada, de juiz do povo, sobrava trabalho e revolta.

Os distúrbios e revoltas causavam ainda mais tristeza a Manoá e Zilá, que se sentiam também culpados pelo comportamento do filho.

Jidafe era quem mais se indignava e, do seu jeito, tratava de arregimentar apoio. Passou a estocar grãos que produziam para negociar por preços melhores com os filisteus. E, mesmo diante dos conselhos de Héber, que guardava a instrução de Sansão de não fazer negócios com os filisteus, ele parecia impassível.

— Farei aquilo que for melhor para a nossa gente. Nem que para isso tenha que fazer alianças com outros povos e até mesmo escolher um novo Deus para seguir.

— Não blasfeme, Jidafe. Sabe que o nosso Deus é o único e não admite que coloquem seu poder em dúvida — advertiu Héber.

Porém os alertas não adiantaram. Para Jidafe, não restava outra opção a não ser virar as costas para Deus, da mesma forma como parecia que o Senhor os havia esquecido naquela vida de miséria e dor. E, em pouco tempo, organizou um levante. Diante de homens e mulheres também cansados da opressão e pobreza, propôs não entregarem a Deus as primícias da colheita.

— Dividir uma colheita miserável com um Deus que não olha para nós? — instigava o povo.

Manoá tentava intervir, explicando que a atitude configuraria uma rebelião e blasfêmia contra Deus. Mas, já enfraquecido pela velhice e sem a força moral de seu filho, Sansão, sua voz era facilmente sufocada.

As palavras de Jidafe faziam sentido para a maior parte do povo. Sua proposta era batalhar por uma remuneração mais digna dos insumo. Dizia que seu compromisso, agora, não seria nem com Deus ou com Sansão, mas sim com o povo. E, inflamada, a pequena população de Zorá o aplaudia com empolgação.

Zilá via tudo com aflição. E, em sua casa, orou pedindo a Deus que trouxesse seu filho de volta, que lhe desse direção e endireitasse seus caminhos.

Sansão, porém, já tinha um destino. Estava voltando para Timna com as roupas manchadas de sangue em suas mãos. Ainda não havia escurecido quando ele reapareceu na casa de Simas, para a perplexidade de todos que ainda festejavam.

— Aqui está o meu pagamento aos filisteus. Trinta vestes — disse, depositando os trajes ensanguentados no mesmo local onde havia proposto seu enigma.

— O que é isso, Sansão? Todas essas roupas sujas de sangue? — indagou Simas.

— Não se preocupe, não sujarão sua casa. É sangue filisteu.

Ao ouvir isso, os soldados filisteus desembainharam suas espadas, enquanto Faruk ordenava, aos berros, para que o matassem. Mas, com medo, nenhum soldado se aproximou o suficiente para tocá-lo.

Ieda, sim, lançou-se sobre ele, enroscando seus braços no pescoço do marido enquanto clamava por perdão.

— Eu confiei em você — lamentou Sansão em tom de indignação. E, com um violento empurrão, lançou a jovem ao chão.

— Vá embora, Sansão! — ordenou Simas, imediatamente.

O hebreu mirou todos. Sabia que nenhum sangue a mais seria capaz de apagar a sua decepção ou fazer justiça a tantos do seu povo que haviam morrido. A cicatriz estava cravada em sua alma. Resignou-se, encarou o sogro e assentiu. Olhou mais uma vez para Ieda, caída no chão, com as mãos estendidas, pedindo que reconsiderasse, e sentiu seu coração doer. Estava com vergonha de si mesmo. Deixou o local em direção, mais uma vez, ao deserto do vale de Timna.

★

Hannah chegou ao largo das meretrizes, no centro de Gaza, pouco antes do meio-dia. Pelas ruas, as cenas típicas de um dia comum de semana. Soldados achacando comerciantes e prendendo malfeitores, viajantes que procuravam prostitutas para diversão. Mercadores vendendo quinquilharias diversas. Produtores repassando frutas. Pastores tocando rebanhos de bezerros e cuidadores de porcos. Era um ambiente confuso e barulhento. Entre os vários rostos na multidão, a ex-chefe das cortesãs reconheceu um deles.

— Hannah? Quem diria que eu a veria novamente? — chamou uma mulher. Era Aiala, antiga companheira de meretrício de Hannah, quando esta ainda prestava seus serviços no mesmo bordel onde Myra havia trabalhado.

Hannah olhou com superioridade e desdém para a moça. Aiala também a mediu e percebeu que, embora mantivesse sua característica altiva, sua expressão denunciava que estava num momento de fragilidade.

— Se está indo ao seu antigo local de trabalho, perderá seu precioso tempo. Desde que mataram um viajante ali, nunca mais abriram as portas.

A experiente cortesã reagiu, dessa vez com mais atenção e simpatia. E, curiosa, passou a arguir a antiga colega de trabalho sobre o ocorrido. Sentiu que talvez ali estivesse a resposta de que precisava.

Sentaram-se num pequeno muro na praça, que emoldurava um espelho d'água, e Aiala pôs-se a contar sobre uma misteriosa mulher, de rara beleza, que havia estado ali uma única vez e da qual ninguém mais teve notícias. Deu detalhes sobre as pessoas da região e indicou um homem chamado Hamã, com quem ela teria falado. Hannah agradeceu e pediu ajuda para encontrar o homem.

Hannah sabia ser gentil e generosa quando queria. E, quando conheceu o sujeito calado, de gestos e feições sombrias, alto e forte como um grande urso, ofereceu-lhe favores e joias, arrancando-lhe um sorriso discreto no canto dos lábios. Hamã pediu que o aguardasse durante a noite, num canto deserto, quase na saída da cidade. Ele lhe entregaria um presente.

Algumas horas mais tardes, quando a escuridão escondia Gaza, Hannah estava inquieta à espera do encontro combinado. Foi quando sentiu a lâmina gelada de um punhal encostar em seu pescoço, refletindo um pouco os luzeiros que iluminavam casas distantes e o céu avermelhado daquela noite. Era uma adaga delicada, e Hamã contou-lhe toda a história sobre Dalila, Rudiju e Myra. Explicou como matou o homem na frente da cortesã sem que ela esboçasse misericórdia ou remorso.

Hannah quase não acreditava que sua procura havia chegado ao fim. Com um tecido maltrapilho envolveu o punhal entregue por Hamã e partiu. Encontrou, sob uma marquise, um local onde pôde deitar e descansar um pouco. Colocou o embrulho sob o corpo e adormeceu.

Na manhã seguinte, enquanto o sol começava a raiar, Hannah estava de volta ao palácio de Inárus. Percorreu os corredores que davam acesso à ala das cortesãs e, sem esperar ser anunciada, invadiu a sala, assustando Dalila, Tais, Jana, Yunet e Myra, que conversavam numa pequena roda.

— Saiam todas daqui e me deixem a sós com Dalila! — ordenou, aos berros, como se ainda comandasse o local. Myra ainda tentou intervir, mas Hannah tornou a expulsá-las. E, sob um sinal de Dalila de que tudo ficaria bem, Myra resolveu deixá-las a sós.

Hannah abriu o embrulho de tecido, mostrando-lhe o punhal.

— Eu avisei que descobriria o seu segredo. Seu lugar é na prisão. Ordenou que matassem um homem.

Dalila observou a peça, como se a conferisse. Sabia que era a mesma que havia comprado no dia da morte de Rudiju.

— Apenas me defendi.

— Pois agora pegue seus pertences e vá embora! Ou prefere que os soldados a levem? — disse Hannah, aproximando-se com o punhal.

Dalila percebeu a oportunidade de arrancar o punhal da mão da oponente e avançou sobre Hannah, que deixou a peça cair ao chão. As duas trocaram empurrões, até que o comandante Abbas as surpreendeu, interrompendo a briga e apanhando do chão a pequena lâmina.

Ele observou a adaga com cuidado, acariciava o objeto, admirando sua qualidade. De súbito, entretanto, encarou as duas com um ar severo.

— O que está acontecendo aqui?

— Dalila é perigosa! Uma ameaça ao príncipe Inárus e a todos que vivem no palácio.

Percebendo sua frágil situação, Dalila ardilosamente lançou-se sobre Abbas e, aos prantos, pediu ajuda ao comandante.

— Que bom que está aqui. Esta mulher tentou me agredir...

Hannah ferveu em ódio.

— Dissimulada! Isso que ela é. Ela ordenou que matassem um homem!

Dalila chorava ainda mais sob os braços protetores de Abbas, enquanto ele olhava com desaprovação para Hannah.

— Basta, Hannah. Acompanha-me. Desta vez você foi longe demais — avisou o comandante, arrastando-a pelo braço até os portões do palácio, onde lançou sua antiga amante na rua. Nem mesmo os apelos de Hannah sensibilizaram Abbas, que não acreditava em nenhuma das acusações.

As outras cortesãs assistiram a tudo admiradas com o poder e influência de Dalila, que já não conseguia evitar o sorriso sarcástico de se ver livre de sua rival.

Porém, poucos minutos depois, Abbas pediu que Dalila comparecesse ao seu gabinete. Queria sua contrapartida.

Por detrás de uma mesa de madeira, Abbas mantinha a expressão sisuda e segurava nas mãos a delicada adaga.

Dalila percebeu que a conversa não seria amigável e disparou a falar, agradecendo-lhe por tê-la salvado e contando sobre como Hannah ameaçou golpeá-la.

— Ela já foi expulsa e não incomodará novamente. Mas não pense que me enganou, Dalila — interrompeu, secamente, o comandante.

Abbas a observava com ar grave. Levantou-se, passou por detrás de Dalila e trancou as portas de seu gabinete. Voltou em passos lentos, medindo cada parte do corpo da jovem.

— Saberei ser grata — disse Dalila, tentando seduzi-lo. Porém Abbas tinha pressa. E queria mostrar quem estava no controle da situação.

Com violência jogou-a contra a parede, pressionando seu corpo contra o de Dalila. A voracidade do comandante a fez recordar de Rudiju e da forma como o padrasto a havia dominado. Seu desejo era impaciente e indócil e sentia-se merecedor de um presente. Rasgou as roupas de Dalila e saciou-se em poucos minutos, deixando-a ali, humilhada. O comandante vestiu-se e saiu, como se algo banal e corriqueiro tivesse ocorrido.

Dalila recompôs-se e retornou à sala das cortesãs. Deitou-se em sua cama e pôs-se a chorar copiosamente. Tais a espiava com satisfação. Ela sabia que Abbas não deixaria o ocorrido sem uma resposta.

★

Sansão estava ainda mais perdido na imensidão do deserto. Sua consciência resgatava cada palavra dita antes, cada decisão. Era uma tortura que chegava a doer fisicamente. Lembrou-se das palavras de Simas, ao mostrar os trigais da família e garantir que Ieda seria sua esposa e de mais ninguém.

Foi quando percebeu que havia outra pessoa com ele na jornada. Era o andarilho, o homem misterioso que o socorrera quando desfalecia sob o sol. Sansão sabia que aquele homem não poderia ser filisteu nem hebreu. Seus pés, pensava, tocavam caminhos mais altos.

— Não o vi...

— Eu estava aqui o tempo todo. Você é quem estava mergulhado em pensamentos — respondeu o homem, condescendente.

— Confiei numa mulher do povo inimigo. Fui cego por uma doçura que se revelou mais amarga do que o pior veneno.

— Por quarenta anos seu povo é oprimido pelos filisteus. Por que acreditou que seria diferente com você?

— Ela parecia tão pura e verdadeira. A esposa que jurei amar e cuidar.

O andarilho assentiu e seguiu em outra direção.

— Ei, para onde você vai? — instou Sansão, querendo esticar a conversa.

— Vou seguir o meu caminho. E você deve fazer o mesmo.

— Mas para qual direção? — perguntou. O homem apenas o olhou e não disse uma palavra a mais. Seguiu caminhando entre as nuvens de poeira até que seu vulto desaparecesse por completo.

Sem perceber, Sansão havia desaparecido por meses em sua viagem introspectiva pelos desertos e montanhas. E, depois de muito refletir, chegou à conclusão de que deveria seguir seu voto de fidelidade com a esposa.

Porém, na residência de Simas, as coisas já haviam mudado. Faruk, após o abandono de Sansão, era cada dia mais presente. E insistia com Ieda que o rumo que o casamento havia tomado era, no fim, um grande livramento. Dizia que ela jamais iria ser feliz com um hebreu e que as diferenças logo iriam surgir, tornando a vida conjugal e convivência familiar irreconciliáveis.

Nos primeiros meses, ela permaneceu irredutível. Simas, porém, minava as resistências da filha e a aconselhava a aceitar Faruk como esposo. Dizia que não ficaria bem para ela ser abandonada por um marido, ainda mais um hebreu. Que jamais conseguiria se casar novamente com outro homem que não fosse o soldado filisteu, que sempre demonstrou amá-la e que a receberia de bom grado. E, como os dias se passavam sem nenhuma notícia de Sansão, Ieda convenceu-se de que o marido jamais retornaria. Estaria morto ou apenas teria voltado de vez para o seu povoado.

Sansão, entretanto, estava bem próximo dali. Pronto para recomeçar. Ele adquiriu um cabrito na feira de Timna e foi ao encontro de

Simas, que festejava em seus trigais, com seus empregados, a colheita extraordinária que tivera nos últimos meses.

Ao ver o genro aproximar-se, Simas ficou aterrorizado. Sansão apenas lhe entregou o cabrito, virou-lhe as costas e seguiu em direção à residência. Precisava ver Ieda. A saudade não cabia mais em seu peito.

Simas correu atrás dele, repreendendo-o. Mas Sansão parecia não ouvir. Atravessou os trigais, desceu um pequeno morro e rumou na direção da entrada da construção.

—Você está invadindo minha casa. Espere, Sansão!

Sansão entrou e parou no átrio onde ficava a imagem de Dagon. Virou-se, mostrando um sorriso.

— Eu vim em paz. Não recebeu meu presente de bom grado?

— O que você quer aqui, depois de tanto tempo?

— Eu quero ver minha esposa.

— Mas eu entendi que estava tudo terminado entre vocês — rebateu Simas, ainda mais nervoso.

— E de que me valeriam os votos que fiz diante do Senhor? — retrucou Sansão, olhando ao redor do recinto, à procura de Ieda.

— Ela não está, Sansão. Volte outro dia! — alegou Simas.

Judi ouviu a movimentação de seus aposentos e correu para ver o que estava acontecendo. Ao ver Sansão, irrequieta que era, festejou.

— Que bom vê-lo! Ieda já sabe que você está aqui?

— Ela não está, Judi! — apavorou-se Simas.

— Está sim. Lá nos aposentos dela — insistiu Judi.

Simas andava de um lado para o outro. Pôs-se à frente de Sansão, mas seu diminuto tamanho não significava obstáculo para o hebreu. Intrigado, Sansão seguiu em direção ao antigo quarto.

— Pare Sansão. Ela não quer vê-lo! — gritava, enquanto olhava Judi com reprovação. —Você tem ideia do que fez?

O hebreu correu até o aposento, abriu a porta e encontrou Ieda na cama. Sorriu por um breve momento. Ela também, ao vê-lo, surpreendeu-se entusiasmada. Mas logo enrubesceu seu rosto de vergonha. Ao seu lado, na cama, Faruk despertava assustado sob os lençóis, em trajes de dormir, diante do olhar atônito e devastado de Sansão.

CAPÍTULO 6

Ódio, veneno e fogo

Vê-la ali, ao lado de Faruk, foi duro demais a Sansão. Ieda, tão sua. Pensar que sua pele alva e lisa havia sido tocada pelas mãos embrutecidas e calejadas do soldado filisteu era atormentador até mesmo para o mais forte dos homens. Ainda mais sobre aquela cama em que jurou honrar e protegê-la. Naquele leito que era somente dele e de Ieda.

Simas entrou logo atrás no quarto, esbaforido de tanto correr. Estava perplexo. Temia pelo que viria a seguir e argumentou que Sansão havia desaparecido por meses; nada mais correto do que entregá-la a um dos seus companheiros de honra. Ieda também tentou se explicar, mas só conseguia chorar. Já Sansão estava embebido num mar de decepção e ódio. Seu coração era uma ferida aberta.

— Como ousa falar em honra? Saiba que, daqui por diante, ficarei quite com os filisteus e serei inocente quando lhes fizer mal — disse Sansão, em total fúria.

O hebreu deixou o casal no quarto e partiu em passos apressados. E Simas, retomando o fôlego, continuou a persegui-lo pelos corredores da casa, pedindo-lhe calma.

— Você não cumpriu sua palavra, Simas!

— Você também não cumpriu a sua, Sansão. Jurou protegê-la. Eu precisava fazer alguma coisa.

Os dois interromperam os passos por alguns instantes. No átrio principal da casa de Simas, se encararam. Simas abaixou a cabeça, tenso e envergonhado. Olhou para o lado e viu Judi, que acompanhava tudo. Puxou-a delicadamente pelos braços e a colocou diante de si.

— Veja Judi. Minha filha mais nova é uma mulher bonita. Fique com ela no lugar da outra — ofereceu, constrangido.

Judi estava emocionada e apenas assentiu, garantindo-lhe fidelidade.

Sansão, porém, não podia admitir. Só ele sabia como foi dolorido deixar sua casa, seus irmãos hebreus e se unir com uma mulher de um povo inimigo. Trocar Ieda por Judi não aplacaria a dor em seu coração. E, sem dizer uma palavra, saiu da casa do antigo sogro.

Faruk estava também irritado. Ver Ieda desesperar-se em lágrimas por Sansão era doído. E, pela brutalidade, tentava domesticar seu coração.

— Essa cama é de Sansão — berrava Ieda, inconsolável.

Ao ouvir isso, o soldado a esbofeteou com força e deixou o quarto. Queria por um fim nessa história de uma vez por todas e decidiu caçar e matar o hebreu. Seguiu a galope até o acampamento militar de Timna, onde os soldados, seus companheiros, já descansavam. Entrou no local irritado.

— Ninguém viu Sansão? Estavam dormindo quando deveriam estar vigilantes?

Aron, que liderava o grupo, não gostou do jeito destemperado do colega. Ele e Faruk disputavam, de forma velada, a liderança do grupamento e a simpatia de Abbas. E, tão logo soube do retorno de Sansão a Timna, Aron tratou de enviar emissários até Gaza para avisar ao comandante.

Por esse motivo Faruk irritou-se ainda mais, pois tentava administrar a crise sem incomodar Abbas, já impaciente pelos sucessivos fracassos. Faruk reuniu alguns homens munidos de tochas e espadas, e saíram em busca do hebreu que havia desaparecido pela mata que circundava as searas de Simas.

Sansão, porém, já tinha em mente seu plano de vingança. E, tão logo deixou a casa de seu sogro, tratou de colocá-lo em prática. Caçou trezentas raposas pela floresta, ateou fogo na cauda de cada uma delas e as soltou entre as plantações de trigo. Eram rastilhos, pavios vivos cortando e ardendo pelos trigais, espalhando o fogo por toda a plantação. O incêndio tomou proporções catastróficas e a fumaça podia ser vista a quilômetros de distância. No meio do caos, Sansão gritava sua dor e tristeza. E, com uma tocha em mãos, ajudava a acender a fonte de provisão de Simas e o alimento dos filisteus.

Quando Faruk, Aron e os soldados filisteus chegaram diante da imensa plantação em chamas, apavoraram-se. Eles sabiam que uma guerra estava deflagrada. Faruk, em especial, tinha pleno conhecimento que Abbas não o perdoaria.

★

No palácio de Gaza, Dalila, junto com outras cortesãs, revirava as roupas em busca das melhores peças para o grande encontro entre os príncipes filisteus de Ascalão, Asdote, Gate e Ecrom.

Tais era a mais falante. Esbanjava confiança e esnobava as demais colegas, dizendo que era o centro das atenções, a preferida pelo soberano de Ecrom, de quem recebia presentes com fartura e generosidade.

No meio do falatório, Myra entrou sobressaltada. Com palmas, pediu a atenção de todas as meninas, ainda dispersas pelas mudas de roupas. Em tom solene, a chefe das cortesãs anunciou que a ordem de apresentações para o encontro, por determinação de Inárus, havia sido alterada.

— Servirão primeiro o banquete e depois entramos? — questionou Tais, desanimada por ter que aguardar ainda mais para sua apresentação.

— Não. Nosso soberano faz questão de exibir a beleza feminina antes de começarem os trabalhos — respondeu Myra, abrindo um largo e debochado sorriso.

— Sempre foi assim, Myra. Não houve nenhuma mudança.

— Na realidade, todas vocês entrarão após o banquete. Só uma se apresentará na abertura. Você, Dalila! — respondeu Myra, olhando para a amiga, que ficou admirada com a notícia.

Tais não acreditava no que ouviara e, choramingando, instava Myra, numa esperança de que a superiora mudasse de ideia.

— É a ordem do nosso soberano Inárus — encerrou o assunto.

Dalila, animada com a novidade, vestiu-se com as melhores peças. Tiaras, brincos, braceletes e colares dourados. Um tecido aveludado, em tom carmesim, cobria e descobria seu corpo perfeito. O rosto delicadamente pintado, sombreando o contorno dos olhos e emoldurando os lábios em tons rosados. E, confiante, partiu em direção à sala onde estava o trono de Inárus e também os demais príncipes filisteus.

Ao chegar, saudou um por um, beijando-lhes as mãos. Diante de seu soberano, Inárus, prostrou-se com reverência e beijou sua mão direita, que estava estendida. Ele sorriu e assentiu. Todos os príncipes ficaram hipnotizados pela beleza de Dalila. E ela, ao som de instrumentos de cordas e sopro, dançava em rodopios diante de cada um.

Alguns não se continham e a puxavam para si, beijando-a ou mesmo apalpando seu corpo. E, como recompensa, depositavam em suas mãos joias em ouro e prata.

Após a apresentação, Dalila retornou para a sala recoberta de adornos, era quase difícil olhá-la, tamanho o brilho que refletia das suas joias. Tais, ao vê-la, inflamou-se em inveja e convocou Jana para que a ajudasse num plano que pusesse fim ao reinado da jovem concubina.

Para Dalila, provocar Tais era um agradável passatempo. Desfrutava do olhar raivoso de sua concorrente. Sua real preocupação era apenas com Abbas. Sabia que ele, a partir de então, a assediaria ainda mais. E não demorou muito para que um mensageiro a convocasse para a sala do comandante.

— Myra, diga que estou ainda com o príncipe Inárus.

— Não posso, Dalila. Você sabe disso.

Resignada e ainda com as roupas que usou na apresentação aos soberanos filisteus, Dalila seguiu em direção à sala de Abbas. Quando chegou lá, encontrou o ambiente em polvorosa. Soldados andavam apressados, entre eles, o comandante, que socava a mesa e revirava, com raiva, o que via pela frente. Sua aparência sisuda só suavizou ao ver Dalila.

— Mandou me chamar, comandante?

— Sim. Você sabe que nem todos aqueles príncipes podem dar-lhe a proteção que dou, não é?

Dalila assentiu e tentou beijá-lo, demonstrando gratidão. Abbas, porém, recusou.

— Um hebreu chamado Sansão acaba de estragar os meus planos para essa noite. Tenho que ir — disse o comandante, explicando sobre como o guerreiro hebreu havia se transformado no principal alvo de seu comando. Dalila não conseguia esconder seu contentamento.

Evitar as mãos encardidas e violentas de Abbas era o que ela mais queria. E, só por isso, Sansão já tinha conquistado seu afeto.

★

Em Zorá, Jidafe liderava a rebelião e uma série de mudanças. Entre elas, propôs que a colheita não fosse mais dividida entre todos da mesma forma. A partir de então, quem trabalhasse no campo deveria ficar com a maior parte. Os mais velhos ou viúvas receberiam uma porção menor.

Manoá tentava intervir. Alegava que a semente da colheita havia sido plantada pelos anciões e que não seria justo deixá-los com menos comida. Porém, sempre que ele tentava argumentar, era repreendido e humilhado por Jidafe.

— Onde está seu filho, o grande juiz do nosso povo?

Samara e Héber observavam a cena com pesar. E, já desanimado e sofrendo com aquela situação, Héber decidiu procurar Sansão para lhe pedir ajuda e orientação. Samara o incentivou e eles combinaram de não contar nada a Zilá, para não lhe dar falsas esperanças. O hebreu preparou-se e caminhou sozinho pela velha trilha no deserto. Aproveitou o final da madrugada, fugindo do sol mais forte. E, após algumas horas, procurou o velho açude no vale de Timna, onde recarregaria seu cantil e repousaria um pouco. Lá, de longe, avistou o amigo.

Desde a noite anterior, após incendiar os trigais, Sansão havia se refugiado no vale de Timna. Caminhou pela vastidão de areia até encontrar um pequeno lago. Sentou-se ali, à beira, observando as ondulações que o vento fazia sobre a água escassa. Passou a noite diante da cena, mergulhado em suas dores.

E, quando o sol começava a despontar, ouviu por de trás de si a voz familiar de Héber, seu amigo. Parecia um sonho para os dois, após uma noite de pesadelos.

Ao ver Sansão, Héber pôs-se a falar. Ansioso, contou sobre Jidafe, a falta de reverência a Deus, o abandono das primícias, sobre as dificuldades nas plantações. Lamentou como o povo havia se dispersado sem a presença de sua liderança. Falou sobre a opressão filisteia, sobre Manoá e Zilá e só parou ao perceber que Sansão pouco o escutava.

— Sansão, você está me ouvindo?

— Ela me traiu, Héber. Por duas vezes ela me traiu... — Começou a chorar.

Ao ver Sansão, um homem alto e cheio de músculos, derreter-se tal como uma criança em lágrimas, Héber condoeu-se também. E, aproximando-se do amigo, o envolveu carinhosamente com os braços.

Após ouvir o desabafo de Sansão, Héber notou que a história não se encaixava. Ieda, mesmo sendo uma filisteia, não poderia ter sido tão ardilosa.

— Provavelmente ela foi obrigada a traí-lo, Sansão, ou pelo pai ou por esse soldado. Não quer dizer que ela esteja de acordo.

— Eu a vi com outro homem.

— E ela parecia satisfeita? Estava feliz?

Mais calmo, Sansão agora parecia entender o que estava ocorrendo. E tudo ficou tão claro. O desespero de Ieda em descobrir o enigma. Suas lágrimas inconsoláveis. Seu sorriso quando ele chegou. Ieda era tão vítima quanto ele.

— Héber, já decidi. Avise que vou voltar para meu povo. E levarei minha esposa comigo. Pôs-se de pé, apanhou um pouco de água do açude, lavou o rosto e voltou ao caminho que o levaria a Timna.

Na casa de Simas, Faruk retornava após uma noite de caçada e de assombro. Seu corpo coberto da fuligem. Seus olhos avermelhados pela fumaça. Simas, ao vê-lo, quis saber o que havia acontecido.

Exaurido, Faruk contou como a maior parte das plantações havia sido devastada. E que os indícios mostravam que era Sansão o responsável pelo incêndio.

Simas colocou as mãos sobre a cabeça em desalento. Olhou, com angústia, para a impassível imagem de Dagon. E Faruk passou a orientá-lo a preparar-se para o pior que ainda viria. O comandante Abbas certamente vingaria o prejuízo matando-o, assim com a toda sua família. A desgraça seria questão de tempo. O melhor que poderiam fazer era fugir.

O soldado retomou o fôlego e saiu novamente atrás de notícias sobre Sansão. Estava transtornado, fora de si, adoecido em seu ódio.

Enquanto isso, a perplexidade tomou conta da casa de Simas. Ele acordou as filhas e a empregada e ordenou que agissem rápido, recolhendo coisas de valor que pudessem ser trocadas durante uma vigem sem destino.

— Como Sansão poderia causar tamanho estrago? — quis saber Ieda.

— Ele é um monstro. Estamos perdidos, vamos fugir o quanto antes daqui — inquietou-se Simas.

Próximo dali, o comandante Abbas já patrulhava, em desalento, pelas plantações queimadas. Observava, consternado, toda aquela riqueza que, numa noite, havia se tornado cinzas. Faruk, que retornava da cidade, aproximou-se, contido e envergonhado.

— Daqui vinham os nossos alimentos, Faruk! E ele acabou com tudo — berrava, ensandecido.

— Não pudemos evitar...

Abbas interrompeu as explicações golpeando-o com socos e pontapés. E, desembainhando sua espada, preparou-se para cortar o pescoço de Faruk.

Encolhido, tal como um rato encurralado, Faruk pedia a Abbas que lhe desse mais uma chance de capturar o hebreu. Se a morte era inevitável, que fosse num combate.

O comandante recolheu a sua espada e, com um sinal, ordenou que fosse. Assim que Faruk partiu, ele chamou Aron e deu-lhe a ordem.

— Faça perecer nas chamas os causadores de tamanha desgraça. Aquela mulher e seu pai.

Aron assentiu, reuniu alguns homens e de pronto galoparam em direção à casa de Simas.

*

No quarto das mulheres, no palácio de Gaza, Yunet aproximava-se cada vez mais de Dalila. E, percebendo a movimentação suspeita de Tais, que havia deixado o palácio com Jana, tratou de alertar a célebre cortesã.

— Deve tomar cuidado, Dalila.

— A Hannah voltou?

— Não, com a Tais.

— Com essa não me preocupo.

— Pois deveria. Ela ficou furiosa por não ter se apresentado aos príncipes e está com inveja porque você ganhou mais joias do que ela em todos esses anos no palácio.

Yunet estava certa. Fora do domínio de Gaza, Tais andava apressada, escoltada por Jana. Seguiam em direção a uma antiga gruta onde vivia uma velha feiticeira.

O local parecia abandonado. Um buraco esculpido entre pedras num paredão rochoso e que formavam um cinturão antes da entrada da cidade. Lá havia uma cama e uma mesa. Alguns utensílios velhos usados para a cozinha e um forte odor azedo, como o de carcaça animal. Era ali que vivia uma mulher misteriosa, que diziam ter poderes mágicos.

Tais se aproximou com altivez e, diante da feiticeira, falou sobre seus problemas no palácio a partir da chegada de Dalila. Queria um feitiço que pudesse destroná-la. Porém, a velha senhora, após analisar a situação e consultar os seus deuses, justificou-se dizendo que algo mais forte impedia que o rumo da história fosse alterado. Pensou um pouco diante da insistência de Tais e retirou de uma gaveta empoeirada um pequeno frasco.

— Sete gotas derrubariam o mais forte dos homens — explicou a feiticeira.

De posse do veneno, Tais acariciou o frasco como se fosse um animal de estimação e o guardou numa pequena bolsa que levava consigo. Fitou o olhar amedrontado de Jana e achou graça.

— Isso deve bastar.

As duas voltaram para o palácio, e Tais planejava o momento certo de agir. Absorta em pensamentos enquanto caminhava pelos corredores, quase esbarrou em um criado que trazia consigo uma bandeja repleta de frutas, pães, água, vinho, taças e flores. Pensou que fossem para os príncipes hospedados e se ofereceu para entregar a bandeja.

— Não são para os príncipes, são para Dalila. Foi o príncipe Inárus quem mandou.

Apesar de seu desprezo por Dalila, a moça percebeu ali uma oportunidade. Ao notar que não havia uvas, sugeriu ao criado que buscasse também as frutas, que eram as prediletas de Dalila. O homem concordou e deixou a bandeja sob os cuidados de Tais enquanto foi apanhar alguns cachos.

A cortesã gotejou um pouco do veneno recebido da feiticeira nas duas taças de vinho. E sorriu, maliciosa, à espera de seu triunfo.

O empregado retornou rapidamente, recolheu a bandeja e seguiu em direção aos aposentos de Dalila. Tais, de perto, o espreitava.

Foi Myra quem recebeu a encomenda e mandou que a deixasse próxima à cama de Dalila. Lá, ela já conversava com Yunet e Jana, que havia acabado de retornar.

— Olhe, Dalila. Pelo jeito você agradou mesmo aos soberanos! — comemorou Myra, vendo a bandeja enfeitada com diversas delícias.

— Juntem-se a nós — pediu Dalila a Jana e Yunet, enquanto apanhou um cacho de uvas e o abocanhou, com fome.

Tais apenas a observava. E aguardava o momento de sua vingança, que haveria de acontecer em breve.

Dalila e as amigas riam, descontraídas. Apenas Jana mantinha-se um pouco distante e calada. Falavam sobre a apresentação e sobre cada um dos soberanos. Gargalhavam ao contar sobre seus amores secretos e deleitavam-se com as frutas frescas e os pães saborosos. Myra apanhou uma das taças e ofereceu a outra a Dalila. Elas brindaram e prepararam-se para bebê-las. Mas foram interrompidas por um forte estrondo e gritaria na entrada do quarto das cortesãs.

Era Hannah.

Ela havia despistado os soldados e invadido o palácio pelo jardim. Cário tentava segurá-la, mas ela estava enfurecida. Usava roupas retalhadas e tinha a aparência suja. Seus longos cabelos ensebados. Em nada lembrava a poderosa cortesã que por anos chefiou a ala das concubinas palacianas. Seu único desejo era matar Dalila. Nem que isso custasse sua vida também.

Invadiu o local, empurrando Myra, que deixou cair a taça de vinho. Encarou Dalila com todo o ódio e ressentimento que guardava no peito. Yunet e Cário correram à procura de soldados.

— Traidoras! Logo se curvaram diante dessa serpente! Pois saibam que ela fará com vocês o que fez comigo.

Em poucos instantes, alguns homens chegaram e seguraram-na. Hannah, porém, mantinha sua altivez.

— Não tenho mais nada a fazer neste lugar... só lamento que, quando a desgraça se abater sobre vocês, não estarei presente — disse, para depois gargalhar. Um riso nervoso e sem razão.

Aproveitando-se da distração de um dos soldados, ela pegou a taça de vinho de Dalila e, com desdém, bebeu lentamente. Tais, ao ver a cena, gritou e tentou impedir. Porém Hannah, que já havia saboreado o vinho, limpou seus lábios com a palma das mãos e sorriu com deboche.

Menos de dez segundos depois Hannah sentiu-se mal. Seus olhos reviraram e ela despencou, de súbito, ao chão. Os soldados tentaram reanimá-la, mas constataram que seus batimentos cardíacos haviam parado. Hannah estava morta.

★

Na casa de Simas, já não havia mais tempo. Os relinchos dos cavalos anunciavam que os soldados haviam chegado para cumprir as ordens de Abbas. Aron foi o primeiro a entrar na casa e, logo, deparou-se com seu anfitrião. Questionou sobre Sansão e ordenou que amarrassem Simas. Aos gritos, ele pedia que o deixassem partir.

Nada, entretanto, sensibilizava Aron e seus homens. Eles o amordaçaram e seguiram em direção aos quartos, onde capturaram Ieda, Judi e a ama. Colocaram todos os habitantes da casa no átrio principal, diante de Dagon, presos por cordas a uma coluna.

Aron cumpria as ordens recebidas por seu comandante com firmeza. Para ele, tudo aquilo também era muito constrangedor. Conhecia Simas e suas filhas. Havia participado, pouco tempo antes, da festa de casamento. E sentia em ter de matá-los.

— Matem-me! Mas deixem minhas filhas, eu imploro! Eu imploro! — Simas gemia de forma incontrolável. Sua soberba e seu poder de nada lhe serviam naquela hora. Era como se fosse mais um dos hebreus esmagados pela tirania filisteia.

Os soldados espalharam palha ao redor da casa e no seu interior, principalmente ao redor da família amarrada. Trancaram as portas e janelas e, munidos de tochas, atearam fogo na casa.

As labaredas se espalharam, consumindo as paredes e os espaços da imponente construção. E, de dentro, os gritos aterrorizados de Simas e suas filhas eram um som perturbador.

Faruk chegou logo em seguida e desesperou-se.

— O que está acontecendo aqui? Foi Sansão quem fez isso?

— Ordens do comandante Abbas — respondeu Aron com secura.

— Mas e a família? Onde está Ieda? — clamava, gesticulando desesperado em direção à casa em chamas. Aron permaneceu em silêncio diante do rosto apavorado de Faruk, que tentava avançar sobre a porta coberta por labaredas.

Sansão também chegava ao local. E, ao ver a casa flamejando, pôs-se a gritar, aflito, por Ieda. Correu em direção a uma das portas em chamas e a arrombou, invadindo o local cheio de fogo e fumaça.

Algumas pedras desprendiam-se, quase o atingindo. E a visibilidade, dentro do local, era quase nula. Após alguns passos, ouviu a voz abafada de Ieda. Correu, desamarrou-a e a colocou nos braços. Ao lado dela percebeu que a ama, assim como Simas, que estava abraçado a Judi, já estavam sem vida, todos abatidos pela inalação de fumaça.

Sansão atravessou novamente os cômodos em chamas e rompeu a porta da casa com Ieda nos braços. Caminhou até um ponto onde a fumaça não mais os atingisse e colocou-a delicadamente aos pés de uma árvore.

Faruk e alguns soldados os cercaram. E, atônitos, não sabiam o que fazer. Era como se algo maior envolvesse Ieda e Sansão sob os pés daquela árvore.

— Foi minha culpa — disse Ieda, com a voz quase sumindo.

— Não se esforce — pediu Sansão, enquanto densas lágrimas desciam por sua face.

— Perdoe-me. Eu não queria. Ele me obrigou. Ia nos matar — continuou a jovem, cada vez mais fraca.

— Ele quem?

— Foi Faruk. Sansão, quero que saiba que você sempre foi o meu herói.

— Seu marido — corrigiu Sansão, com afeto.

Ieda sorriu e acariciou o rosto do hebreu. E, em seguida, desfaleceu por completo. Seus braços delicados subitamente perderam as forças como se fossem pétalas de uma rosa desprendendo-se suavemente em direção ao chão. A vida da mulher que ele tanto amou havia evaporado ali. Seu sonho liquidado para sempre. Golpeado por uma cultura de ódio e loucura.

Sansão a abraçou com força. Já não podia conter a fúria de suas lágrimas. Chorou e beijou-a com profunda angústia.

Faruk aproximou-se, constrangido pelo amor dos dois e sentindo também a dor de perder Ieda. Ele a amava, do seu jeito bruto e interesseiro, mas a amava.

— Eu tentei evitar, Sansão. Foi você que a matou.

★

CAPÍTULO 7

O retorno

Sansão sentiu o gosto amargo da tristeza e da ira. Nos seus braços, o corpo delicado de Ieda sem vida, resfriando-se e endurecendo. Não bastasse a dor que apunhalava sua alma, tinha diante de si a desprezível imagem de Faruk.

O soldado filisteu bem que tinha avisado que Sansão se arrependeria de não o ter matado quando se encontraram pela primeira vez, em Zorá. Desta vez, contudo, Sansão não estava disposto a ser condescendente. Colocou o corpo imóvel de Ieda sob o chão e partiu determinado em direção de Faruk. Alguns soldados tentaram impedi-lo, mas com golpes certeiros deixava-os desacordados ao seu redor.

Faruk puxou sua espada, mas Sansão segurou a lâmina e direcionou-a sobre o peito trêmulo do soldado filisteu.

— Não acabou, Sansão. Não pense que acabou...

— Tem razão, não desistirei enquanto não me vingar de cada filisteu.

Com um movimento firme e vagaroso, Sansão cravou a própria espada de Faruk em seu peito. Seus olhos, apavorados, sangravam. Em poucos segundos, estava morto.

Aron, que estava bem próximo dali, ao ver o colega desfalecido, galopou em busca de reforços. Sansão não esperou o retorno de mais soldados. Rapidamente apanhou o corpo frio de Ieda e partiu em direção às costas do mar de Timna, desaparecendo das vistas dos soldados filisteus que, assustados, caçavam-no.

Foi uma caminhada sofrida. Com o corpo de Ieda amparado em seu peito, ele seguia em direção a um local onde poderia sepultá-la. A dor só era suavizada pelas lembranças do que viveram. Cada frase de Ieda. Cada sorriso. Tudo saltava diante de seus olhos num espetáculo de afetos e doces recordações.

Percorreu pela mata até chegar aos caminhos escorregadios e íngremes ao lado de montanhas que cercavam o mar. Desceu por uma trilha sinuosa até encontrar uma pequena clareira. O dia tinha passado e a noite começava a escurecer o céu, deixando a lua refletida nas ondas que explodiam na praia. Ao som das águas e do vento, fez uma oração com Ieda nos braços. E a enterrou junto com todo o seu afeto. Estava emocionalmente destruído, mas sabia que tão logo voltasse para casa, sua vida seria diferente. Se houvesse algum sentido em todo aquele sofrimento, que fosse para lhe devolver o sentido de justiça e a fé. E foi o que fez. Enterrou a esposa morta e seguiu o caminho que o levaria a Zorá.

Não havia melhor momento para Sansão retornar. A tribo de Dã ressentia a falta de seu líder. E Jidafe parecia disposto a dar as ordens por lá.

Não raramente, os homens do povoado se atracavam pelas ruas poeirentas do vilarejo. Numa ocasião, Manoá estava próximo e tentou intervir.

— Parem com isso! Não adianta se matarem! Essa revolta não nos levará a lugar nenhum! Não mudará em nada a nossa condição! Somos um povo só, temos que nos unir, seguindo as leis do único Deus!

Jidafe passava por perto e, ao ouvir o conselho do pai de Sansão, ironizou.

— Se seu próprio filho ouvisse suas palavras...

— Não coloquem a culpa em Sansão se não fazem a parte de vocês — esbravejou Manoá, cansado de tanto ouvir reclamações sobre Sansão. E frustrado também, por saber que a maioria das críticas era verdadeira.

Naquela tarde, em especial, Manoá já não vinha se sentindo bem. E as palavras debochadas de Jidafe fizeram-lhe ainda mais mal. Uma dor espetou seu peito como se fosse uma pequena adaga a perfurará--lo. Sentiu o ar rarefazer-se e tonteou.

Da janela de sua casa, Zilá viu e gritou por ajuda. Jidafe rapidamente amparou o velho homem e, sem demonstrar afeto, levou-o pelas escadas esculpidas que davam acesso à sua casa. Deitou-o sobre uma cama de palha e retirou-se sem dizer uma palavra. Deixando para trás Zilá e Samara, que correu assim que soube do ocorrido.

Após alguns minutos de descanso, Manoá despertou. Sorriu ao perceber a aflição dedicada de Zilá.

— Achou que eu a deixaria nas mãos desses homens?

— Deus está lhe mostrando, Manoá. Não deve se revoltar. Deve manter sua fé, meu marido. Ele, o Senhor, cuidará de tudo por aqui — disse Zilá, desfazendo a cara de preocupação e colocando um caldo para aquecer no fogo. Entregou-o para Manoá, que assentiu agradecido.

Jidafe, porém, continuava aborrecido. E disposto a descontar sua ira no primeiro que visse pela frente. Foi quando avistou um pequeno e desconhecido garoto escondido sob a banca que guardava os frutos da colheita recente. Era Gadi, uma criança de aproximadamente dez anos. Ele havia escapado de uma emboscada feita por filisteus que atacaram sua família enquanto viajavam por caminhos próximos a Zorá.

Sobreviveu ao caminho arenoso até desembocar no vilarejo dos danitas. O pequeno hebreu, esfomeado, pensou em pegar um pouco de comida quando foi flagrado justo por Jidafe.

— O que faz aqui, ladrão? — censurou, segurando a criança pelo braço e arrastando-a até o largo central de Zorá. Os gritos apavorados do menino chamaram a atenção do povoado, que formou um círculo ao seu redor.

Para Jidafe, aquela era uma oportunidade de mostrar comando para o seu povo e zelo pela colheita. E, sem demonstrar qualquer fraqueza, tratou o menino como se fosse um perigoso criminoso.

— Sabe o que fazemos com ladrões aqui? Cortamos suas mãos! — disse diante do atordoado Gadi. Alguns homens ao redor exultavam e encorajavam Jidafe a prosseguir.

Héber, que havia retornado de Timna, presenciou a cena e, como raramente fazia, interviu.

— Estão loucos? É uma criança! — argumentou diante da roda que se formara. E, num ímpeto, puxou Gadi das mãos do justiceiro, entregando-o a Samara, que estava ali próximo. O menino se apresentou, contou sua história e como seus pais pediram que corresse pelo deserto para escapar da tirania dos filisteus que saqueavam sua caravana com violência.

— Ninguém vai lhe fazer mal, garoto. Você é filho de Abraão, como todos nós. É bem-vindo à casa de Dã — disse Héber, procurando acalmar o menino.

A multidão, ao perceber que nada aconteceria, dispersou-se com a mesma velocidade com a qual se formou. Deixaram apenas Jidafe e Héber por ali. Samara levou o menino até a casa de Manoá e Zilá. Lá, os pais de Sansão acolheram Gadi, que chorava e soluçava compulsivamente, apavorado com a reação de Jidafe. Suas mãos estavam encolhidas por detrás do corpo trêmulo. Zilá serviu um pouco de caldo quente com pão e o menino acalmou-se.

Jidafe, entretanto, continuava raivoso. E sabia bem que Héber não era um homem corajoso, pelo contrário, sempre se valeu da amizade de Sansão para se defender. Isso desde quando os três eram garotos nas lavouras de trigo. Para Héber, não havia problema algum ter medo. O medo o ajudava a ficar longe dos perigos. E Sansão o protegia quando o embate fosse inevitável. Estava bom assim.

Já Jidafe rivalizava com o filho de Manoá. Incomodava-se com sua liderança inata e, mais do que isso, revoltava-se com sua irresponsabilidade. Se fosse ele, Jidafe, a ser agraciado com o mesmo dom, com tamanha força, derrotaria os filisteus numa só noite. Ele ficou ali, absorto nos pensamentos mais raivosos. Até que partiu em direção a Héber.

— Quem é você para me enfrentar?

— Apenas fiz o que é correto. A lei de Moisés é clara quanto ao direito do órfão, Jidafe — respondeu Héber acabrunhado, enquanto erguia sobre si um galão de barro, pronto para buscar um pouco mais de água no poço.

Jidafe irritou-se e com um bofetão lançou para longe o jarro, que se despedaçou no chão. Héber, silenciosamente, foi recolher os cacos, mas Jidafe o segurou contra o muro e continuou sua agressão.

— Já disse que agora eu tomo as decisões por aqui. Os homens me aceitaram como líder.

— Mas eu não aceitei e estou farto do modo tirano como age. Onde já se viu ameaçar cortar as mãos de um menino órfão e com fome? Onde estão seus princípios, Jidafe? Sua sensibilidade?

— Ficaram para trás, e você sabe bem disso... — os olhos de Jidafe se encheram de lágrimas ao se lembrar do episódio quando os filisteus mataram sua mãe. Aquela imagem não saía da sua mente. E, desde então, o ódio só aumentava no coração.

— Ninguém tem culpa do que aconteceu. E nada justifica essa atitude...

— Não quero ouvir sobre isso, Héber!

— A violência é a arma dos ignorantes.

— E a palavra é a dos fracos. E é isso o que você sempre foi, Héber. Desde criança. Um fraco. Vamos falar de homem para homem. Você é um medroso que sempre viveu à sombra de Sansão. Pois agora, neste momento, nem que você grite com toda a sua força poderá contar com a proteção dele — Jidafe preparava-se para socar Héber quando uma voz o censurou.

— Está enganado, Jidafe — disse uma voz grave por detrás dele. Era Sansão, que havia acabado de retornar para seu povoado após sepultar Ieda.

Héber desvencilhou-se de Jidafe e correu para o lado de Sansão.

— Não tenho medo de você, Sansão.

— Não é a mim que deve temer. Agora os herdeiros de Dã terão o juiz que merecem. E pobre daquele que agir fora da lei. Ficarei atento a você, Jidafe.

Para Jidafe, não havia o que fazer. Sansão estava de volta e era reconhecido por seu povo como o juiz dos danitas. E, mesmo sem sua aprovação, somente a morte do filho de Manoá e Zilá poderia devolver-lhe a liderança. E precipitá-la seria o seu objetivo dali em diante.

★

Dalila estava em estado de choque com a morte súbita de Hannah. E, ao perceber a reação assustada de Tais quando tentou impedir que a antiga chefe das cortesãs bebesse a taça de vinho, deduziu que não era Hannah quem deveria estar naquele chão gelado de pedras calcárias polidas. Era ela própria. Hannah havia sido envenenada por engano, e as suspeitas de Dalila logo se voltaram para Tais.

Tais e Jana estavam visivelmente tensas. Jana não tirava os olhos da colega e chorava compulsivamente.

A reação da morte de Hannah também gerou um alvoroço no palácio. Os príncipes filisteus que estavam reunidos em Gaza decidiram antecipar o final do encontro, temendo tratar-se de um atentado contra eles. O fato irritou o anfitrião Inárus, que convocou, aos berros, Abbas para uma audiência em sua sala.

Inárus o esperava, inquieto, caminhando de um canto a outro. Afagava o punho de sua espada, como fazia quando estava tenso. E, assim que o comandante chegou, o príncipe, que pouco falava, pôs-se a repreendê-lo pela série de ocorrências que assolavam seu principado.

Queria explicações sobre a morte de Hannah a poucos metros da sala onde se reunia com os principais governantes filisteus. E também sobre o guerreiro hebreu que havia matado trinta homens inocentes e retirado suas vestes, incendiado as plantações de trigo e derrotado seus soldados. Se Gaza estava sob ataque, era preciso reagir.

Abbas era um homem orgulhoso e não reagia bem ao ser humilhado, nem mesmo pelo seu soberano. Por isso evitava encará-lo e mordia os lábios com raiva enquanto escutava a repreensão.

O comandante propôs reunir homens de Ecrom, Gate, Ascalão e todas as cidades filisteias. Queria uma força-tarefa que invadisse Zorá e liquidasse Sansão de maneira rápida.

— Os príncipes saíram daqui assustados, temendo por algum atentado às suas vidas. Acha mesmo que vão disponibilizar seus homens depois disso? É esse o seu plano? Não somos capazes de vencer um guerreiro hebreu armado de madeira e pedras com todas as nossas armas de ferro? — esbravejava Inárus.

Abbas se desculpava e garantia que resolveria brevemente toda a situação, elucidando a morte de Hannah e trazendo a cabeça de Sansão.

— Saia daqui, comandante. Pense bem no que irá fazer. Agora, chame Dalila. Apenas uma beleza como a dela pode compensar-me de dias tão difíceis.

Abbas assentiu e saiu com uma expressão de ódio no rosto. Sua raiva não era apenas por causa dos transtornos causados por Sansão ou mesmo pela morte de Hannah. Era, principalmente, por causa de Dalila. Ele sentia ciúmes da jovem e a queria apenas para si. Dividi-la com o príncipe Inárus era atormentador para ele.

Já Dalila tentava encontrar provas sobre o envolvimento de Tais na morte de Hannah. Caminhou pelo jardim e viu Cário. Foi então conversar com o jardineiro.

— Queria te agradecer por ontem. Vi que tentou impedir Hannah.

Cário fez menção de sorrir, mas sentiu vergonha. Abaixou a cabeça e falou.

— O veneno procurava a beleza... Mas encontrou aquela que buscava a morte.

— Sabe quem foi responsável por isso?

Cário balançou a cabeça negativamente. Mas olhou para o outro lado do pátio, onde Jana caminhava com pressa. Dalila estranhou, deixou o jardineiro e correu ao encontro de Jana, que estava nitidamente nervosa.

— Aonde vai com tanta pressa? Foi você quem tentou me matar? — perguntou com intenção de pegá-la de surpresa.

— Deixe-me ir...

— Conte-me o que sabe, Jana.

— Eu não... não posso — respondeu, escorregando das mãos de Dalila e correndo em direção aos portões do palácio. Não era preciso de mais explicações. Dalila percebia como Jana era refém de Tais. Sabia também que ela não a entregaria. E, se quisesse mesmo por um fim às retaliações da antiga cortesã predileta de Gaza, teria que agir firmemente. Observou a movimentação de soldados pelo jardim e pensou num plano.

Poucos minutos depois, Dalila voltava para o quarto das cortesãs. E, ao perceber que Tais estava só, decidiu agir imediatamente. Caminhou até diante da moça, interrompendo-lhe a passagem.

— Deixe-me ir, Dalila. Saia do meu caminho.

— Sabe que não é tão simples assim...

— Do que está falando? — disfarçou Tais, tentando driblar Dalila. Mas a jovem de Soreque a agarrou pelos braços e a segurou diante de si.

— Tem coragem de matar uma pessoa, mas é covarde na hora de assumir a culpa?

— Está louca, Dalila. Solte-me! — reclamava Tais, agitando-se.

— Pois grite à vontade. Todos estão ocupados com a mulher que você matou.

Tais olhou ao redor e viu que as duas estavam sozinhas. Não havia mais como enganar Dalila e de nada adiantaria, pensou, continuar fingindo sua inocência.

— Foi você quem provocou tudo isso Dalila. Chegou ao palácio ocupando todos os espaços. Como se nós, as outras, não existíssemos. Faz ideia do esforço que fazemos para continuar aqui?

Dalila disfarçou seu contentamento com uma quase admissão. E prosseguiu sua tática de cercar Tais e fazê-la confessar seus crimes.

— E você tem o direito de tentar tirar a minha vida?

— Você não entende, Dalila. Isso aqui é tudo o que tenho. Meus planos de riqueza, de ter um homem que me ame e me encha de presentes e joias. Você não tem o direito de estragar tudo — dizia, deixando escapar a discrição e compostura.

Tais estava entregue. E falava tudo o que sempre sonhou dizer à rival.

— Queria vê-la distante, sim! Coloquei o veneno no vinho, sim! E sou capaz de muito mais para defender o que é meu. O que me pertence. Agora você entende?

Dalila olhou para a figura abatida de Tais e sentiu pena. Era a caricatura da tristeza. A pintura borrava seu rosto por causa das lágrimas. Os cabelos alvoroçados e desajeitados. Era a beleza vazia em busca de valores vãos. Uma fragilidade perigosa, uma não aceitação presunçosa.

Tais sonhava em cobrir-se de riqueza e estava disposta a pagar qualquer preço por seus sonhos ambiciosos.

Dalila estralou os dedos e dois soldados surgiram por detrás das cortinas. Tudo já estava armado para que Tais confessasse. E a jovem cortesã caiu com extrema facilidade na cilada de Dalila.

— Vocês a ouviram. Levem-na.

Ao perceber que havia testemunhas, Tais ficou aterrorizada. Tentou escapar, mas os soldados a agarraram e levaram-na arrastada pelo chão. Aos gritos, ela ameaçava e amaldiçoava Dalila, Myra e todas as cortesãs do palácio. Estava descontrolada, porém dominada pelos soldados.

Caberia a Abbas decidir seu fim.

O comandante faria o que Dalila pedisse. Abbas estava completamente inebriado pela beleza da jovem, ensandecido de desejo e já havia até mesmo proposto a Dalila que não mais se deitasse com Inárus e se tornasse sua protegida especial. Dalila, porém, sabia que sua beleza era grande demais para ser subjugada pelo comandante. Ela queria reinar.

E, após a prisão de Tais e a proposta de proteção do comandante Abbas, Dalila seguiu até os aposentos de Inárus para atendê-lo e avançar ainda mais em seus planos.

Estancou diante do soberano, deixando que sua sensualidade falasse por si. Inárus parecia um adolescente diante da garota que almejava. E não resistia um minuto sem beijá-la pelos braços e pescoço com languidez. Tentava absorver todo o perfume que saia de sua pele. E, numa dessas investidas, enquanto sentia o suave perfume de sua nuca, Dalila virou-se e lhe fez um súbito pedido.

— Meu grande senhor, tenho algo a lhe pedir.

— O que mais você quer se já tem presentes, joias e agrados?

— Quero sua proteção.

— Pois já a tem.

— Tornei-me, de fato, sua protegida. Não permita que outros homens me toquem. Quero pertencer somente ao meu príncipe.

Inárus alargou um sorriso de contentamento.

— Pensarei a respeito, Dalila — prometeu, satisfeito com a devoção da bela moça.

★

Sansão estava disposto a reconstruir sua história em Zorá. E começaria restabelecendo a confiança de seus pais. Subiu a escada que levava até a casa de Manoá, abriu a porta vagarosamente e percebeu a mãe, de costas, conversando com Gadi, que estava deitado. Ela contava a história de como Deus a havia presenteado com seu filho. E que Sansão seria ainda uma bênção para sua família e seu povo. Manoá, que estava deitado próximo dali, recuperando-se ainda do mal-estar, emocionava-se com a narrativa de Zilá.

A mãe contava como sentia falta do filho e fazia comparações do pequeno Gadi com Sansão quando este também era uma criança.

Sansão sorriu. Estava em casa. Cercado de verdadeiro afeto. Do amor que brotava daquela construção simples. Das paredes de barro. Do fogão improvisado de onde saía o pão perfumado, os caldos acolhedores feitos com os raríssimos ingredientes.

Lá eles não precisavam da imagem de um deus esculpido em pedra para os proteger. O Deus verdadeiro era sentido em todos os cantos.

— Mãe, eu voltei. Voltei para liderar nossa gente!

Zilá virou-se emocionada. Levantou-se e abraçou o filho demoradamente.

Manoá, deitado, também se emocionou.

— Que felicidade, Sansão. Pensei que jamais o veria...

Sansão foi até o pai, fez um afago em seus cabelos brancos e beijou seu rosto. O gesto singelo não escondeu dos olhos do filho a tristeza. Sansão estava machucado. Não no corpo, mas no coração, e apenas aqueles que o amavam conseguiam enxergar.

— O que fizeram com você, meu filho?

— Fizeram-me voltar, meu pai. É isso que importa.

Manoá assentiu, resignado, e também envolveu Sansão com seus braços envelhecidos num abraço de saudade e de esperança.

Havia muito trabalho pela frente. E o primeiro seria unir os filhos de Dã, divididos pelas palavras de revolta de Jidafe, que havia destituído o levita da tribo de suas funções. O levita era o responsável por organizar as cerimônias religiosas, inclusive as festas, como a celebração do Semear, a grande festa da colheita.

Para Jidafe, não havia razões para realizar uma festa, como estavam tradicionalmente habituados, já que a colheita havia sido pequena naquela temporada. Sansão, no entanto, mandou que o povo todo realizasse os trabalhos para as semanas de grandes celebrações, restabelecendo as funções do levita. Um clima tenso estabeleceu-se entre os dois, mas, naquela ocasião, Jidafe decidiu não discutir.

Mas nem tudo era pesado para Sansão. Estar com seus pais e os amigos Héber e Samara era um refrigério após dias convivendo com a antipatia dos filisteus. Além disso, havia agora Gadi, o garoto que estava sendo cuidado por seus pais. E tal como a um pequeno irmão, Sansão afeiçoou-se do garoto.

— Se você é mesmo forte como dizem, pode encontrar meus pais e salvá-los dos filisteus? — interrogou o pequeno Gadi.

Sansão aproximou-se e acariciou os cabelos compridos do garoto.

— Nós temos a mesma força. A fé num Deus único, que olha por nós. Acredite que ele cuidará de seus pais e certamente estarão bem.

— E os filisteus?

— Destes eu mesmo cuidarei. Eles não terão força para nos derrotar.

A festa da colheita reunia diversas tribos de Israel. E a expectativa era de que visitantes chegassem a Zorá brevemente. Porém, causou estranheza a Héber quando um primeiro grupo de viajantes chegou à cidade com muitos dias de antecedência. Eram homens e mulheres que aparentavam ser nômades. Tinham o aspecto sofrido e vulgar. Alguns demonstravam certa violência. Não se pareciam com outros hebreus, de aparência mais amigável e acolhedora. Sansão os recepcionou e indicou-lhes um local para que acampassem. Héber mantinha-se desconfiado, como de costume.

★

Em Gaza, a ordem era acabar com Sansão. Por isso Abbas convocou seus principais homens e pôs Aron como seu braço direito e homem de confiança. Aron gostava de visitar o palácio. Ele mantinha um relacionamento com Yunet e, sempre que podia, estava lá para vê-la.

Yunet era apaixonada por Aron e esperava pelo dia em que os dois pudessem viver juntos, numa casinha ali perto. Era a imagem do seu valente soldado que lhe alimentava a alma dia e noite no palácio.

O que Yunet jamais desconfiava, entretanto, era de que Aron também mantinha acesa uma paixão por Myra. Ele se encontrava com a chefe das cortesãs quando ela ainda vivia no largo das meretrizes. Mulherengo, dizia chamar-se Norá, evitando assim qualquer constrangimento. Porém, quando a jovem passou a viver no palácio de Gaza, a convite de Dalila, nunca mais reencontrou o soldado. E vivia a suspirar lembranças do guerreiro filisteu.

Coincidentemente, Myra e Yunet adoravam trocar confidências amorosas sobre os romances de cada uma, sem jamais desconfiar que se tratava da mesma pessoa, de Aron.

— Eu ainda vou lhe apresentar a ele, Myra.

—Eu também, Yunet. No dia que eu reencontrá-lo, você o conhecerá.

Por isso, quando soube da presença de Aron no palácio, Yunet correu para avisar à chefe das cortesãs. Aron, entretanto, ao perceber que se tratava de Myra, escapou do encontro, deixando Yunet confusa.

Dalila ria ao ver as amigas suspirando de forma juvenil. E, quando instada sobre como seria um homem ideal para ela, provocava.

— Seria um hebreu, forte, invencível e chamado Sansão — gargalhou, deixando Myra e Yunet curiosas. Desde que ouvira falar sobre Sansão, não o tirava dos pensamentos. Mesmo sem nunca o ter visto, sua coragem e bravura mexiam com o coração da jovem.

Dalila gostava mesmo era de caminhar no florido jardim cuidado por Cário. E sentia no jardineiro alguém em quem pudesse confiar.

Quando não jardinava, Cário soprava sua flauta de bambu, arrancando um som doce e suave do instrumento. Dalila gostava de observá-lo. Num fim de tarde, ela foi ao encontro do jardineiro. Queria saber o que acontecia com Jana e para onde ela ia apressada dia sim, dia não. Ela desconfiava que Jana ainda pudesse tramar contra sua vida. E queria antecipar-se.

— Quando ela sair, me avise, por favor, Cário. Sei que nos conhecemos pouco, mas confio em você. Saiba que não deixarei que ninguém o trate mal perto de mim.

Cário sorriu e Dalila lhe acariciou os cabelos, sujos com galhos e folhas das flores que cuidava com devoção.

Dalila retornou ao quarto das cortesãs, e, pouco tempo depois, Cário surgiu na porta, fazendo um sinal, chamando-a.

— A moça triste está saindo!

Dalila cobriu-se com uma túnica e foi atrás de Cário. No caminho, entretanto, encontrou Myra.

— O comandante Abbas mandou chamá-la.

— Não posso, Myra. Diga que estou com Inárus e que ficarei com ele para sempre.

— Ele está bêbado e furioso, como sempre.

— Mais um motivo... — disse Dalila, deixando a amiga para trás.

Cário e Dalila correram pelos corredores que davam acesso ao jardim, mas, antes de descerem as escadas, foram surpreendidos por Abbas.

— Eu a chamei, Dalila. Até quando me faria esperar?

— Preciso resolver algo importante, comandante.

— O quê? Com essa aberração? — indignou-se Abbas, apontando com desprezo para Cário.

— Ele está me ajudando...

Abbas estava mais violento do que o costume e a segurou com força pelo braço, arrastando-a em direção a sua sala. Cário agitava-se, desesperado. Não sabia para quem pedir ajuda. O comandante tinha o direito de ser violento com quem bem entendesse, ainda mais com uma das cortesãs.

*

Em poucos dias a festa estava preparada. E muitas caravanas acamparam em Zorá. Dezenas de pessoas reuniam-se na tenda erguida num descampado ao lado do vilarejo, tudo organizado por Sansão e o levita para a celebração da festa da colheita. Zilá, Manoá, Samara, Héber e o pequeno Gadi olhavam orgulhosos para o juiz de Dã, que segurava um feixe de trigo nas mãos.

— E por todas as graças que realizou, libertando nossos pais do Egito, da casa de servidão e acompanhando-nos até esta terra. Ao Deus de Abraão, Isaque e Jacó, ao Deus de Israel oferecemos as primícias, os primeiros frutos da terra — discursou Sansão diante de uma grande pedra em forma retangular e com a superfície plana e lisa. Em seguida entregou o trigo ao levita. Outros homens, com vegetais nas mãos, aproximaram-se, fazendo o mesmo.

Mas nem todos estavam ali. Jidafe zanzava pelas ruas do vilarejo até que encontrou o acampamento de alguns viajantes, os mesmos que chegaram com muita antecedência à festa. Observou, intrigado, que aqueles homens e mulheres também não estavam entre os que celebravam a colheita. Alguns homens treinavam arremessos com adagas afiadas. Outros bebiam vinho. Mulheres riam e falavam em voz alta. Jidafe ficou pensativo e decidiu se aproximar da estranha caravana. Puxou conversa com os homens, falando de perto e discretamente.

Os dias de festa permaneciam animados, apesar da escassez de alimentos. Sansão gostava do clima festivo. E divertia-se com a presença de caravanas distantes e pessoas desconhecidas. Samara também estava feliz e dançava ao som da música tocada. Outros se ocupavam de orar e agradecer pela colheita.

Samara era uma mulher bonita e tentava atrair Sansão com seus movimentos. Héber a observava contido e com olhar apaixonado. Já um dos viajantes, justamente da suspeita caravana que não havia participado da abertura da celebração, não lhe tirava os olhos. Era um homem forte, alto e rude, usava roupas velhas e esfarrapadas.

Assim que Samara afastou-se um pouco da roda, o homem a seguiu. E, tão logo ela saiu das vistas de todos, ele a atacou, tentando violentá-la.

— Solte-me, por favor! — gritava apavorada.

Mas o homem lançava-se ainda mais sobre ela, tentando-lhe rasgar a roupa. Héber ouviu os pedidos de socorro de Samara e correu para ajudá-la. Ao ver a cena, avançou sobre o viajante, jogando-o no chão.

Os dois iniciaram uma luta, mas Héber era mais fraco e logo foi derrubado, recebendo pontapés e socos. Estava quase desfalecendo quando Samara viu um pedaço de madeira, apanhou-o e desferiu um certeiro golpe na cabeça do agressor, que caiu desacordado.

— Héber, fale comigo. Pelo amor de Deus, fale comigo!

O hebreu sentou-se, ainda zonzo da surra.

— Você está bem, Samara? — perguntou, preocupado. Samara assentiu.

— Não é fácil ser herói — riu da sorte, enquanto era amparado pela jovem.

Na tenda, algumas outras pessoas dançavam. E Sansão continuava também a divertir-se. Porém, muito perto dali, Jidafe arquitetava seu plano para livrar-se de vez de Sansão e assumir a liderança do povoado de Zorá.

Combinou com os homens que atiravam adagas para que eles aguardassem Sansão ser levado até uma árvore próxima. Assim que ele fosse até o alvo, eles deveriam lançar suas lâminas, matando o juiz de Dã. Para levá-lo até lá, Jidafe tinha combinado com uma bela moça. Ela seria a isca perfeita para o guerreiro hebreu.

A jovem logo começou a dançar, rodeando seus longos cabelos pelo ar e sorrindo maliciosamente para Sansão. Em pouco tempo o juiz danita estava enfeitiçado. Hipnotizado pelas curvas e pelos sorrisos da misteriosa mulher.

De perto, Jidafe acompanhava, com tensão, cada etapa de seu plano. E quando a mulher saiu, Sansão a seguiu.

— Espere, moça. Por que foge de mim? Não me conhece, mas sou o juiz desta tribo e nunca lhe faria mal.

— Fujo dos olhares... — riu a jovem, aproximando seu corpo ao de Sansão. Ela ajeitou as tranças do danita, colocou suas mãos sobre seu pescoço e o beijou calorosamente.

Sansão não resistiu. Permitiu ser beijado pela bela estranha, que o conduzia até uma árvore dali próxima. A árvore que Jidafe havia combinado com os homens. Eles o aguardavam com as laminas nas mãos, prontos para o lance fatal. Sansão, entretanto, só tinha olhos e pensamentos para a jovem misteriosa.

CAPÍTULO 8

A indesejável visita da morte

O beijo fez Sansão reviver suas memórias com Ieda. Lembrou-se do sorriso luminoso na feira de Timna. Das promessas de amor e fidelidade condjugal. E de seus olhos se fechando pela última vez, diante da casa em chamas.

— Não posso fazer isso — afastou-se o hebreu. Mas a misteriosa moça insistiu em beijá-lo. Foi aí que sentiu a primeira estocada pelas costas. As adagas dos atiradores de lanças voavam como flechas em sua direção. A primeira o acertou na altura do ombro. A segunda, porém, atingiu sua acompanhante no peito. Os homens correram em fuga, mas Sansão reconheceu um dos seus agressores entre eles; era Jidafe.

Enquanto agonizava, a jovem ferida confessou que tudo era, na verdade, um plano para que Sansão fosse morto. Furioso e decepcionado, ele saiu à procura de seu rival e o encontrou na tenda onde os músicos tocavam e pessoas dançavam e conversavam. Com um sinal, Sansão pediu que as celebrações fossem interrompidas.

— Acabaram de atentar contra a minha vida. Avisei que começaria um tempo de justiça na tribo de Dã e que todos os homens que não seguissem a lei seriam punidos. Darei apenas uma chance para que o mandante do crime assuma sua culpa — disse Sansão, aproximando-se cada vez mais de Jidafe e encarando-o.

— Há gente de todos os lugares por aqui. Alguns exageram no vinho, perdem a consciência... — reagiu Jidafe, encolhendo-se.

— Outros perdem a chance de se redimir e desperdiçam palavras com falsas acusações. Estou diante do homem que tentou me matar. Você ficará preso, Jidafe, e será julgado por seus atos. E sabemos que o Deus dos hebreus não costuma livrar traidores como você.

Alguns danitas aproximaram-se e seguraram Jidafe pelos braços. O levaram até uma árvore próxima e amarraram suas mãos e pernas. Ali ficaria até que Sansão tomasse uma decisão sobre seu caso.

Apesar do comportamento violento de Jidafe nos últimos tempos, ninguém imaginaria que ele seria capaz de atentar contra a vida de Sansão. Os dois cresceram juntos, assim como Samara e Héber. A rivalidade e a inveja mostraram-se, entretanto, venenosas.

Zilá cuidou das feridas do filho e Manoá o incentivou a julgar a causa de Jidafe com retidão e sabedoria. Uma reunião com os principais homens do vilarejo foi marcada para o dia seguinte.

— Estarei com nosso filho nesse momento tão importante — dizia Manoá. Zilá queria preservá-lo. A cada dia que passava, o pai de Sansão mostrava-se mais frágil. As dores no peito eram constantes e a dificuldade de respirar também. Era como se Manoá estivesse se entregando, o que não havia feito até então, enquanto o filho estivera ausente.

— Cuidaremos um do outro, minha mãe — tranquilizou-a Sansão.

Jidafe permanecia amarrado e escoltado próximo dali. E, de longe, Héber o olhava triste. Apesar da gravidade de seu crime, ele o considerava como amigo de infância. E lamentava a sorte de Jidafe.

Lamentava também a sua sorte com Samara. Mesmo após livrá-la das mãos do estuprador, não conseguia livrar o coração da moça, que estava enredado por Sansão. E nada que fizesse era capaz de despertar em Samara um amor correspondente ao que ele, de forma atrapalhada, é verdade, dedicava-lhe. No máximo, ouvia de seus delicados lábios que ela o amava... com o amor que se ama um irmão.

E, como tinha vergonha de se abrir para outras pessoas, Héber compartilhava sua secreta paixão e seus lamentos com os travessos bodes e cabras que criava. Dividia assim sua aflição. Contando suas lamúrias aos caprinos enquanto cuidava da criação.

No dia seguinte, Sansão, Manoá e os principais anciãos da tribo de Dã reuniram-se num improvisado tribunal e trataram de discutir o caso de Jidafe. Um ancião lembrou que, por se tratar de uma tentativa de assassinato, Jidafe deveria pagar com sua vida. O levita da tribo também recordou que esse não era o primeiro pecado de Jidafe e que, dias antes, ele havia liderado uma revolta entre os danitas, indo contra a entrega das primícias e a festa da colheita.

Sansão ouvia a cada argumento e, após todos exporem suas queixas, iniciou-se o julgamento de outras causas que precisavam ser deliberadas na tribo. Ouviu duas mulheres, uma serva e sua senhora, sobre a situação que viviam, em que um homem tivera filhos com as duas. Primeiro com a criada e depois com a esposa. Agora, a serva desejava parte da herança para seu filho também, enquanto a senhora reclamava que sua oponente não passava de uma serviçal.

— Se nasceu primeiro, o filho da criada deve receber porção dobrada de tudo o que ele possuir, pois é direito dele. E quanto aos filhos, deve amá-los de todo o coração, como um bom pai — decidiu.

Outros homens se apresentaram diante de Sansão. Um servo havia favorecido seu senhor por sete anos, e decidiu ir embora. Seu senhor, porém, não lhe deu nenhuma indenização, e o caso foi parar nas mãos do juiz de Dã.

— Deve fornecer-lhe do seu rebanho, de seus grãos e frutos. Lembre-se de que fomos servos na terra do Egito e que o Senhor nos libertou. Deixe que ele vá, com aquilo que lhe é de direito — determinou.

E, a cada decisão, Sansão lembrava das leis de Deus entregues a Moisés. Fazia referências à justiça divina e a como as mãos de Deus guiavam seu povo. Passou o dia julgando os filhos de Dã até que chegou o momento de deliberar sobre Jidafe.

Pediu que trouxessem seu agressor até ali. Assim que o colocaram no centro do tribunal, Sansão pediu que o levita falasse sobre o que a Lei dizia a respeito do caso de Jidafe.

— Maldito seja aquele que ferir o seu próximo em oculto, que perverter o direito do órfão, que oferecer ou aceitar suborno para matar pessoa inocente — relatou o levita.

Manoá continuou:

— Pregou contra Aquele que o tirou da terra do Egito, da casa da servidão.

Jidafe deixou seu orgulho para trás. Ao ouvir sobre sua rebelião a Deus, defendeu-se.

— Não! Eu respeito as ordens do Senhor, nosso Deus. Só não posso aceitar que um homem como Sansão, que pecou tanto quanto eu, julgue-me.

O levita tentou impedi-lo de continuar sua fala, mas Sansão quis ouvi-lo e pediu que continuasse seus argumentos.

— Eu não tenho nada, Sansão. O que eu tinha foi tirado de mim, à força, pelas mãos dos inimigos... É por isso que me dediquei tanto ao trabalho. Por isso não esmoreci diante dos filisteus. Por isso que molhei esta terra com meu suor e tentei fazer algo por esse povo.

Suas lágrimas regavam o chão do tribunal e seu corpo tremia, emocionado. Era como se anos de dores, de humilhações contidas explodissem naquela sala. Tantas vezes testemunhando o sofrimento de seus irmãos danitas sendo explorados no campo, assassinados, como sua mãe, por inimigos. Jidafe sentia-se amargurado porque Sansão protelava sua responsabilidade de juiz. Era Sansão, o menino prometido pelo mensageiro do Senhor, quem deveria julgar os danitas e exercer justiça no seu povo. Era ele quem deveria libertar sua gente da opressão.

— Não imagina como era difícil ver as pessoas cheias de esperança quando você chegava... e a decepção delas toda vez que partia. Tornou-se um mal ao nosso povo, Sansão. Em vez de nos libertar dos inimigos, nos aprisionou numa esperança... que causou tanto sofrimento quanto o mais cruel deles o faria — continuou Jidafe, entre lágrimas de indignação e tristeza.

Por mais duras que fossem, as palavras chegavam como uma doce repreensão ao coração de Sansão. E não havia ódio nas palavras de Jidafe. Era apenas um desabafo sincero, um desembocar de sentimentos que o aliviava agora, quando sua vida estava nas mãos de seu amigo de infância.

— Já tenho minha decisão. Você pecou o suficiente para ser apedrejado e morto. A lei de Moisés é clara. Mas o Deus do povo hebreu é justo e misericordioso. Jidafe, você deve fazer uma escolha: servirá ao Senhor de acordo com a Aliança ou morrerá pelas mãos dos homens de seu próprio povo?

Sansão mantinha-se firme, apesar de condoer-se ao ver o choro sincero e sofrido de Jidafe. Ele conhecia sua história. E sabia que sua sede de justiça era honesta. Ele havia tomado apenas o caminho errado.

— Perdoe-me, Sansão. Por tudo o que fiz, por ter sido cego e infiel. Pelo Deus de Abraão, Isaque e Jacó... me perdoe. Juro fidelidade a você e à Aliança.

Sansão se aproximou, segurou-o pelos ombros, colocando-o de pé diante de si.

— Em nome de Deus, eu o absolvo.

★

Dalila era arrastada até a sala de Abbas. O comandante estava enraivecido. Percebia que Dalila não o amava e queria seu afeto mesmo que fosse à força. Por isso estapeou a jovem e a ergueu pelo pescoço.

— Gosta de brincar com os sentimentos dos homens, não é?

Abbas preparava-se para rasgar a roupa de Dalila quando Cário avançou, esbaforido, sobre a porta, detendo-se diante dos dois.

— O que faz aqui, sua aberração? — berrou o comandante, partindo em sua direção. Cário encolheu-se num canto, tentando defender-se. Mas de nada adiantou. Abbas o agarrou pelo pescoço e o sufocou até quase perder os sentidos. A gritaria chamou atenção de Myra e Yunet, que correram até lá. Os soldados do palácio, entre eles Aron, também foram à sala do comandante intervir.

— Não faça isso, meu comandante. O príncipe Inárus não aprovaria mais uma morte no palácio. Até hoje ele nos culpa pela morte de Hannah... — argumentou Aron.

Abbas podia estar embriagado de vinho e raiva, mas sabia que as palavras do soldado faziam sentido e não queria ter de se explicar a Inárus outra vez.

— Levem-no. Prendam esse monstro, essa aberração — berrava ensandecido o comandante. Enquanto os soldados levavam o jardineiro, Abbas se dirigiu até Dalila e deu-lhe um violento tapa no rosto.

— Fora daqui também. Você verá as consequências dos seus atos, meretriz!

Dalila correu dali junto com Yunet e Myra. Assim que entraram na ala das cortesãs, as duas levaram Dalila até a sala de banho e limparam seus ferimentos. Seu rosto sangrava, ainda marcado pelas pesadas e ásperas mãos do comandante. Dalila, entretanto, só pensava no destino de Cário. Sabia que ele não resistiria à truculenta irracionalidade de Abbas.

As duas amigas, Myra e Yunet, buscavam toalhas e vasilhas com águas. E foi aí que se deram conta de que o soldado Aron, pretendido por Yunet, e Norá, amado por Myra, eram a mesma pessoa. E, tão logo se entreolharam, disseram em uníssono: "Traidor!" As moças mal haviam reparado no soldado quando este se dirigiu aos aposentos de Abbas, guiado pelos gritos de Dalila. Mas agora, com mais calma, conseguiam processar toda a história.

— Ele é o meu Norá, Yunet!

— Não, Myra, era Aron, meu soldado.

O desconforto só foi quebrado ao lembrarem que estavam ajudando Dalila. E seguiram apressadamente outra vez à sala de banho onde a cortesã ferida tinha já traçado seu plano de ação.

— Myra, preciso ver o soberano.

— Não posso anunciá-la, Dalila. Não tenho ordens para isso.

— Ele me receberá.

— Espere até amanhã. Recomponha-se primeiro.

— Não, amanhã pode ser tarde. Preciso vê-lo agora.

Dalila queria evitar que Cário fosse morto por Abbas. O comandante, naquele exato momento, aprisionava o jardineiro num cárcere úmido e malcheiroso que ficava quase na saída do palácio, amarrando-lhe as mãos e pernas numa cela de ferro. E, de posse de uma corda grossa, chicoteava-o, deixando vergões ensanguentados em suas costas. Passou boa parte da noite surrando o empregado.

Já Dalila passou a noite na companhia de Inárus, satistazendo às suas vontades e seduzindo-o para que cedesse aos seus pedidos.

Assim que os primeiros raios de sol iluminaram o suntuoso palácio, o comandante seguiu até a sala do soberano de Gaza, pedindo-lhe uma audiência emergencial. Queria vingar-se de Dalila e de Cário, mas dependia antes da anuência de Inárus.

— Para vir tão cedo aqui, imagino que tenha boas notícias sobre o hebreu invencível. Conseguiram finalmente capturá-lo? — interrogou o príncipe.

Abbas estava claramente constrangido, mas seu orgulho era grande demais para perdoar Cário e Dalila.

— Não, meu príncipe. Lamento não ter boas notícias. Fui atacado ontem por um criado... um jardineiro.

Inárus levantou-se de seu trono, aproximou-se de Abbas, encarando-o com ar incrédulo e sisudo. Rodeou-o, observando suas armas, sua armadura e seu porte altivo, imponente, e desembocou numa gargalhada incontrolável.

O príncipe divertia-se como se tivesse ouvido uma irresistível piada.

— Perdão, Abbas... Perdão, mas, mãos que pegam em flores podem enfrentar aquelas que pegam em armas? E ele está preso, ao menos?

— Sim, meu senhor. Mas diante de tamanha afronta a morte lhe seria...

— Chega de mortes por aqui. Pelo menos até recuperarmos a confiança dos demais príncipes filisteus. Você sabe como a morte repercute.

— Mas meu príncipe, ele...

— Já ouviu. E se matá-lo entenderei como uma afronta a mim. Era só isso, comandante?

Abbas mordeu os lábios, frustrado. Mas ainda tinha que falar sobre Dalila.

— Grande Inárus, gostaria de falar-lhe sobre aquela cortesã, Dalila...

— Finalmente um assunto que me interessa! — exultou o príncipe, retornando para seu assento almofadado e apanhando um cacho de uvas frescas.

Com um sinal, Inárus fez entrar no recinto sua cortesã predileta. Dalila sorria, exultante. Passou as mãos sobre os ombros do príncipe e sentou-se ao seu lado, encarando Abbas.

— A partir de agora Dalila está proibida a qualquer homem que não seja eu. Está diante da nova protegida do grande senhor de Gaza.

Ser protegida do príncipe significava uma ascensão desejada por todas as cortesãs. Dalila oficialmente deixava de ser uma meretriz palaciana e passava a desfrutar da proteção real e seria exclusiva de seu soberano. E qualquer homem que a tocasse, a partir de então, seria condenado à morte certa. Ela estava onde desejava estar desde que chegara ao palácio.

O comandante perdeu o fôlego e, enroscando a fala, apenas assentiu, envergonhado. Deixou a sala do trono ainda mais aborrecido do que entrou. E só havia uma forma de descontar sua fúria. Era surrando Cário ainda mais.

★

Se Abbas sofria pelo amor não correspondido, Aron desdobrava-se para corresponder a Yunet e a Myra. Quando encontrava a primeira nos jardins, a abraçava e beijava apaixonadamente. Fazia juras de amor e garantia que as mais doces palavras eram exclusivas dela. Yunet tentava tirar a limpo sua dúvida, mas Aron não lhe deixava espaço para interrogatórios e, com beijos e promessas, a silenciava.

Da mesma forma era com Myra quando a encontrava pelos corredores do palácio de Gaza. Jurava que estava à sua procura desde que ela havia desaparecido do largo das meretrizes, na cidade, e que não havia uma noite em que não sonhasse com ela.

— Minhas palavras mais belas sempre foram e sempre serão destinadas a você — prometia o soldado conquistador, deixando Myra satisfeita.

Para as duas, Aron e Norá eram pessoas diferentes. — Quem sabe não seriam irmãos gêmeos? — argumentavam, num jogo de autoenganação para não lhes cessar a esperança e o amor pelo belo soldado.

Enquanto reviravam tecidos nos aposentos das cortesãs e continuavam a compartilhar suas histórias amorosas, Dalila chegou por ali deslumbrante.

— O que aconteceu? Você passou a noite inteira fora? — reclamou Myra, curiosa com o sumiço da amiga.

— Vocês estão diante da nova protegida do grande Inárus! — anunciou, solenemente, para depois saltar de alegria e ser abraçada pelas duas amigas.

— Se Tais estivesse aqui, ela iria morrer — riu Yunet.

As três riram juntas. Discretamente, por ali, Jana preparava-se para mais uma de suas misteriosas saídas. Dalila, ao perceber, despediu-se das amigas, apanhou uma túnica discreta e seguiu Jana para fora do palácio.

A todo momento, Jana olhava para trás para se certificar de que ninguém conhecido a seguia. Atravessou ruelas, caminhou por clareiras, passou por largos habitados por prostitutas, enveredou por uma pequena viela, subiu um jogo de escadas e entrou por uma pequena porta.

Dalila fez o mesmo caminho e, após se certificar de que se tratava de um pequeno quarto, entrou no local, surpreendendo Jana.

A habitação tinha um cômodo apenas, pouco iluminado por uma janela estreita. Um pequeno móvel, onde eram guardados alguns grãos e frutos, um fogão à lenha e uma cama, onde repousava um velho homem. Dalila sondou cada canto do local com curiosidade e estranheza. Pensava que surpreenderia a cortesã tramando contra sua vida, mas a encontrou cuidando de um idoso debilitado.

— Minha filha? — disse o velho com dificuldade. Seu nome era Aliã, pai de Jana. Ele estava doente e recebia rotineiramente a visita da filha, que lhe levava alimentos e preparava chás e caldos que lhe diminuíam as dores.

— Quem é essa moça bonita? — perguntou. Jana aproximou-se do pai, ajudou-o a ajeitar-se na cama e contou que se tratrava de Dalila. A cortesã lançou um olhar preocupado para o pai, na esperança de que ele entendesse que devia ficar quieto. Porém, logo em seguida, Aliã revelou o segredo mais profundo de Jana.

— Dalila, de que tribo são seus pais?

— Eu não tenho pais.

— Tem sim. Tem um pai que está sempre olhando por você. Nunca o enxergou, mas ele está à sua volta. No ar que respira, no brilho do sol, na beleza das flores e até em sua beleza, menina. Não confia no Deus do povo hebreu?

Dalila o ouvia emocionada e ao mesmo tempo surpresa. Jana era hebreia e temia o que o comandante Abbas faria caso descobrisse seu segredo. Era por isso que ela se sujeitava às chantagens e aos desmandos de Tais. E por isso a ajudava.

Jana contou a sua história, como sua tribo foi invadida e ela levada como cortesã para o palácio. Contou como sua mãe e seus irmãos foram assassinados e que o pai, seu único familiar sobrevivente ao ataque, partiu pelas cidades à procura da filha, encontrando-a, finalmente, em Gaza.

— Meu pai veio ao meu encontro. Não me abandonou. Não vou permitir que lhe façam mal. Vivo por ele e ele por mim. Você entende?

Dalila não conseguiu segurar a emoção e chorou compulsivamente diante do relato. Ver o amor dedicado de Jana ao seu pai a fez rever sua própria história de vida, os danos que a ausência paterna lhe causou.

— Não me entregue, Dalila — implorou Jana. A protegida de Inárus assentiu. Jamais poderia entregá-la.

*

Em Gaza, o príncipe Inárus convocou Abbas novamente. Estava de bom humor e queria resolver de vez os seus afazeres. Entre eles, liquidar Sansão.

Era fim da tarde e um sol amarelado iluminava as janelas do amplo recinto com poltronas almofadadas, piso de cerâmica minuciosamente polido e coberto com tapetes tecidos pelos mais exímios artesãos. Inárus bebia vinho e comia frutas quando Abbas se apresentou outra vez.

— Pensei bastante em seus últimos relatos sobre o guerreiro hebreu. Sobre seu plano de conseguir reforços em outras cidades filisteias. Estaríamos falando de quantos homens?

Abbas estava constrangido e temia outro acesso de riso do seu superior, mas foi franco.

— Mil homens, meu senhor.

Inárus o olhou com seriedade e um pouco de espanto. Volteou o salão, refletiu e encarou seu comandante com condescendência.

— Eu lhe dou a minha palavra que em pouco tempo terá esses homens à sua disposição.

— Sim, meu príncipe. Farei como me ordenar — sorriu Abbas, aliviado.

Depois de muito tempo, uma boa notícia para o comandante. Já estava exausto de tantas repreensões. E, para comemorar, seguiu apressado até a cela onde estava Cário e lhe desferiu outra surra. Dessa vez, em vez de bufar, sorria animado a cada chicotada nas costas machucadas do jardineiro.

★

Dalila havia retornado do encontro com Aliã e Jana. Estava introspectiva e pensava muito em seu único protetor naquele lugar, o pacato Cário. Pedir que Inárus o libertasse seria arriscado demais. E, mesmo sabendo que Abbas estava proibido de matá-lo, o jardineiro não resistiria muito tempo no cárcere.

Ela caminhava pelas flores tão bem cuidadas por Cário e notou a flauta do jardineiro num canto. Apanhou o instrumento com delicadeza e decidiu visitar o amigo. Caminhou até uma íngreme escadaria onde estavam alguns soldados, entre eles, Aron. Dalila o procurou e pediu-lhe que a deixasse visitar Cário por um instante. E bastou um sorriso pedinte da jovem para desmontar a sisudez do mulherengo soldado.

— Não demore. Se o comandante a surpreender aqui, estaremos perdidos.

Dalila agradeceu com simpatia e entrou na suja e fria cela. Viu Cário encolhido no canto, quase sem forças. Percebeu suas costas marcadas pelas violentas chibatadas. Agachou-se devagar e abraçou Cário, que, imerso em dor, assustou-se.

— O que aquele monstro fez com você? Cário, eu prometo que vou tirá-lo daqui.

E, apanhando um lenço guardado em sua roupa, molhou-o num pote de água próximo dali. Com delicadeza, passou-o nas feridas do amigo.

Cário chorava assustado. Ele sempre foi um jovem tranquilo, pacífico. Não merecia sofrer por ter a aparência que tinha. E nem era sua a culpa das cicatrizes que trazia pelo corpo. Ele não era um monstro para ser aprisionado num cárcere e surrado diuturnamente. E suas feridas internas doíam ainda mais do que a pele rasgada pela violência de Abbas.

Dalila tinha um plano. E, após se despedir de Cário, correu com pressa até a sala das cortesãs. Encontrou Jana, que arrumava uma muda de roupas.

— O que está fazendo?

— Vou embora do palácio.

— Não pode. E seu pai? — sussurrou Dalila, certificando-se de que ninguém as ouvia.

— Por favor, não fale nada sobre ele, Dalila. Eu imploro.

— Jana, largue essas coisas. Não vou entregá-la. Seu segredo está seguro comigo. Só tenho algo a lhe pedir... — disse Dalila, desfazendo a muda de roupas já separadas pela cortesã.

Jana assentiu, um pouco insegura, e sentou-se para ouvir o plano de Dalila.

Ela queria que Jana a levasse até a feiticeira de quem Tais havia adquirido o veneno. E explicou que precisaria não só da ajuda da jovem devota ao pai, mas também contaria com o apoio de Yunet e Myra. As duas amigas, que passavam por perto, logo pararam para ouvi-la. Dalila precisava pôr um fim no sofrimento de Cário. E, apesar de discordarem, as três prestavam atenção em como ajudar a protegida de Inárus na perigosa missão.

★

Um dia após ter absolvido Jidafe, Sansão recebeu a visita do velho amigo em sua casa. Ainda envergonhado, o hebreu quis agradecer-lhe e reafirmou sua lealdade.

— Farei o que for preciso para que suas decisões sejam respeitadas e nunca mais, nunca mais, levantarei a mão contra você. Tem a minha palavra — comprometeu-se Jidafe.

— E você a minha confiança — respondeu Sansão, de forma condescendente.

A retidão de Sansão enchia de orgulho o velho Manoá. Sua vida agora fazia sentido. Seus planos paternos se encontravam nos caminhos trilhados pelo filho. E sua pequena força era gasta ao contar à esposa como Sansão havia liderado com justiça, sido misericordioso, corajoso, solidário e fiel às leis dadas por Deus a Moisés.

— É como se eu já tivesse cumprido o meu dever e pudesse descansar em paz — disse a Zilá, que franziu a testa e censurou Manoá de imediato.

— Não diga isso, meu marido.

Manoá sorriu. Seu coração estava cheio de gratidão.

— Não existiriam palavras para agradecer tantos anos de dedicação, companheirismo e união. Não foi uma vida fácil, a nossa. Mas nossa fé em Deus sempre nos livrou de todo mal... — discursou, tossindo com força em seguida, enquanto ajeitava-se na cama simples, coberta de palha de trigo e forrada com pele de carneiro.

Zilá ficou apreensiva.

— Por que está falando assim, Manoá? — disse, segurando sua mão suavemente e sentindo a voz embargar e os olhos umedecerem.

— Porque Sansão é fruto desse amor, Zilá. Quantas noites acordei ouvindo seu pranto, baixinho, enquanto implorava por esse filho... E aqui está ele!

— As palavras do mensageiro do Senhor se cumpriram — completou a esposa.

— Os filhos de Abraão são numerosos, Zilá. O povo hebreu merece essa paz que experimentamos em nossa tribo.

As palavras de Manoá saíam cada vez mais frágeis e seus olhos perdiam o brilho. Era como uma vela bruxuleando e prestes a apagar-se. Sua respiração espaçava-se e Zilá, alarmada, gritou por Sansão, que brincava com Gadi na entrada da casa.

Em instantes os dois estavam diante da cama onde repousava Manoá.

— Quanto orgulho você trouxe a este velho pai — sussurrou Manoá. — Seu caminho é longo, meu filho. Você tem um dom. Seria injusto prendê-lo aqui enquanto outros filhos de Abraão padecem nas mãos inimigas.

— Do que está falando, meu pai? — abaixou-se Sansão, segurando as mãos frias de Manoá.

— Da sua jornada, Sansão. Ela não pode parar. Deve libertar o povo hebreu dos inimigos. Não deixe que os sentimentos o ceguem. Não queira viver na escuridão.

Sansão já não resistia à emoção que explodia em seu peito. Naquele instante não era apenas o juiz de Dã, o guerreiro temido pelo exército filisteu. Era o menino. E ver seu pai morrendo lhe partiu novamente o coração. Sorvia suas últimas palavras como leis eternas que jamais deveriam ser desobedecidas. E, quando a mão enrugada de Manoá enfim escorregou da sua, abraçou o corpo já sem vida do pai aos soluços. E, junto a Zilá e Gadi, chorou por horas.

*

CAPÍTULO 9

Despedidas

A caverna escura e fria era habitada por uma velha senhora de aparência repulsiva. Os poucos dentes que lhe restavam na boca estavam apodrecidos. Seu rosto era seco, com rugas que pareciam sulcos recortando uma terra árida. Os cabelos eram ralos, compridos e acinzentados. A feiticeira podia ter cinquenta ou cem anos, parecia impossível precisar.

Era grande o contraste de sua feiura com a beleza fresca de Dalila e Jana, da vida pesada e sofrida da velha com todo o conforto e boa alimentação de que as cortesãs desfrutavam no palácio. Mas a feiticeira tinha algo que Dalila queria. Uma fórmula que pudesse dar para Cário e livrá-lo das mãos de Abbas.

— Apenas misture esse líquido na água e o sofrimento acabará. Não haverá mais respiração e seu corpo ficará gelado — orientou a bruxa. Dalila assentiu, atenta às orientações. E retirou do bolso alguns anéis, depositando-os nas mãos da feiticeira. Ela sorriu, provou os enfeites nos dedos calejados e enrugados e sentiu-se bonita.

— Fique tranquila, bela moça. A morte não passará de um sono profundo. O calor do sol libertará o inocente... — tranquilizou-a a feiticeira.

Dalila sorriu, aliviada. Se seu plano saísse perfeito, Abbas descartaria o corpo do jardineiro nalgum canto, e Dalila o resgataria e levaria para um lugar seguro, libertando o amigo.

Coube a Myra a tarefa de misturar o líquido mágico à água no reservatório que serviria Cário. E, assim que bebeu a água, o prisioneiro passou a estrebuchar-se no chão do cárcere, alarmando os soldados. Aron foi avisado e correu até a prisão. Quando lá chegou, encontrou o jardineiro já sem respirar e com o corpo gelado.

Assim que Abbas foi comunicado da aparente morte do criado, ficou irritado.

— Já não basta me desafiar vivo? Agora até morto me importuna? — esbravejou aos seus soldados, ordenando que jogassem o corpo de Cário no mar e que a ninguém dissessem nada.

Naquela mesma noite, alguns homens deixaram o palácio de Gaza e seguiram em direção à praia com Cário, que estava envolvido num manto escuro e espesso. Caminharam até a praia mais próxima e jogaram seu corpo logo após a rebentação das ondas. Dalila acompanhava tudo de perto. E, tão logo os homens saíram, mergulhou em busca do jardineiro. Encontrou seu corpo boiando e trouxe-o até a areia.

De lá, junto com Jana, levou Cário até a casa onde estava Aliã. Deitaram o jardineiro sobre uma cama simples, revestida com lã de ovelhas, e deixaram-no descansar.

Jana e Dalila permaneceram ali, durante aquela noite, velando o sono de Cário. Pela manhã, Aliã despertou e Jana logo lhe serviu um caldo quente. Dalila achou bonito o jeito que a filha tratava o pai e sorriu, timidamente.

— Não deveria esconder esse sorriso, minha jovem — observou Aliã. O ancião preocupou-se com Dalila e a tristeza que lhe transbordava no olhar, e quis saber sobre sua história de vida e sobre seus pais. Dalila aproximou-se da cama, ajeitou-se num pequeno banco de madeira e suspirou.

— É uma história longa.

Aliã também aprumou-se na cama.

— Pronto, agora posso ouvi-la confortavelmente — sorriu.

A empatia de Aliã agradou a Dalila. Ela queria abrir seu coração e sentiu confiança em dividir com Jana e seu pai suas tristezas.

Contou como inventava memórias sobre seu pai na infância. Um pai que a observaria a beira do rio. Que chamaria a sua atenção quando ela se distanciasse um pouco. Imaginava que o pai a protegeria das coisas mais banais da vida e que lhe dedicaria tanto amor e atenção que, mesmo se quisesse, jamais poderia agradecer-lhe à altura. Um pai que ela nunca teve. Que jamais teria.

Aliã a ouvia atentamente e com ternura. Quis saber também sobre sua mãe.

— Minha mãe me culpa por tudo de ruim que aconteceu na vida dela.

O pai de Jana era um homem sábio e amoroso. E, mesmo tendo vivido as mais cruéis perseguições nas mãos dos filisteus, não guardava ódio em seu coração. Ao contrário, queria dividir o que aprendera com o Deus dos hebreus, o Deus justo e misericordioso. E a aconselhou a tentar se reaproximar de Agar, sua mãe.

— Deixe que as palavras de amargura ditas pela sua mãe voem como o vento, porque o tempo age como um grande mar que destrói castelos, mas deixa a areia lisa para novas construções. O tempo leva embora a raiva, cicatriza as feridas, mas deixa uma grande saudade e uma enorme solidão...

Dalila segurou as frágeis mãos de Aliã e chorou até soluçar. Jana a observava com tristeza. Queria consolá-la, mas sabia bem que aquelas palavras ditas por seu pai eram capazes de produzir mudança na vida de Dalila e que, certamente, trariam esperança ao coração da bela jovem.

—Volte à sua casa, minha filha. Mas volte de coração aberto. Quem sabe não é o que sua mãe deseja? Quem sabe esse mal-entendido se desfaça e vocês comecem a construir aquelas que serão lembranças belas e reais?

Dalila assentiu e beijou as mãos do ancião. Estava grata por poder viver aquilo. Por poder ouvir aquelas palavras tão doces e revigorantes.

Cário, próximo dali, tossiu um pouco, deixando escorrer pelos lábios um pouco da água salgada que havia engolido. E, pouco a pouco, ia recobrando a lucidez.

Dalila deixou Aliã e correu em direção ao amigo.

—Você está salvo, Cário. Você ficará bem aqui.

O jardineiro observou que suas mãos não estavam mais acorrentadas. E que ele também não estava mais na cela gelada. Sorriu e chorou abraçado a Dalila.

★

Sansão já havia levantado rochas que pesavam toneladas, erguido sobre si um leão feroz, derrotado dezenas de soldados de uma só vez. Mas erguer a esquife onde estava Manoá era pesado demais para ele. Por isso, contou com a ajuda de Héber, Jidafe e outros homens de sua tribo. Caminharam por alguns minutos até uma área vizinha a Zorá, onde havia um descampado. Era a entrada para o deserto, uma orla emoldurada por montanhas e um caminho por onde havia passado muitas vezes, mas que agora era escolhido para sepultar seu pai, embrulhado num tecido branco e limpo.

Sansão preparou o sepulcro na encosta de um outeiro. E ficou ali, chorando e pensando nas palavras de seu pai. "Os filhos de Abraão são numerosos." "Seu caminho é longo." Palavras que lhe chicoteavam a alma. O juiz de Dã sabia que sobre seus ombros levava a promessa de tornar-se um libertador. E jamais poderia ser o libertador se ficasse em sua terra, cuidando dos interesses apenas daquele povoado, enquanto tantos outros hebreus sofriam oprimidos pelos filisteus. Era preciso partir.

Poucos dias após a morte de Manoá, já quase se encerrando a primavera, Sansão continuava julgando seu povo. Tensões eram apaziguadas e injustiças reparadas. A paz parecia ter encontrado morada em Zorá.

Zilá, ainda sofrendo a ausência de Manoá, preparava a massa de pão para ser assada em sua casa.

— Os homens finalmente voltaram a respeitar a Aliança com o Senhor. E os filisteus nunca mais tentaram invadir nosso povoado — dizia Zilá, enquanto misturava azeite e farinha sobre uma pequena plataforma.

Sansão percebeu que era o momento de comunicar sua decisão.

— Sinal de que estão a invadir outros lugares, minha mãe. Eu preciso ir.

— Seu lugar é aqui conosco, Sansão.

— O que disse o mensageiro de Deus quando vim ao mundo? Não era que eu deveria libertar o povo hebreu das mãos inimigas?

— É o que tem feito, meu filho.

— São doze tribos, minha mãe. Eu preciso levar a paz até elas. Tenho que acabar com a dominação filisteia em todas elas.

Zilá ouvia as palavras com revolta. Por tanto tempo pediu a Deus que Sansão cumprisse sua vocação. Agora, sem Manoá, não queria perder o filho também. Era doloroso demais deixá-lo ir, mesmo sabendo que essa era a promessa feita pelo mensageiro de Deus.

Os tempos de paz em Zorá também selaram a amizade de Jidafe e Gadi. Apesar do início tumultuado, Jidafe via no garoto Gadi sua imagem. E cada vez mais se enternecia por ele. Queria preservá-lo de cometer os mesmos erros que cometeu. De cultivar no coração, ainda puro de criança, o veneno da revolta, o embrutecimento precoce.

Gadi também já havia perdoado Jidafe. E gostava de ouvir suas histórias. Os dois aprendiam um com o outro.

A alegria do garoto também ajudava a aplacar a dor de Zilá. Nada substituiria Manoá e muito menos Sansão, mas ter Gadi por perto era um consolo e um afago divino.

★

As palavras de Aliã latejavam no coração de Dalila. Seria possível restabelecer um vínculo de afeto com sua mãe, tão dolorosamente e cruelmente cortado? Dalila quis tentar. E, assim que retornou ao palácio de Gaza, planejou como pedir ao príncipe Inárus uns dias para que pudesse retornar ao vale de Soreque e encontrar sua mãe.

Inárus estava preocupado em conseguir os reforços ao comandante Abbas. Queria arregimentar um número mínimo de mil homens e contaria com o apoio dos principais príncipes das cidades filisteias, como Ascalão, Gate e Ecrom, além de Gaza. Homens experimentados nas batalhas, dispostos a enfrentar um inimigo que colecionava vitórias sobre os soldados filisteus. Por isso, quando Dalila lhe pediu alguns dias distante, permitiu sem pedir maiores explicações. Queria apenas que ela retornasse antes do próximo encontro com os príncipes, o que ocorreria algumas semanas mais tarde.

Dalila juntou uma trouxa de roupas, tirou suas joias mais sofisticadas, embalou-as em um tecido e guardou-as numa gaveta de seus aposentos. Abriu uma outra gaveta e retirou de lá um pedaço de pano mais simples e embolado. Dentro havia alguns enfeites produzidos com conchinhas do mar. Colocou um colar no pescoço e brincos nas orelhas. Abrir aquele embrulho fez despertar as lembranças mais adormecidas nos seus pensamentos. Um cheiro de mar invadiu o ambiente. As ondas quebrando suavemente. Os pescadores carregando a pesca do dia. A areia branca e solta das praias do vale de Soreque. Sentiu uma saudade irresistível. Um desejo de voltar. Juntou tudo, despediu-se das amigas e partiu.

A viagem entre Gaza e Soreque era extensa e sinuosa. Era preciso guiar-se pelas margens do ribeiro, seguindo em direção ao norte do mar Mediterrâneo e cruzando os principados de Jope e Ascalão. Um caminho que levava, por vezes, dias sobre o lombo de um animal. Dalila procurou alguns negociantes no centro de Gaza e ficou sabendo sobre uma caravana que iria na direção pretendida. Em pouco tempo era conduzida a Soreque.

O vilarejo em que viviam Dalila e sua mãe ficava às margens da foz do rio Soreque, onde as águas fluíam até o mar, formando uma pequena baía. Um cenário deslumbrante. As águas eram plácidas, quase sem ondas. Dois dias após deixar as opulentas construções de Gaza e seus muros, Dalila saltava de uma carroça ao lado de velhas choupanas, rodeada por gente simples e alguns rostos conhecidos. Procurava ansiosamente apenas um deles, o de sua mãe. E, às margens do rio, flagrou Agar observando uma criança, uma garotinha que corria contra a água, colhia galhos e conchinhas e espalhava areia pelo ar, só para ver o forte vento fazê-las dançar num espetáculo bonito.

Agar também sentia falta da filha. E, mesmo sendo uma mulher rude, barbarizada pelos dias difíceis, sabia que tinha sido cruel demais com sua menina. Pensou na filha ao ver a garotinha e, quando virou-se, viu o rosto familiar de Dalila. Ela parecia ainda mais bonita. Mais altiva. Sorria, insegura, um sorriso que pedia apenas a aprovação materna. Agar entendeu.

— Por que voltou, Dalila? — tentou dificultar.

— Porque sua ausência ainda dói em mim. Porque não quero mais inventar lembranças nossas. Porque você me trouxe ao mundo e não é possível que eu não tenha lhe dado uma única razão para sorrir.

Agar sentiu um nó na garganta. Olhou a menina que brincava por perto e lembrou-se da infância da filha. E, enquanto evitava encarar Dalila, olhando para as nuvens que preanunciavam uma chuva, recordou como a maternidade lhe deu força nos dias mais duros ao lado do antigo e repugnante Rudiju. Sentiu-se arrependida e pousou seus olhos nos olhos da filha.

— Você pode me perdoar? — embargou, deixando as lágrimas escorrerem pelo rosto.

Dalila sorriu e assentiu. E, em dois passos, estava agarrada ao pescoço da mãe. Chorava aliviada por aquele abraço. Aquele abraço que lhe fora negado da última vez.

A primeira noite na antiga morada foi difícil. As conversas eram desconfortáveis. Falavam sobre Myra, sobre a vida no palácio. Evitavam falar sobre homens e, especialmente, sobre Rudiju.

Dalila queria que a mãe a acompanhasse. Ela garantiu que seria sua protetora. Ela lhe daria abrigo e custearia sua permanência na agitada Gaza.

Agar riu ao imaginar-se vivendo num mundo diferente do seu. Era uma mulher abandonada e viúva. Mal sabia falar, comer ou se vestir. Seria humilhada pelas outras mulheres, pensou. Preferia aquele canto esquecido do Mediterrâneo. Lá, onde todos, com poucas palavras, comunicavam-se bem. Uma cidadezinha esquecida dos invasores, longe dos conflitos geopolíticos, do abuso dos soldados, do enxame de prostitutas e de pedintes. Viver ali era só o que Agar queria.

Dalila entendeu. Mas queria, antes de partir, um momento especial com a mãe. Então levou-a até o rio Soreque. Lá, lembrando-se dos tempos infantis, correu pela beira das águas e mergulhou, deixando que penteassem seus cabelos. Caçou pedrinhas. E riu ao lado de Agar. Riu sem motivos. Ou melhor, com o mais belo dos motivos, uma felicidade e paz tão raras nos últimos anos.

Depois de algumas semanas, Dalila decidiu retornar a Gaza. Agar passou a noite cozinhando. Assou pão e peixe. Arrumou a roupa da filha numa pequena trouxa. E aconselhou:

— Tenha cuidado, minha filha. Quando o brilho da prata é muito forte, ele impede que se enxergue com clareza.

Dalila sorriu, sem entender. Para ela, a única coisa que cintilava era os bons momentos vividos ao lado de sua mãe.

— Eles vão iluminar minhas lembranças!

Em Gaza, Inárus estava ansioso pela volta de sua protegida. O encontro dos príncipes já estava prestes a acontecer. E, como Dalila ainda não tinha dado notícias, o ciúme começou a brotar em seu coração.

Myra desdobrava-se em explicações, fazia de tudo para evitar que o soberano se irritasse. E, quando se reunia com as amigas Yunet e Jana, lamentava-se por não saber mais o que dizer a Inárus.

★

Dezenas de pessoas saudavam Sansão no largo de Zorá. Homens, mulheres, idosos e crianças celebravam o juiz de Dã. Era sua despedida.

Para Héber, seu companheiro desde a infância, doía despedir-se do amigo outra vez. E, sabendo que ele partia com a missão de libertar os hebreus, temia que aquela pudesse ser a última vez que o via.

Samara estava resignada, mas tentou aconselhar Sansão a não se apaixonar por nenhuma outra moça no caminho.

— Sabe que não posso prometer isso — desconversou o líder hebreu, consciente de sua fraqueza pelas mulheres.

Jidafe recebeu de Sansão um abraço e a confiança para que liderasse os filhos de Dã em sua ausência. Recebeu também a incumbência de cuidar de Gadi. E Gadi, de zelar por sua mãe, Zilá. Ela estava reclusa há dias. Não admitia ver o filho partir. Mas, ao ver como o povo o apoiava em sua decisão, desceu as escadas que levavam até o largo, no centro do vilarejo, e gritou pelo filho.

— Sansão! Perdoe o egoísmo desta mãe... perdoe... você tem a minha bênção. Que o Deus de nossos pais esteja com você e lhe proteja de todo o mal. Era o que Manoá falaria e o que eu desejo de todo o meu coração... — disse a mãe, acariciando o rosto do filho e ajeitando seus cabelos trançados.

Os dois se abraçaram longamente.

— Ficarei bem, minha mãe.

Sansão ajeitou a trouxa de roupas, certificou-se da água no cantil e partiu, sem rumo certo, em direção ao sul. Passou pelo sepulcro onde seu pai estava sepultado. Deteve-se um pouco, como se pudesse ainda ouvir suas últimas orientações, e seguiu caminho sob o sol forte, protegendo-se pelos outeiros e árvores, que formavam um cinturão pelo deserto.

Após horas de caminhada apressada chegou ao limite sul do domínio hebreu, num local conhecido como Etã. Lá encontrou, aos pés de uma montanha rochosa, uma fenda. Ali poderia proteger-se do frio noturno e do ataque surpresa de alguma fera. Não muito distante, havia uma fonte de água, o que tornava o lugar ideal para que acampasse por alguns dias.

Sansão então aprumou-se, usando as roupas como travesseiro, e descansou. Algumas horas de sono depois, Sansão ouviu um ruído. Despertou pronto para o combate.

— Bom dia, bravo guerreiro! É bom vê-lo novamente.

A voz era familiar. Sempre aparecia nos momentos de solidão. Era o misterioso andarilho do deserto, que lhe dera água quando quase desfaleceu, que lhe incentivara na batalha contra o leão e o ouvira após a traição de Ieda e Simas.

— Estou começando a desconfiar que está me seguindo...

— Você não estaria totalmente errado, já que somos dois andarilhos. Venha, vamos subir à cidade. Estaremos seguros com gente do nosso povo. É a terra dos homens de Judá! — avisou o andarilho.

Sansão tinha um plano diferente. Não queria que ninguém soubesse de sua presença, não sem antes conquistar a confiança dos filhos de Judá. E preferiu permanecer acampado por ali.

O que o hebreu não sabia era que estava sendo caçado como um animal pelos filisteus. A poucos metros dali, uma diligência comandada por Aron notou a presença de Sansão. O soldado retornou rapidamente em seu cavalo para sua base, em Gaza. Precisava avisar Abbas que tinha localizado o inimigo.

Em poucas horas, Aron entrava apressado no palácio de Gaza. E, enquanto seguia em direção à sala de Abbas, deparou-se com Yunet e Myra.

— Aron!

— Norá!

— Com licença — desvencilhou-se rapidamente Aron, constrangido em encontrar suas duas pretendentes ao mesmo tempo e em momento tão desapropriado.

Enquanto as moças tentavam entender o que tinha acontecido, o soldado avisava ao comandante sobre sua descoberta.

Abbas saltou da cadeira, derrubando a taça de vinho que bebericava e uma bandeja com algumas frutas. Apanhou uma maçã do chão e esmagou-a com fúria.

— Eu mesmo estarei à frente do exército na captura desse maldito guerreiro de tranças.

Na mesma noite, Dalila havia retornado de sua longa viagem e correu para se apresentar ao enciumado soberano de Gaza.

— Onde esteve por tanto tempo, Dalila? — perguntou Inárus, levantando-se de seu acolchoado assento na sala do trono.

— Fui visitar minha mãe, no vale de Soreque, meu soberano. Mas sabe que jamais o abandonaria...

— Tornou-se minha protegida, Dalila. E isso significa que jamais deve se aproximar de outro homem.

— E que outro homem teria mais poder que o grande senhor de Gaza? — sorriu Dalila, desarmando-o por completo.

Inárus preparava-se para beijar sua protegida quando Abbas entrou apressado no recinto.

— Com licença, meu príncipe!

— Não a tem! — berrou Inárus, ajeitando seus poucos cabelos esvoaçados pelos carinhos de Dalila.

— É urgente, meu senhor. O monstro voltou. Encontramos Sansão!

O príncipe sorriu, satisfeito, e acalmou-se. Mandou que preparassem os mil homens para capturar o hebreu e ordenou que todos se consagrassem antes aos pés dos deuses filisteus no templo erigido em honra ao deus Dagon.

Na manhã seguinte, logo após o sol nascer, mil homens se enfileiraram diante do comandante Abbas e de Aron no templo de Dagon, no palácio. Uma cerimônia religiosa era realizada. E Abbas ergueu um punhado de cinzas e lançou-as sobre seus soldados, consagrando-os.

— Que Dagon, o senhor das moscas, me conceda essa vitória sobre Sansão — disse, tendo diante de si o enorme batalhão de homens com espadas e armaduras.

Na vizinhança de Judá, Sansão, alheio ao perigo que corria, oferecia-se para ajudar nos trabalhos manuais duma pedreira próxima. Carregava com facilidade blocos de pedra, empurrava carroças morro acima e deixava os trabalhadores do povoado estupefatos com sua força.

A cada dia, ganhava a confiança dos filhos de Judá. Mas, ainda assim, mantinha-se acampado na fenda da rocha de Etã.

Perto dali, um grupo de homens trabalhava num local alto. E tomaram um grande susto ao ver na planície próxima os soldados filisteus, que se aproximavam como enxames de moscas, com seus cavalos e espadas. Não havia nenhuma condição de enfrentá-los e a estratégia foi enviar alguns líderes do povoado para uma negociação.

★

Em Gaza, Inárus celebrava o encontro com os príncipes filisteus. Enquanto criados atravessavam o largo cômodo carregando jarras de vinhos, taças e travessas com frutos e carnes assadas, o soberano de Gaza ria ao lembrar que seus soldados estavam no campo de batalha, enquanto eles desfrutavam da presença de belas mulheres e fartos banquetes. O príncipe de Gate era o único entre eles que não compartilhava da mesma animação, o que causou estranheza por parte de Inárus e sua protegida, Dalila.

A tensão, no entanto, foi quebrada quando o príncipe de Ecrom avisou que tinha uma nova protegida e que fazia questão de apresentá-la a todos os príncipes. Dalila riu, curiosa. Duvidava que qualquer mulher pudesse lhe roubar o brilho na reunião dos soberanos.

O príncipe de Ecrom sinalizou, orgulhoso, com palmas ao ar. E, após o som, entrou no recinto uma bela moça, enfeitada com joias brilhantes que ofuscavam as vistas de todos. Dalila a reconheceu. Era Tais.

Expulsa do palácio, Tais buscou refúgio no principado de Ecrom e encontrou no soberano vizinho a atenção que lhe havia sido retirada por Dalila. Com leveza, a cortesã desfilou pelo amplo salão e deteve-se diante de Inárus, beijando-lhe as mãos. O príncipe reagiu com uma expressão de surpresa no rosto.

★

Em Judá, os líderes se detiveram diante do impassível Abbas. Ele vestia-se de forma ameaçadora. Usava um corselete de ferro, trabalhado com espinhos. Nas mãos, uma espada com a lâmina afiada. Havia facas escondidas nas proteções de sua perna, e outras espalhadas pela bainha. Usava ainda um elmo metálico, com reforços internos em couro almofadado e pedrarias ornamentais do lado externo, indicando que era ele o comandante.

— Não fizemos nada para provocá-los. Nossos impostos estão em dia. Por que subiram contra nós?

— Queremos apenas Sansão — respondeu Abbas, didaticamente, retirando o elmo que cobria sua cabeça.

Os líderes de Judá se entreolharam assustados. Não conheciam Sansão pelo nome. Nem imaginavam que se tratava do viajante hospedado na fenda da rocha de Etã.

— Eu o vi recentemente. Ele está em Etã — avisou Aron, descrevendo o hebreu. Foi quando os homens se lembraram do solícito peregrino.

Abbas mandou que os filhos de Judá o entregassem, amarrado. Caso contrário, invadiriam a tribo e matariam homens, mulheres, idosos e crianças. Queimariam tudo implacavelmente. Não havia escolhas. E uma diligência de homens de Judá foi em direção à rocha de Etã para capturar Sansão e entregá-lo nas mãos de Abbas.

— Seus dias de herói acabaram, Sansão. E será entregue pelas mãos de seu próprio povo — exultava o comandante, diante da celebração geral de seus comandados.

⋆

CAPÍTULO 10

Uma queixada de jumento

Os dias em Zorá sem seu juiz transcorriam na mais absoluta paz. O trabalho comandado por Sansão, quando julgou seu povo e apaziguou os conflitos do povoado, repercutiu em num tempo de união dos filhos de Dã e de temor a Deus e respeito à Aliança.

Jidafe estava cada vez mais afeiçoado ao menino Gadi. O pequenino era um companheiro na lida diária, na colheita de trigo ou nos afazeres do vilarejo. E sempre pregava peças em Jidafe, que às vezes abandonava tudo espalhado pelo chão só para correr atrás do menino, brincando pelos pátios de Zorá. Em nada aquelas atitudes lembravam o Jidafe de meses antes, quando só sabia praguejar pela vida sofrida e alimentar o ódio no coração. Jidafe agora era um homem leve, feliz e com gratidão no coração.

Héber e Samara aproximavam-se cada vez mais também. Samara mostrava-se preocupada com Sansão. E Héber já não conseguia esconder seus ciúmes. Ele não entendia como a moça não notava o seu amor, não era capaz de enxergar que ele a amava há tanto tempo. E por mais que fosse desajeitado e tímido, até mesmo o mais cego dos danitas já tinha percebido o sentimento que devotava à bela amiga.

— Acha que Sansão está bem? Que está seguro? — perguntou Samara, ao encontrar Héber empilhando alguns caixotes de madeira.

— Espero que sim, Samara. E espero que algum dia você mude de assunto e pare de falar apenas em Sansão — irritou-se o danita, deixando as caixas desequilibrarem-se e caírem no chão.

Era comum a Héber, quando se irritava, atrapalhar-se nos afazeres, esconder o rosto, tropeçar nas palavras, gaguejar frases desconexas e refugiar seu olhar lacrimoso no chão.

— Precisa ser assim... tão desagradável?

— Não é possível que até longe ele seja o único a habitar seus pensamentos.

— Está com ciúmes, Héber? Está com ciúmes de mim?

Héber sentiu o rosto queimar de vergonha. Teve vontade de dizer o que estava guardando no coração há anos. Que a amava com um amor tão puro que lhe parecia até impossível. Mas, em vez disso, deixou que a timidez o impedisse mais uma vez. Assim, retirou-se rapidamente, resmungando.

Samara ficou ali parada por um instante. E se fosse ciúmes, sim? E se Héber, de fato, gostasse dela de uma forma diferente da que se gosta de um amigo ou irmão?

No dia seguinte, procurou Héber. Sentiu algo diferente em seu interior, algo que não sabia precisar. Apenas queria estar ao lado do amigo e ajudá-lo nos afazeres diários.

— Não preciso de sua ajuda, Samara. Diana já se dispôs a ir comigo organizar os feixes de trigo e cuidar dos animais — respondeu em tom de desprezo, apresentando uma nova amiga.

Diana era filha de Omar, um ancião respeitado entre os danitas. Parecia-se um pouco com Héber na forma de agir. Era tímida, desajeitada, mas muito solícita e sorridente. E, também, muito bonita.

Vê-la toda alegre ao lado de Héber deixou Samara insegura. E com raiva. E triste. Seria ciúmes, também, aquela mistura de sentimentos? Pensou aflita.

Próximo dali, Zilá gastava-se em oração. Pela manhã, tarde e antes de dormir, orava pelo filho distante. Pedia a Deus que o guardasse dos inimigos, por mais numerosos que fossem.

Já bem distante, também no território sob domínio hebreu de Judá, cerca de mil homens armados com enxadas, pedaços de pau, tochas e cordas subiam até a fenda da rocha de Etã. Encontraram Sansão já ciente da proximidade dos filisteus.

— Não sabia que os filisteus nos dominam? Por que veio se esconder aqui entre nós, Sansão? — questionou um dos líderes do grupo, segurando uma corda grossa nas mãos, utilizada na pedreira para puxar pedras.

— Esta terra nos pertence. Também sou filho de Abraão, como vocês. Acreditem ou não, vim para salvá-los.

O líder de Judá explicou a situação em que estavam. Que deviam entregá-lo amarrado diante dos soldados filisteus ou pagariam com a vida. E que eles não pelejariam contra o numeroso exército instalado ao lado da pedreira.

Sansão entendeu e estendeu as mãos para que fosse amarrado. Antes, porém, fez um pedido.

— Então me levem até eles. Mas peço que jurem, pelo Deus dos hebreus, que não me matarão pelas suas mãos.

Os homens concordaram. Não queriam mal ao danita. Apenas não sabiam como resolver aquela situação sem sacrificá-lo. Amarraram suas mãos, seus pés e braços e o conduziram morro abaixo até o local onde Abbas, Aron e seus homens esperavam.

Ao vê-lo chegando como um cordeiro domado e prestes a ser imolado, os homens celebraram, vitoriosos. Gritos e ofensas eram proferidos a Sansão, ao povo e principalmente ao Deus dos hebreus.

— E agora, Sansão? Como explicar ao seu povo que o protetor deles foi capturado dessa forma? Sem ao menos lutar, como até um animal faria? Não é valente como um leão? Pois então lute! Levante-se e mostre a sua força! Mostre a esses homens que o seu Deus invisível serve para alguma coisa! E morra com dignidade pelas mãos dos filisteus! — tripudiava Abbas, diante de Sansão, que cerrava os dentes e olhava fixamente o comandante.

Um círculo se formou em torno de Sansão, que, mesmo com mãos e pés amarrados, causava apreensão cada vez que retirava os olhos encharcados de ira de Abbas e os voltava a um dos soldados. Ninguém se atrevia a tocar-lhe antes do comandante. Abbas, no entanto, estava confortável. Mal acreditava que seria tão fácil capturar o tal hebreu guerreiro que havia causado tantos prejuízos aos planos expansionistas de Gaza e seus aliados.

— Vamos, Sansão! — provocava, gargalhando. Ria tanto que chegava a babar. Uma cena tão abjeta quanto o próprio Abbas.

O hebreu ouvia os insultos, a zombaria generalizada, os gritos violentos. E, fechando seus olhos, lembrou os momentos que compuseram sua vida. Das risadas dos filisteus na casa de Simas, durante suas bodas. Do ataque do leão feroz em meio ao deserto do vale de Timna. De Manoá e das promessas do mensageiro de Deus lembradas através das doces palavras de Zilá. Os sentimentos desembocavam com a violência de uma forte queda d'água. E Sansão não aguentou mais. Gritou tão alto que sua voz silenciou todo o exército filisteu. Gritou com dor na alma. Seus músculos dilataram a ponto de romper as cordas como se fossem fios de linho envelhecidos. E o guerreiro hebreu pôs-se de pé, livre das amarras, diante de Abbas, que se assustou.

O comandante ordenou que os primeiros homens avançassem sobre o danita. Sansão, porém, arremessava-os uns sobre os outros, erguendo-os como se fossem folhas de papel.

No chão, havia a carcaça de um jumento, um dos muitos animais que morriam por não aguentar a sobrecarga de trabalho na pedreira. Seus ossos secavam ao sol. Sansão apanhou a queixada, segurando o osso maxilar. A peça era larga, em forma triangular, pesada e com pontas afiadas pela ação do tempo. A arma improvisada serviu bem para Sansão defender-se das espadas e ao mesmo tempo perfurar os inimigos, estocando-os. E, com golpes precisos, Sansão derrubava seus oponentes, amontoando corpos ao seu redor e deixando o chão coberto de sangue.

Sansão movimentava-se rapidamente e levou a batalha até um penhasco próximo. Lá haviam algumas escadas, com cerca de trinta metros de comprimento cada, utilizadas nas extrações das pedras. Conseguiu conduzir centenas de homens até a beirada dos rochedos e, num golpe rápido, cercando-os com uma das escadas, empurrou centenas de homens, que despencaram sobre pontiagudas rochas.

Abbas assistia à cena com incredulidade e gritava impaciente e enfurecido. Empurrou Aron em direção ao danita que, com um golpe, arremessou o soldado filisteu para longe, ferindo-lhe as costas. O soldado permaneceu ali, jogado, sem condições de levantar-se. Por horas Sansão seguiu sua furiosa sina de matar soldados filisteus que se colocavam contra ele. Um a um, todos os soldados foram derrotados, até restar somente o comandante Abbas diante do juiz hebreu.

— Não vencerá, Sansão. Não a mim — avisou o comandante, desembainhando sua espada. Abbas era o mais hábil dos soldados. Não havia um homem em todos os principados filisteus tão preparado quanto o temido comandante. Tinha os olhos vermelhos e esbugalhados, que pareciam antever qualquer movimento. Era alto e muito forte e também indócil, violento e determinado.

Partiu na direção de Sansão para recortá-lo ao meio, mas mais uma vez o hebreu desvencilhou-se dos golpes filisteus. Arrancou a espada das mãos do comandante e com a queixada de jumento ergueu seu opoente pelo pescoço, sufocando-o.

— A quem serve?

— Ao príncipe Inárus, de Gaza — respondeu com dificuldades.

— Pois você voltará para avisar-lhe que nunca mais deve atentar contra o povo hebreu ou pagará com a vida.

— Mate-me agora, Sansão. Ou se arrependerá eternamente.

Sansão lembrou-se de Faruk.

— Não foi a primeira vez que ouvi isso. E tenho certeza que não faltará oportunidade de reparar esse erro — disse, lançando-o sobre Aron, que começava a se levantar. Os dois soldados filisteus montaram em seus cavalos e fugiram em direção a Gaza.

De longe, os homens de Judá observavam a batalha e, ao ver os dois únicos sobreviventes fugirem da pedreira como cães assustados, celebraram, agradecendo a Deus.

Sansão, no entanto, estava exausto. E desabou sobre corpos de soldados mortos. Foi socorrido pelos filhos de Judá até a sombra de uma rocha. O hebreu estava sedento, precisava de água urgentemente. Mas todos os cantis estavam secos e Sansão agonizava sob o sol devastador e o olhar horrorizado dos habitantes de Judá.

Sobre eles, no alto de uma rocha, Sansão avistou o misterioso andarilho que lhe aparecia nos momentos mais cruciais da vida. E, quase desfalecendo e com as vistas já escurecendo, orou:

— Senhor... obrigado pela salvação... mas não me deixe morrer agora, de sede, e cair novamente nas mãos dos inimigos... — disse, gemendo.

Foi quando, do alto da rocha, houve um estampido. Um estouro que trouxe na sequência o barulho das águas correndo. Uma fresta se abriu de um rochedo e a água começou a brotar de lá, formando uma pequena cascata que refrescou a todos e restaurou Sansão. Os filhos de Judá choravam emocionados ao presenciarem mais um milagre. E batizaram aquela fonte d'água de *En-Hacoré,* ou "Fonte do que Clama".

★

A reunião dos príncipes das cidades filisteias seguia animada. Enquanto os soberanos divertiam-se com música, comida, bebidas e, principalmente, mulheres, Dalila e Tais travavam uma disputa particular pela atenção dos homens.

Tais estava estonteante. Porém bastou Dalila apresentar sua dança para que os príncipes uivassem feito lobos no cio e despejassem toda sorte de joias aos pés da protegida de Gaza. Quando Tais foi se apresentar, Dalila fingiu um desmaio e esvaziou de vez a apresentação da rival, atraindo cuidados e mimos de todos.

O ódio de Tais por Dalila era cada vez mais alimentado e, mesmo que houvesse perdido a primeira batalha, deveria haver um jeito de atingir a bela moça de Soreque. Tais procurou pelos corredores do palácio sua antiga cumplice, Jana. Mas a cortesã havia sumido nos dias de festejo.

Jana estava fora do palácio. Ocupava-se com Aliã e sua saúde cada vez mais enfraquecida. Autorizada por Myra, a cortesã passava os dias e noites assistindo o pai, que, febril, tinha alucinações. Nas lembranças dramáticas que lhe saltavam da mente, ele via os soldados filisteus invadindo seu vilarejo. Matando sua mulher e seus outros filhos. Em pequenos cortes de imagens, via Jana, ainda uma menina, ser levada para longe dele. Lembrou-se do desespero. Do gosto de sangue subir-lhe à boca quando foi atingido na cabeça. Dos cortes ardendo pelo corpo.

O velho Aliã acalmava-se apenas quando Jana lhe segurava as mãos e dizia: "Estou aqui, pai. Você me salvou. Você me salvou."

Com a piora da saúde do pai, restava à cortesã apenas administrar seu sofrimento. E, graças a Cário e sua flauta, a dor era suavizada ao som da música.

Foi enquanto Cário assoprava uma bela canção na flauta que Aliã repentinamente recobrou a lucidez. Olhou com carinho para a filha, acariciou seus delicados dedos, alisou seu rosto.

A fisionomia de Aliã era de ternura. Parecia saber exatamente para onde iria.

— A paz, a paz...

Fechou assim seus olhos pela última vez. Jana sorriu e, em seguida, chorou. Sorriu porque sabia que seu pai tinha encontrado a Canaã de suas histórias. A paz de suas narrativas. Ali, para onde iria, não haveria mais filisteus torturando-o. Ele iria acordar do lado da felicidade. E isso lhe trazia consolo.

Mas chorou porque agora era ela quem não sabia mais seu caminho. A vida só lhe fazia sentido ao cuidar do velho pai. Sem ele, tudo era um grande ponto de interrogação.

★

Em Gaza, Tais arquitetava meios de deixar Dalila em uma situação frágil. E, quando percebeu o príncipe Inárus desacompanhado, insinuou que sua protegida poderia estar traindo-o com outros homens. O príncipe não gostou do que ouviu e, ríspido, mandou a moça retornar para o seu soberano de Ecrom. Mesmo assim, passou a monitorar os passos de Dalila pelo salão. A semente dos ciúmes havia sido plantada.

Foi quando Abbas e Aron chegaram ao local, visivelmente humilhados. Assim que chegou, o comandante pediu uma audiência em particular com seu soberano. Inárus, sobressaltado, deixou os príncipes no templo de Dagon, o suntuoso salão circular, sustentado por diversas colunas e onde as imagens de deuses filisteus circundavam um pátio.

O príncipe retirou-se ansioso e, ao encontrar-se com Abbas, ficou perplexo.

— Está me dizendo que ele, desarmado, matou milhares de homens nossos?

— Ele usava uma queixada de jumento, meu príncipe — corrigiu Abbas, envergonhado.

— Um pedaço de osso contra espadas de ferro? — reagiu Inárus, ainda mais desnorteado.

— Eu sei que é difícil acreditar, mas Sansão não é como um homem qualquer... é como se uma força descomunal se apossasse dele, como se...

— Como se o Deus invisível, o Deus dos hebreus o ajudasse? Que absurdo é esse que está me dizendo, comandante? O Deus dele, primitivo, valeria por todos os nossos deuses?

Abbas não sabia mais o que dizer. Estava absolutamente vencido. Sem reação e atônito. Prometeu que não descansaria enquanto não matasse Sansão.

— Não! Sansão não pode morrer. Ele se tornaria um herói, uma lenda, um símbolo de luta de seu povo. Devemos capturá-lo vivo e fazê-lo viver humilhado sob nossos pés. Descubra a fraqueza desse homem. Ele deve ter alguma! — ordenou o impaciente soberano.

Dalila, que sempre rondava o príncipe Inárus, ouviu toda a conversa. E cada vez mais se interessava pelo guerreiro hebreu. Via nele mais do que a força temida pelos filisteus. Via nele um homem com um propósito elevado, um amor incondicional ao seu Deus e ao seu povo. Era tudo o que uma moça, cujo corpo era apenas o que os homens valorizavam, queria ter na vida. Um amor verdadeiro.

Poucos instantes mais tarde, Abbas e Inárus reuniam todos os príncipes filisteus para comunicar sobre o resultado da expedição militar. A fisionomia dos dois era constrangedora. Coube a Abbas contar como Sansão os venceu.

Inárus ouvia tudo com as mãos úmidas e perplexas no rosto. Por vezes arrumava seus poucos cabelos despenteados, ou secava o suor que escorria pela calvície que atravessava toda a cabeça, acentuando-se da testa até quase a nuca.

Após a irritação generalizada, não havia muito sobre o que falar. Restava confiar que Abbas cumprisse a promessa de prender Sansão.

Já o herói hebreu começava mais uma jornada. Estava ciente de que, se acampasse em outra tribo hebreia, poderia colocar em risco o povoado. E, recuperado, após alguns dias entre os filhos de Judá, decidiu seguir seu caminho, rumo a Gaza. Era lá onde estava a raiz da opressão e do mal. E pretendia cortá-la.

Após alguns dias de sinuosa e cansativa viagem, chegou à agitada Gaza. Atravessou o portão da cidade, que era toda protegida por altos muros com insígnias em referência ao seu soberano. Por ali, os soldados monitoravam o entra e sai constante de pessoas. Sansão logo se encantou com toda a movimentação, com a sofisticação dos materiais vendidos nas feiras públicas, as cerâmicas, peças de metal, os tecidos e carpetes feitos com capricho. Se Timna era uma cidade desenvolvida, Gaza certamente era muito mais.

Já era fim do dia e o sol começava a se esconder por detrás das montanhas. Foi quando o hebreu chegou ao largo das meretrizes. Lá encontrou Ayla, prostituta que havia trabalhado com Hannah anos antes.

Ayla era uma mulher atraente, com cerca de trinta anos. Tinha um olhar marcante, sedutor e sabia como abordar os peregrinos que procuravam por diversão e um local para repousar durante as noites.

— Sua procura terminou, viajante.

Sansão sorriu, medindo as curvas da bela mulher.

— Como sabe que não sou daqui?

— Basta olhar ao redor. Viajantes de todos os locais desembarcam em Gaza...

— Procuro o palácio.

— Não é longe daqui. Mas você não vai encontrar lá o que posso oferecer-lhe aqui.

Ayla segurou as mãos de Sansão, acariciando-as. Admirou sua mão forte e grande, sua virilidade e seus músculos. O hebreu não demonstrava nenhum interesse em resistir à investida e achou que divertir-se um pouco não lhe faria mal. Na manhã seguinte continuaria sua caminhada.

A prostituta levou Sansão até um aposento próximo dali. Era um local simples, mas aconchegante, com algumas candeias suspensas e velas acesas. Incensos também aromatizavam o pequeno cômodo com uma cama no centro.

Sansão sentou-se na beira do móvel e observou o corpo da bela prostituta. Ele rendeu-se, então, de vez, à luxuria. Abraçou a mulher, beijando-a e lançando-a sobre a cama onde passariam a noite.

★

Se em Zorá o clima era de paz, em Gaza só havia conflitos. E Tais usava os dias de encontro no palácio para procurar aliados contra Dalila. Sabia que Abbas tinha seus problemas com a rival e decidiu usar da sedução como arma. Procurou o comandante, ainda arrasado, em sua sala, pela batalha contra Sansão.

— O que faz aqui? — reclamou Abbas.

— Pensei que talvez quisesse uma companhia para esquecer os últimos dias.

— Pensou errado. Saia daqui!

— Acredito em você, comandante. Você irá derrotar Sansão. Se esses homens não conhecem suas vitórias anteriores, eu vou lhes dizer. Vivi tantos anos aqui e conheço seus triunfos. E eles são muito mais numerosos que as derrotas.

Mesmo incomodado, as palavras lhe faziam bem. Seu ego precisava ser acariciado.

— Não se sinta humilhado, comandante. Você vai derrotar Sansão. — repetiu a protegida de Ecrom.

Abbas disfarçou, mas uma lágrima escorreu pelo seu rosto. Era uma lágrima de raiva, mas também de alívio. E, antes que a jovem saísse de sua sala, questionou:

— E o que você quer?

— Quero que me ajude a derrotar Dalila — disse, sem rodeios e mostrando um sorriso de satisfação.

Naquele momento havia duas pessoas no mundo a quem Abbas odiava e queria matar. Sansão, o guerreiro que não podia ser vencido, e Dalila, a mulher que não lhe retribuía o amor.

★

Assim que amanheceu, Sansão vestiu-se e, acompanhado de Ayla, seguiu até o largo central, na cidade. De lá Ayla lhe mostrou a direção do palácio, passando as informações sobre como chegaria até lá. Sansão estava desconfortável e agradeceu, meio sem jeito. A prostituta sorriu, acariciou seu rosto, descobrindo por um instante o tecido que cobria sua cabeça e escondia as tranças de seus cabelos.

— Até quando ficará na cidade?

— Não sei — respondeu, secamente. Apressado para partir.

— Sabe onde me encontrar — disse, maliciosa.

O hebreu percebeu a exposição e voltou a cobrir-se. Mas já era tarde demais. De perto, Bak, um trabalhador local, viu a cena e ficou curioso. Esperou Sansão partir para se aproximar de Ayla e questionar sobre o peregrino.

— É Sansão, um viajante. Nenhuma mulher esqueceria um homem como ele — suspirou a prostituta, seguindo seu caminho.

Bak já tinha ouvido falar sobre o guerreiro hebreu de tranças e, confirmando que se tratava de Sansão, correu para o palácio para avisar ao comandante sobre o iminente perigo. Encontrou Aron e insistiu para falar com Abbas. Encontrou o comandante trocando afagos com Tais.

— O que esse homem faz aqui, Aron? Não quero receber ninguém.

— Ele insiste que é de seu interesse. Queria entrar a todo custo e até resistiu aos guardas que o colocavam para fora.

Abbas levantou-se, irritado. Os últimos dias já haviam sido pesarosos demais. E aborrecer-se com um desconhecido era a última coisa que queria.

— Que seja algo de extrema importância, se quiser manter-se vivo.

— É sim. É sobre Sansão. Ele está aqui em Gaza, comandante — avisou Bak.

*

Jana havia retornado para o palácio. Estava desnorteada com a morte do pai. E seu humor piorou ainda mais ao encontrar Tais pelos corredores. A antiga cortesã de Gaza queria ajuda para prejudicar Dalila e ameaçou, outra vez, revelar seu segredo a Abbas.

— A decisão é sua. Ou me ajuda a destruir Dalila, ou todos saberão que há uma hebreia entre nós. Será oferecida, agora mesmo, aos nossos deuses.

Jana ouviu, em silêncio, os planos de Tais. E depois seguiu até seus aposentos, na ala das cortesãs. Estava decidida. Iria embora.

Dalila encontrou a amiga outra vez arrumando suas roupas. Mas, ao ver sua expressão triste ao separar seus pertences, entendeu o que havia acontecido. E não insistiu para que ficasse.

— Eu sinto muito por seu pai — lamentou a protegida de Inárus, recebendo o abraço apertado de Jana.

No dia seguinte, as duas levaram alguns pertences para a casa onde vivia Aliã, antes de morrer, e onde estava escondido Cário. Jana olhava para algumas peças de roupa do pai e lamentava ainda sua ausência.

— Seu pai foi muito importante para mim, Jana. Guardo com muito carinho as palavras que ele me disse e que foram decisivas.

A praia de Gaza era próxima dali. E Dalila decidiu ver o mar, refrescar o corpo e os pensamentos. Jana, apesar da insistência da amiga, preferiu não acompanhá-la.

Dalila vestiu sua túnica e percorreu o caminho que levava até a praia. Escutar as ondas quebrando e andar com os pés descalços na areia era terapêutico para ela, que cresceu próxima das águas. Olhou ao redor e não avistou ninguém. Decidiu mergulhar. Retirou as roupas e entrou nas águas, permitindo que as ondas brincassem com seus cabelos.

Ela não percebeu, mas não estava sozinha. De perto, um homem, que a avistava embasbacado, aproximou-se, pegou suas roupas espalhadas, sentiu o perfume das peças e sorriu ao ver a cortesã palaciana divertir-se nas águas. Era Sansão.

CAPÍTULO 11

Na casa do inimigo

Dalila usava apenas um traje íntimo. Um véu fino que, úmido, marcava ainda mais sua silhueta. E, ao perceber Sansão na praia, sentiu vergonha. Aquele era um momento seu, não estava sob os olhares de príncipes, não queria ser observada.

Sansão riu e encantou-se com a beleza da moça.

— Perdeu alguma coisa? — brincou, segurando as roupas de Dalila, que estavam jogadas na areia.

Dalila estava desconfortável com os gracejos do homem que, para ela, não passava de um desconhecido, de mais um tipo espertalhão que se acha dono das mulheres bonitas.

— Não devia ficar sozinha num lugar tão deserto. Não conhece os perigos que a beleza feminina atrai? — continuou Sansão, tentando arrancar algumas palavras de Dalila.

Ele entregou as peças de roupas e virou-se, garantindo que não lhe olharia enquanto se trocasse.

— Desculpe-me se a assustei. Não se preocupe, não vou lhe fazer mal. Estou indo até o palácio de Gaza. Sabe onde fica?

A protegida de Inárus vestiu-se e, apressadamente, foi embora em completo silêncio. Sansão ficou olhando-a se afastar e percebeu que um lenço vermelho havia ficado pelo chão. Apanhou o tecido e aspirou o perfume da peça. Era um aroma delicado, doce. Refinado, mas sem ser ostensivo.

*

Perto de Zorá, filisteus haviam tomado o acesso ao rio que supria de água os filhos de Dã. Na tribo, o clima era de consternação. Jidafe tentava escavar um novo poço, mas era trabalhoso demais e levaria ainda algum tempo para ficar pronto. E apenas a água de uma pequena fonte também não serviria para todo o vilarejo. Por isso, era preciso tomar uma decisão urgente.

O levita e alguns anciões sugeriram que os danitas deixassem suas casas e seguissem em caravana rumo a outra terra, um local onde pudesse haver melhores condições. Para Jidafe, tal mudança, além de perigosa, era sofrida demais. Há décadas os filhos de Dã habitavam aquela região. E submeter-se, mais uma vez, à opressão filisteia seria pesaroso.

Um conflito entre os hebreus e os filisteus parecia inevitável. Mas, diferentemente de situações passadas, Jidafe procurava ouvir a todos os líderes e pedir direção a Deus para seus passos. Dessa vez, tinha a confiança de sua tribo e não queria perdê-la.

Além do iminente drama na comunidade, Héber também vivia suas próprias angústias. Desde que Samara o havia comparado a um irmão, decidiu que precisava ter uma postura mais determinada e incisiva com as mulheres. E achou que era hora de tentar a sorte.

O problema é que nem imaginava como seduzir uma moça. Não tinha o menor traquejo com isso.

Era noite e o luar estava tão cheio que parecia um lustre arredondado dependurado no céu. Estava quente, e Samara, de sua janela, observava as estrelas. Héber percebeu uma rara chance e sentiu-se repentinamente encorajado a falar com ela. Subiu o lance de escadas até a entrada da casa de Samara e aproveitou para conversar um pouco.

Samara estava enciumada nos últimos dias. Não gostava de dividir a atenção de Héber com Diana e, ao vê-lo se aproximar, entusiasmou-se. Era uma alegria diferente, semelhante à que sentia quando via Sansão.

— Samara, às vezes as palavras me faltam... Sabe que sou tímido para certos assuntos — iniciou sua prosa.

— Comigo, Héber? — riu, nervosamente. — Não é necessário... o que pretende me falar?

— Não sei o que vai pensar de mim depois do que direi... Mas preciso dividir isto...

Samara foi em sua direção, ajeitou seu vestido, sentando-se ao lado de Héber na escadaria. Colocou as mãos sobre os joelhos e tentou disfarçar o nervosismo que tomou conta dela repentinamente.

Héber pôs-se a lembrar da amizade dos dois desde a infância. E de como ela preferia estar perto dos meninos, subindo em árvores, correndo pelos campos, ao invés de ajuntar-se às outras meninas.

— Não sei nem como isso começou, acho que foi quando você caiu da árvore e machucou sua perna. Desde aquele momento deixei de ser apenas seu amigo. Tornei-me seu protetor.

A cada palavra engasgada do danita, Samara sentia o coração saltar no peito. Sua mão já suava à espera do que ele diria.

— Muito embora você preferisse Sansão, continuei zelando todas as noites por você. Lutando esses anos todos contra o ciúmes que sentia, com esperança... até que percebei que nunca seria o dono do seu coração.

Samara tentou interrompê-lo, mas Héber parecia determinado a ir até o fim na conversa.

— Mas isso ficou no passado. Os tempos são outros. Por isso decidi procurá-la...

— Fale de uma vez, Héber... Você está me deixando muito nervosa — insistiu, impaciente.

— Pois vou dizer: o que eu preciso fazer para conquistar a Diana? Não quero que aconteça entre mim e ela o que aconteceu conosco. Preciso do seu conselho feminino, seu conselho de irmã...

Samara não acreditava no que ouvia. E sabia que Héber não estava brincando. Ingênuo como era, ele falava sério. E, por isso, ela não tinha palavras para respondê-lo. Levantou-se irritada.

— Meu conselho de irmã é... me deixe em paz, Héber. Boa noite! — entrou em sua casa, deixando o hebreu confuso para trás.

*

O príncipe Inárus fervia em ódio. Não bastava ter que admitir a derrota, saber que Sansão circulava pela sua cidade o deixava aflito e inconformado.

— Um homem! Apenas um homem! Parece que estamos diante do mais poderoso exército da terra, mas é apenas um único homem a nos afrontar desse jeito — berrava com Abbas.

Coube ao comandante a missão de fechar as portas da cidade, não permitindo que o hebreu escapasse. E também reforçou a guarda no palácio, orientando as diligências dos príncipes das outras cidades a permanecerem por ali enquanto o invasor não fosse capturado.

O clima de descontração, outrora dominante no palácio, cedia espaço a um cenário de conchavos, rivalidades e sítio. Tais incumbia- se de inflamar ainda mais os ânimos, fazendo mexericos. Por um momento, incentivava o príncipe de Gate a conspirar contra Inárus, tomando o controle sobre todas as cidades. Ao príncipe de Ecrom, dizia que Abbas era um homem fraco, e Inárus, inseguro para lidar com o perigo iminente. Aos soberanos de Ascalão e Asdode, fazia com que se enciumassem do poderio de Gaza. Já para Inárus prometia fidelidade e apoio, não sem antes sugerir que Dalila interessava-se pelo soberano de Gate.

Inárus estava atordoado. E mandou chamar Dalila em sua presença. Tomado de ciúmes, não a queria mais se apresentando aos príncipes. E passou a dar crédito às perigosas palavras de Tais.

Já Abbas organizava os poucos soldados que restaram. E a Bak ordenou que buscasse Ayla, a prostituta que passara a noite com Sansão. Quando Ayla chegou à sala de Abbas, foi recebida com bofetões pelo comandante destemperado. Abbas a arrastou pelos cabelos e ordenou que ela contasse tudo o que sabia sobre o guerreiro hebreu.

— Eu não sei onde ele está. Não sei — chorava, tentando se livrar das pesadas mãos do comandante.

Percebendo que sua tática não adiantava, Abbas soltou a meretriz. E ordenou que lhe comunicasse caso soubesse do hebreu, prometendo-lhe uma recompensa. O comandante sabia que precisaria de toda a ajuda disponível e ofereceu duzentos siclos de prata para Bak e Ayla caso conseguissem mover o povo contra Sansão e, quem sabe, capturá-lo.

Era muito dinheiro pela cabeça do hebreu.

No templo de Dagon, apesar do vinho, da música e das mulheres, os príncipes pareciam estar num velório. E queixavam-se por estarem sitiados ali. O soberano de Gate ficou ainda mais aborrecido quando soube que Dalila não se apresentaria diante deles.

— Já não basta estarmos presos aqui, e agora irá nos poupar a beleza de Dalila? — murmurou.

— Vê algum problema nisso? — rebateu Inárus, já impaciente.

— A beleza de sua protegida poderia nos consolar.

— Pois consolem-se de outro modo. Estou no meu palácio e aqui se faz a minha vontade — bufou o soberano de Gaza, saltando de seu trono e indo em direção ao príncipe de Gate.

A tensão só aumentava. Os príncipes reclamavam que haviam enviado soldados, e que estes foram mortos por apenas um homem. Questionavam a liderança de Abbas e de Inárus.

— E o grande líder de Gate teria uma estratégia infalível para derrotar o hebreu? — retrucou Inárus ao ouvir os lamentos do seu rival.

— O grande líder de Gaza está clamando por socorro? Isso é uma confirmação de que a situação foge de seu controle? — ironizou, diante do riso de todos.

A humilhação o atingiu em cheio. Inárus desembainhou sua espada, desarmou o soberano de Gate e aprontou-se para lhe cortar o pescoço diante de todos. Foi quando ouviu um burburinho vindo do corredor que levava até o templo de Dagon.

Era Sansão. Após fazer campana na entrada do palácio, o hebreu matou alguns soldados e invadiu a fortaleza de Inárus. Encontrou-se com Abbas pelo corredor, rendeu o comandante e o fez levá-lo até o templo.

Quando invadiu o átrio do templo, convidados, serviçais e cortesãs ficaram alvoroçados. Dalila correu também para assistir de perto a invasão e conhecer, finalmente, o guerreiro hebreu que habitava seus pensamentos. E surpreendeu-se ao ver que se tratava do mesmo estranho que a abordou horas antes, na praia. Ficou impressionada em saber que o "monstro hebreu", como era chamado por Abbas e Inárus, não passava de um homem comum. Não era um gigante de três metros e, se não fosse sua enorme força, seus músculos e suas longas tranças no cabelo, passaria despercebido como qualquer trabalhador na cidade.

A jovem aboletou-se por detrás de uma das colunas do templo de Dagon e ficou observando o que acontecia.

Assim que entrou no templo, Sansão jogou Abbas no chão e foi em direção a Inárus, que o encarou com fúria. Abbas ainda tentou avançar outra vez sobre o hebreu, mas, sem tirar os olhos de Inárus, Sansão golpeou o comandante, lançando-o contra uma das colunas do salão.

— Deixe, Abbas! — ordenou Inárus em tom conciliatório. — Se Sansão veio até nós, deve ter algo a dizer.

— Então é você? Inárus de Gaza?

— Não ensinaram aos hebreus que devem curvar-se na presença de um soberano? Pois está diante de cinco deles.

Sansão olhou para os príncipes das cinco cidades-estado filisteias. Tão perto de si estavam os soberanos de Asdode, Gate, Ecrom, Ascalão e Gaza. Ele quase podia sentir o cheiro do sangue brotando das mãos dos príncipes. Sangue de gente do seu povo, oprimido por quarenta anos de perseguição desde que os filisteus, na batalha de Afeque, tomaram-lhes a Arca da Aliança, o maior símbolo da fidelidade entre Deus e as tribos de Israel.

— Não me curvaria a nenhum de vocês, muito menos a seus ídolos — reagiu o hebreu.

— Também olha em meus olhos quando não devia fazê-lo — irritou-se o soberano de Gaza.

— Quantas mortes de pessoas do meu povo se escondem por trás do seu olhar, Inárus?

— A mesma pergunta lhe faço, valente guerreiro. Só em Judá foram mil soldados filisteus.

— E não pararei enquanto não tiver me vingado totalmente.

Embora os soldados e príncipes estivessem prontos para sacar suas espadas, ninguém se atrevia a fazer um movimento ou som sequer. Estavam paralisados e perplexos com o que estava acontecendo no palácio. Um invasor desarmado e de sandálias subjugava-os, na mais completa humilhação experimentada pelos príncipes filisteus.

— Estaria mentindo se dissesse que me arrependo pelo mal que fiz ao seu povo — provocou o líder de Gaza.

Sansão revoltava-se cada vez mais. Mas seu plano não era matar a todos. Queria arrancar dos líderes ali reunidos a garantia de que deixariam os hebreus em paz.

— Vim pela libertação do meu povo. Pelo fim das guerras e da opressão. Não é justo que meu povo continue sofrendo dessa forma. Vocês não têm o direito de nos expulsar, de nos oprimir como fazem... Por que não voltam para o lugar de onde vieram?

— Um guerreiro querendo a paz? — riu Inárus, debochando de Sansão, que, àquela altura, controlava seus impulsos mais primitivos.

O soberano de Gaza chamou Myra e ordenou que as mais belas cortesãs, com exceção de Dalila, se apresentassem com danças. Ordenou também aos criados que servissem bebidas e comidas pelo templo.

E, em poucos segundos, dezenas de mulheres, das mais bonitas da cidade, contorciam-se em apresentações artísticas e movimentavam-se com sensualidade diante de Sansão, que observava toda a encenação irritado.

— Não sou seu convidado e nem quero aliança com você. Minha única aliança é com meu Deus.

— Trégua, Sansão. Um acordo de paz não deixa de ser uma aliança... E um pouco de beleza vai iluminar nossos pensamentos — sorriu. E, aproximando-se do hebreu, sussurrou.

— Odeia os filisteus, mas se agradará das filisteias...

Mesmo contrariado, o hebreu sentou-se um pouco enquanto observava as cortesãs se apresentarem. Suas lembranças, no entanto, foram levadas até Timna, até Ieda. Lembrou-se de sua primeira noite com a esposa. De seu corpo delicado e de sua doçura e seu encantamento. Recordou-se, com amargura, de Judi tentando seduzi-lo. E, por fim, da moça que se banhava no mar de Gaza. E, enquanto esquadrinhava cada pedaço do templo com os olhos, encontrou, por detrás de uma coluna, o inesquecível rosto de Dalila. Ela também o encarou por um breve instante e percebeu que o guerreiro hebreu trazia amarrado à cintura o seu lenço, esquecido na areia. Sorriu nervosa e desapareceu das vistas de Sansão, enquanto as outras moças rodopiavam seus lenços ao ar em danças sensuais e sugestivas.

Inárus percebeu que Sansão estava mais relaxado e pediu que as cortesãs deixassem o recinto por um instante. Ofereceu joias e siclos de prata para que o seu inimigo deixasse de lado qualquer vingança.

Sansão aborreceu-se com a tentativa de chantagem. Saltou de seu assento e agarrou Inárus pelo pescoço, deixando todos os homens sobressaltados.

— Nunca farei uma aliança com o inimigo. Não quero nada que venha de você. Vim apenas avisá-lo, tirano, pois sei que daqui saem as ordens de destruição. Se continuar perseguindo meu povo, não sobrarão joias, riquezas e nenhum filisteu sequer sobre essa terra que nos pertence — esbravejou, soltando-o no chão.

Inárus levantou-se, constrangido, e ajeitou sua roupa amarrotada. Com as duas palmas das mãos penteou os cabelos laterais. E pediu que Abbas acompanhasse Sansão até a saída do palácio, não lhe fazendo mal.

— Não será preciso, tirano. Voltarei pelo mesmo caminho que entrei e que ninguém tente me seguir.

O hebreu passou por soldados com lanças e espadas e seguiu só pelos corredores do palácio, sem ser importunado. Desceu as escadas que levavam até um dos jardins, foi quando ouviu alguém lhe chamar pelo nome.

— Não pedi que ninguém me seguisse...

Era Dalila. A protegida de Inárus que não resistiu à curiosidade e cercou Sansão na saída do palácio.

— Sansão, você está com algo que me pertence — sorriu a jovem, apontando para o pedaço de lenço amarrado em sua cintura.

O hebreu desfez o semblante sisudo, retirou a peça de sua cintura e sentiu o perfume mais uma vez.

— Tome, é seu. Não quis assustá-la. Você é cortesã no palácio? — perguntou, aproximando-se de Dalila e entregando-lhe seu lenço de volta.

— Não... é que as festas costumam ser abertas ao povo — mentiu, tentando seduzi-lo.

De longe, Aron observava os dois e estranhou a forma descontraída como conversavam.

Já Sansão estava relaxado com a presença de Dalila e quis saber seu nome.

Dalila perguntou se ele ficaria mais alguns dias na cidade e sugeriu que os filisteus poderiam surpreendê-lo positivamente.

O hebreu achou graça de tudo aquilo. Dalila tinha um pouco da doçura de Ieda, um sorriso honesto, expansivo e delicado.

A moça acariciou o lenço com o rosto e o devolveu para Sansão.

— Fique com você. Num próximo banho de mar você me devolve.

Sansão ficou sem fôlego perto de Dalila. Quando sua mão tocou a dela, ao receber o tecido fino, sentiu a maciez de sua pele. Era macia como um pêssego, cheirosa como uma romã. Ele riu da cena e continuou seu caminho para fora do palácio.

Como já estava escurecendo, procurou um abrigo na cidade e, ao encontrar Ayla novamente, pediu para passar a noite mais uma vez em sua casa. Queria um teto que permitisse que seus pensamentos repousassem um pouco. Estava agitado com os últimos acontecimentos. Satisfeito com o dia. E pensava em como Manoá ficaria orgulhoso ao vê-lo cumprindo seu dever de restabelecer a paz aos hebreus.

A meretriz fingiu-se acolhedora e colocou-se à disposição. Ofereceu seus aposentos para que Sansão repousasse. Vestiu a cama com novos tecidos, ajeitou uma pele de carneiro para que o hebreu reclinasse sua cabeça, deu-lhe um cantil com água fresca e algumas frutas e alegou que precisaria resolver questões na cidade, mas que voltaria brevemente. Sansão assentiu satisfeito e descansou.

Pelas ruas de Gaza, Ayla procurava seu cúmplice, Bak. Desde que estiveram no palácio, não paravam de fazer planos sobre como os prometidos siclos de prata mudariam suas vidas sofridas. E ter Sansão ali, tão perto e vulnerável, era o prêmio que ambos mereciam por uma vida tão difícil. A passagem para um destino mais confortável.

Bak já havia alertado alguns homens e, ao saber da presença de Sansão, tramou atacá-lo tão logo o temido guerreiro dormisse. Indefeso, poderiam feri-lo e levá-lo preso.

★

No palácio de Gaza, Aron repassava a Abbas os últimos fatos. Dizia que a cidade já tinha seu imponente e intransponível portão fechado e que nenhum viajante entraria ou sairia enquanto Sansão não fosse capturado. Explicou que Ayla e Bak já haviam sido cobrados acerca de informações sobre o hebreu, caso aparecesse. Por último, Aron decidiu contar-lhe o que havia visto horas antes, próximo dos jardins palacianos.

— Comandante, fiquei muito intrigado com o que vi esta tarde. Sansão estava saindo do palácio, mas, antes, conversava com alguém que parecia conhecer previamente... Alguém da confiança do príncipe Inárus.

Ao ouvir isso, Abbas esmurrou a mesa com raiva.

— E quem é esse traidor?

— Dalila.

Abbas ficou em choque. Dalila? Seria ela parte de um complô para derrubar o príncipe e seu comandante? Não esperou para saber a resposta e seguiu furioso até os aposentos das cortesãs, onde Dalila lavava seus pés na sala de banho. Invadiu o local, retirando-a forçadamente e arrastando-a pelos corredores. Entrou em sua sala e jogou a jovem no chão.

— Veremos agora quem tem mais poder aqui... — gritou Abbas de forma ameaçadora. Seus olhos ardiam em ódio. Estava descontrolado. E Dalila, sem entender os motivos para ser levada tão brutalmente, teve medo do que lhe aconteceria.

★

CAPÍTULO 12

Os portões de Gaza

Abbas não poupava Dalila do peso de suas mãos. Se elas não podiam acariciá-la, como desejava, que servissem ao menos para puni-la. E, diante da suspeita de que a cortesã e o hebreu estavam conspirando contra o prícipe, mais desferia seus violentos tapas. Embora a protegida tentasse se explicar, Abbas não lhe dava a menor chance.

Dalila encolheu-se num canto da sala do comandante, sob um balcão onde repousavam luminares e peças de armamentos, como lanças, espadas e punhais. E, com as mãos protegendo a cabeça, explicava, em vão, que o encontro no jardim tinha sido meramente protocolar.

— Não tenho nada mais a lhe dizer, comandante.

— Terá que ser mais convincente. Ou prefere se explicar ao príncipe Inárus?

— Garanto que ele entenderia melhor... Acha que eu estava cumprimentando-o pelas vitórias sobre o nosso povo? Pela vergonha que fez o meu soberano passar diante de todos? Pelo descontrole que causou no comandante do nosso exército? — disse, tentando reaver sua postura altiva e segura.

Abbas não gostou do tom insolente da moça e deu-lhe outro tapa. Arrancou também um pequeno punhal que carregava preso ao ombro e apontou em direção a Dalila.

— Exijo que me respeite! Com quem acha que está falando, sua meretriz?

— Mal troquei palavras com ele... Pensei em fazer algo para ajudar o príncipe, mas na hora tive medo...

— Não me engane, não sabe do que sou capaz.

— Sei do que não é capaz! De vencer Sansão!

O comandante sentiu vontade de atravessar a cortesã com seu punhal e observar sua vida esvair-se em sangue. Depois inventaria uma desculpa qualquer ao soberano e a vida seguiria normalmente. Mas teve medo. Temeu a reação de Inárus. E teve medo também de perder Dalila para sempre. E, em vez de feri-la com a lâmina, puxou-a pelos cabelos, lançando-a para outro canto da sala.

— Descontrola-se dessa forma porque sabe que é verdade o que eu digo! — gritava, tentando escapar.

Diante do choro compulsivo da cortesã, dos gritos, dos jarros estilhaçados por sua sala e mesa revirada, Abbas percebeu que estava indo longe demais em sua fúria. Não tinha como provar nada contra Dalila, sua única opção seria monitorar seus passos. E esperar seu próximo deslise.

O comandante virou-se de costas, pedindo que a cortesã deixasse sua sala. Mas, antes, avisou-lhe para não chegar perto de Sansão.

Dalila voltou em prantos aos seus aposentos. Sua raiva não era apenas pela agressão recebida. Os bofetões de Abbas já lhe eram familiares. Sua indignação era com os homens. Não aguentava mais a pressão de seduzi-los, de ser perfeita o tempo todo, ser admirada como um vistoso pedaço de carne exposto pelos mercadores numa feira qualquer. As mãos de Abbas eram parecidas com as de Rudiju, com as de Inárus, como as dos soldados que a violentaram a pedido de Hannah. Poderia ser também como as mãos de Sansão. Quem garantiria que o valoroso hebreu fosse tão diferente dos demais homens? Dalila atormentava-se com seus pensamentos.

Já Sansão tentava dormir no quarto pequeno e aconchegante de Ayla. Mas a lembrança do rosto perfeito de Dalila não lhe dava paz. Além disso, a cidade estava agitada e ele sabia que os homens estavam à sua caça. Entre eles, Abbas e Aron, que vasculhavam as apertadas vielas de Gaza, repletas de barracas, lixo, comerciantes e prostitutas.

Do quarto onde estava ouviu o destempero de Abbas, que bufava com quem visse pela frente. E anunciava, aos berros, que pagaria até quatrocentos siclos de prata pela cabeça de Sansão. Da janela, percebeu ainda quando o comandante conversou com Ayla e Bak. Preferiu não esperar para saber se a meretriz lhe seria fiel e esgueirou-se pelos telhados da cidade, escapando do aglomerado de soldados e homens que se juntavam nas proximidades.

Cobrindo seu rosto, ele passou discretamente por homens e soldados até chegar diante das portas da cidade. Em cidades muradas, como Gaza, as portas eram essenciais para o acesso. Serviam também como proteção em tempos hostis. Por diversas vezes, Gaza resistiu à invasão de milhares de inimigos apenas trancando suas portas, praticamente intransponíveis.

Era uma construção trabalhosa, que levara anos para ser concluída. Tinha em cada uma das folhas o portentoso brasão de Inárus, na figura de um leão. As peças eram produzidas de ferro espesso e madeira. Com cerca de seis metros de altura e pesando três toneladas. Eram ainda fortalecidas com resistentes trancas e correntes e guardadas por soldados que ficavam a postos diante dela e também nas torres construídas no muro.

Sansão aguardou até por volta da meia-noite, quando a movimentação na cidade diminuiu, e marchou decidido. Avançou sobre a porta, segurando as metades. A força que impôs àquela fabulosa barreira de ferro e madeira fez com que a cidade toda sentisse um ligeiro tremor de terra quando as portas foram derrubadas ao chão. Retirou portas e batentes, deixando um grande estrago para trás. E levou-as sobre suas costas até o alto do monte, de onde era possível avistar o território de Hebrom, na região serrana de Judá. Lá fincou-as no solo e seguiu em direção à pedreira do território de Judá.

No palácio de Gaza, Dalila foi procurar Inárus. Queixou-se da forma violenta como Abbas vinha agindo contra ela e, chorando, mostrou o rosto com as marcas dos tapas do comandante. O soberano de

Gaza, indignado ao ver sua protegida ferida, a abraçou, consolando-a. Foi quando sentiu o tremor de terra e ouviu o estrondo das portas sendo arrancadas da cidade. Já era início da madrugada, e o barulho despertou os príncipes das cidades-estado, hospedados no palácio de Gaza, que ficaram atemorizados e correram de seus aposentos até o templo de Dagon, onde cobraram satisfações imediatas de Inárus. Acreditavam que o palácio estava sendo atacado por Sansão.

O soberano de Gaza tratou de tranquilizar seus hóspedes. E garantiu que tudo não passava de um leve terremoto, sentido não apenas ali, como em todas as cidades filisteias. Mas em seu íntimo, sabia que o episódio vinha de alguma ação de seu inimigo hebreu.

Na manhã seguinte, Abbas procurou Inárus. Estava envergonhado, da mesma forma como havia voltado de Judá. E contou como Sansão havia arrancado as portas da cidade, deixando-a desprotegida para quem quisesse entrar.

Inárus estava incrédulo com o que ouvia.

—Você está me dizendo que o hebreu simplesmente as arrancou? Como arrancou?

— Com todas as trancas e correntes, meu senhor. Ao que tudo indica, ele as arrancou com as próprias mãos e as levou por cima dos ombros.

— Mas... isso não é possível!

—Avisei que a força de Sansão é incomum.

O soberano de Gaza estava perplexo. Nenhum homem poderia simplesmente arrancar aquelas portas. Estava também irritado com seu comandante, que não conseguia deter o hebreu e justificava-se sempre.

— Você causou tudo isso, Abbas! Eu não mandei você fechar aquelas malditas portas. Se não fossem elas, Sansão não teria a oportunidade de demonstrar, mais uma vez, a força incomum que você não cansa de repetir que ele possui!

Abbas sentia-se afrontado e humilhado. Jamais imaginaria que Sansão pudesse passar por aquelas portas. Pensava em deter o hebreu de uma vez e, assim, recuperar seu prestígio junto ao seu soberano.

Mas seus planos cada vez mais se atrapalhavam e ele não fazia a menor ideia de como deter Sansão.

Quando estava prestes a retirar-se da presença de Inárus, Abbas foi ainda advertido a jamais encostar um dedo sequer em sua protegida, Dalila.

Dalila, que assistia a tudo sentada sobre um assento retangular e estofado, enquanto comia algumas frutas, sorriu satisfeita ao ouvir Inárus repreender Abbas logo cedo. E levantou-se para agradecer seu soberano.

— Você também deverá cumprir as minhas ordens, Dalila. Volte aos seus aposentos e não saia enquanto os príncipes não tiverem deixado o palácio. Não quero mais que se apresente a eles ou que aceite qualquer presente que lhe ofereçam. Posso sentir o cheiro da traição e espero que não venha de sua parte.

Constrangida, a cortesã retornou para seus aposentos, deixando o príncipe sozinho no templo de Dagon. Porém, poucos minutos depois, os príncipes das quatro cidades-estado pediram uma reunião extraordinária com Inárus.

O soberano de Gate pôs-se à frente dos demais e foi direto ao assunto.

— Estamos decididos. Diante dos últimos acontecimentos, não responderá mais pelo conselho das cidades filisteias. A partir deste momento, eu serei o novo senhor dos senhores — anunciou, aguardando a reação do príncipe de Gaza.

Inárus, já exausto pelos últimos acontecimentos, via a cada momento algo pior ocorrer para lhe tirar ainda mais a escassa paciência. Ao ver os quatro soberanos rebelados contra ele, levantou-se de seu trono e desembainhou sua espada com hostilidade. Ergueu-a sobre sua cabeça, observando a reação de seu oponente.

O príncipe de Gate também preprarou-se em defesa e uma luta parecia iminente. No entanto, num gesto repentino, Inárus desfez o semblante tenso. Observou a todos mais uma vez e entregou sua arma a um empregado próximo.

Com a movimentação, outra vez convidados e cortesãs correram até o templo para ver o que ocorria. Inárus, estranhamente, parecia à vontade.

— Se todos os senhores estão de acordo... Sabemos que aquele que assumir terá a responsabilidade de combater Sansão, o inimigo mais implacável que já tivemos até os dias de hoje.

O príncipe de Gate não se intimidou com a tarefa. E continuou sua provocação.

— Aceitaria de bom grado se me oferecesse também Dalila, para compensar tantos contratempos que tivemos nos últimos dias...

Inárus sorriu, incomodado. E, assentindo, pediu que seu rival se aproximasse, num gesto de confiança e respeito. O príncipe de Gate deixou sua espada no chão, desarmando-se, tal como fez Inárus, e colocou-se ao lado do soberano de Gaza, diante dos outros três príncipes e dos demais convidados e cortesãs que observavam atônitos a transição de poder.

Com um ligeiro sorriso e em tom amistoso, Inárus envolveu seus braços sobre os ombros do seu opositor, e se pronunciou.

— Sei o que é melhor para Gaza e para o povo filisteu... E não permitirei que ninguém ameace o meu poder.

E, mal acabou de dizer essas palavras, triou um pequeno punhal escondido em sua manga e o enterrou no abdômen do príncipe de Gate.

— Só deixo o poder no dia em que derrotar Sansão! E acabarei com todo aquele que atentar contra mim — esbravejou, retomando a aparência tirana e o tom de voz ameaçador.

Seu antagonista caiu diante do trono e morreu lentamente, sob os olhos aterrorizados de todos.

⋆

Em Zorá, a escassez de água era cada vez maior. A água potável estava no fim e as plantações haviam secado. Uma nova semeadura era incerta.

Jidafe estava relutante em deixar aquelas terras. Suas memórias estavam todas ali. Mais do que isso, próximo dali, numa colina, sob uma figueira, estavam sepultados os corpos de sua esposa e filho pequeno. Os dois haviam sido mortos numa emboscada promovida por filisteus.

Aquela árvore era o refúgio de Jidafe. Sob as sombras da figueira, ele passava horas. Chorava pela dor que lhe apunhalava a alma. Era seu verdadeiro lar, dividido nos últimos tempos com o pequeno amigo Gadi. Lá eles compartilhavam a dor e se uniam cada vez mais por um futuro melhor.

Héber, o levita e a maioria dos anciões haviam optado por procurar um novo local onde os filhos de Dã pudessem se estabelecer. E decidiram então partir em duas caravanas.

Jidafe, na companhia de alguns homens, seguiria rumo ao norte, e Héber, em outra pequena caravana, iria em direção ao sul, onde ficava Judá.

Gadi estava triste com a expedição de Jidafe. E decidiu ajudar do seu jeito. No dia seguinte à decisão sobre as expedições, Gadi acordou bem cedo e, escondido de Zilá, saiu em direção ao rio que estava dominado por filisteus. Esgueirou-se por algumas colinas e desceu até uma parte de várzea. Lá, às margens do córrego, encheu de água dois jarros que carregava consigo.

Ligeiro, passou desapercebido dos soldados e voltou orgulhoso para Zorá. Jidafe, Samara e Zilá já reviravam o vilarejo há horas à procura da criança quando ele surgiu com os dois galões de barro amarrados numa trave de madeira e suspensos sobre os ombros.

—Vejam! Trouxe água! Posso conseguir mais — disse animado, ao ver Jidafe.

— Não deve mais fazer isso, ouviu? Nunca mais saia de perto sem nos avisar. Isso não é assunto de criança — Jidafe o censurou, irritado com a desobediência do garoto.

Jidafe assumia cada vez mais um papel paternal na vida de Gadi. Abandoná-lo em Zorá, partindo rumo ao norte, era como se estivesse, outra vez, perdendo sua família.

Samara também estava ansiosa. Ela não queria ver Héber partindo numa jornada tão perigosa. E ardia em ciúmes por causa de Diana. Na manhã do dia da viagem, ela estava aflita, sentada à beira de um poço já seco no largo de Zorá. Ouvia, de longe, o levita abençoar a jornada das duas caravanas.

Foi quando Diana sentou-se ao seu lado. Samara a olhou por sobre os ombros e lamentou a viagem arriscada que seu amigo faria, passando por áreas dominadas por filisteus.

— O Héber não está preparado para isso.

— Talvez queira mostrar justamente o contrário. Talvez queira provar que também pode fazer algo por nós.

— A quem o Héber precisaria provar algo?

— A você, Samara. À mulher que ele ama e que nunca enxergou o homem por trás do amigo. Também é por você que ele faz isso. Para ganhar ao menos sua admiração, já que seu amor ele nunca teve.

Samara ficou confusa. Era claro que Héber a amava. Sempre amou. Esteve ao seu lado todos esses anos. Era seu amigo. Ouvia, sem reclamar, sobre seus sonhos e seus planos. Era pacato, um pouco atrapalhado, mas um grande homem. Teve coragem de ir sozinho até Timna, em busca de Sansão. Assim como lançara-se sobre seu agressor, durante a festa da colheita, sem medir qualquer risco.

Era temente a Deus e guardava a Aliança. Que melhor homem haveria para compartilhar a vida?, pensou. Apesar da alegria por finalmente enxergar todos os fatos como deveria, entristeceu-se, pois Héber estava prestes a trilhar um caminho de volta incerta e eles nem haviam se despedido.

— Ele a ama, Samara. Da forma mais pura, mais sincera... — continuou Diana, incentivando-a.

Samara já não conseguia esconder o sorriso de alívio e alegria.

— E eu... eu acho que também o amo. É... Eu acho que amo o Héber. Por isso fiquei tão enciumada quando vi vocês juntos, naquela alegria... Essa angústia, esse vazio no peito...

A jovem levantou-se, apressada. Agradeceu Diana e correu até onde Héber ajeitava as últimas bagagens e provisões para a longa jornada sobre o dorso de um cavalo.

— Héber... queria lhe dizer que, mesmo achando uma loucura o que você está fazendo, estará nas minhas orações.

O hebreu achou graça do jeito afoito, contrariado e meigo de Samara. Acariciou seus cabelos e beijou-lhe a testa.

— E você estará todos os dias em meus pensamentos.

Sua caravana seguiu rumo ao deserto que o levaria até Judá. E, por horas, os homens caminharam sob um sol forte. A areia dificultava a trilha, mas era o caminho mais seguro, desviando das regiões onde comumente topariam com milícias filisteias. Héber conhecia o caminho. Era o mesmo que levava até Timna. E sabia que, bem perto de onde estavam, havia um pequeno açude onde os homens poderiam descansar um pouco e dar água para os cavalos. Já estavam a algumas horas distantes de Zorá quando ouviu o trotar de cavalos. Olhou para trás e desesperou-se. Estavam sendo emboscados por um grupo de soldados filisteus.

★

No caminho até Judá, Sansão encontrou-se, outra vez, com o enigmático andarilho. E, como sempre fazia nessas ocasiões, abriu-lhe o coração. Havia derrubado as poderosas portas de Gaza, humilhado seu soberano. Mas seus pensamentos estavam presos ainda à cidade filisteia e às feições de Dalila. Outra vez, uma mulher filisteia lhe saqueava a mente e o coração.

E, cada vez que se recordava de Dalila, desatava o lenço preso a sua cintura e sentia o perfume da cortesã. Estava entorpecido por seu aroma. Embebido por sua beleza.

— Havia tantos olhares de ódio voltados para mim naquela sala. E eu a encontrei. A mesma mulher que estava no mar e tanto chamou minha atenção. A mesma que me olhava escondida por trás daquelas frias colunas. Ela agora toma meus pensamentos e me confunde ainda mais.

O andarilho o escutava, atento, enquanto Sansão continuava a pensar em voz alta.

— Nisso percebo que não sou tão diferente dos outros. Sei que devo seguir meu caminho, mas é como se Dalila me pedisse para voltar.

— Não se deixe desviar do caminho certo, Sansão — foi o conselho do andarilho.

Após o encontro no deserto, Sansão seguiu até Judá. Eram ainda as primeiras horas da manhã quando chegou. E, ao verem que o guerreiro danita havia retornado, os homens daquele povoado celebraram.

Sansão pediu para permanecer alguns dias com eles. Precisava colocar os pensamentos em ordem antes de continuar sua extenuante jornada. E, nos dias que permaneceu ali, ajudava na pedreira, em todo o tipo de trabalho. Sua voz era ouvida e respeitada entre o povo. Para eles, era uma alegria tê-lo ali. Sansão, porém, atormentava-se cada vez mais com as lembranças de Dalila. Seus objetivos perdiam-se quando ele pensava na bela jovem.

Após alguns dias, Sansão apanhou seus pertences, encheu seu cantil com água e anunciou que estava partindo. Um dos trabalhadores o abraçou, agradecido.

— E para onde vai, filho de Dã?

— Voltarei para Gaza, atrás da mais bela dentre todas as mulheres.

O homem riu e desejou-lhe sucesso em sua empreitada.

Cada passo até Gaza deixava Sansão eufórico. E na imensidão de areia era como se Dalila surgisse no horizonte, com seu sorriso luminoso, sua pele macia, seu perfume adocicado.

Tão logo entrou nos limites da capital das cinco cidades-estado filisteias, Sansão seguiu até a praia. Pensava encontrar Dalila no mesmo local onde a havia encontrado pela primeira vez. Quem sabe se banhando novamente.

★

Ao perceber que Jana havia deixado o palácio e que não a ajudaria mais em seu plano para derrubar Dalila, Tais tratou logo de vingar-se. E contou a Inárus e Abbas que uma hebreia havia vivido infiltrada no palácio e que estaria ainda morando sob os domínios filisteus, em Gaza.

O soberano de Gaza ficou aturdido com a informação. E mandou que chamassem Dalila.

— A protegida do soberano de Ecrom me contou sobre uma cortesã que viveu no palácio por anos, fingindo pertencer ao nosso povo, mas, na verdade, era hebreia. Você a conheceu?

Dalila sentiu um frio percorrer sua espinha, e fingiu surpresa ao ouvir Inárus.

— Eu... não me recordo de ninguém... Uma hebreia entre nós? Se eu soubesse, teria dito ao soberano... Mas se ela não vive mais aqui...

— Até Sansão invadir o palácio, jamais permiti que um hebreu pisasse neste chão. Não servem nem para escravos, quanto mais para cortesãs. E se essa mulher conseguiu enganar a todos e ainda vive na cidade, deveria ser punida... — prosseguiu o soberano de Gaza, visivelmente irritado com o fato.

Dalila assentiu e, assim que conseguiu, deixou o templo de Dagon e seguiu ao centro de Gaza. Precisava avisar a amiga do perigo iminente. Jana deveria deixar a cidade o mais breve possível.

Usando sua túnica branca, ela caminhou pelas vielas da cidade, optando por novas rotas. Atravessou barracas, ziguezagueou no meio da multidão que circulava no grande centro e, quando sentiu segurança, tomou o caminho que levava até o pequeno quarto onde vivia Jana e Cário.

Jana, ao ouvir sobre a traição de Tais, parecia não se preocupar com a ameaça. Desde que os boatos sobre o invencível libertador hebreu que havia derrubado as portas da cidade se espalharam, ela acreditava que seu sonho de voltar a viver junto a seu povo, em paz, estava perto de se concretizar. Sansão seria seu salvador. Ele restauraria a liberdade roubada pelos filisteus, como nas histórias contadas por seu pai, desde sua mais tenra idade.

Jana repetia como um mantra a frase predileta de Cário.

— O curso da vida segue, Dalila. Quero voltar a viver entre o meu povo. Algum lugar onde eu possa ensinar as crianças a cantar, dançar... Viver em paz, ouvir histórias dos patriarcas, conversar com os levitas, festejar a colheita... Tenho saudades das minhas raízes, do meu povo — dizia. Seus olhos brilhavam imaginando um tempo de paz e liberdade.

Cário cumprimentou Dalila rapidamente e saiu para pescar com uma lança de madeira que ele mesmo havia preparado. Ele esperava um momento de pouca movimentação e saía pelas ruas da cidade até pegar o caminho da praia. Lá ia para um local afastado, onde poucas pessoas apareciam. Deixava um pedaço de pano sobre uma pedra e entrava até a altura das finas canelas, atento aos peixes maiores. Quando os via, com uma rápida estocada, atravessava-os. E assim provia alimento para si e para a amiga, Jana.

Foi enquanto estava concentrado na água que viu refletida a imagem de um homem. Ergueu a cabeça e encarou o estranho, que lhe observava com ar amistoso.

— Não se assuste, não sou o monstro que dizem.

Era Sansão, que retornava a Gaza em busca da mulher que lhe atormentava os pensamentos dia e noite.

— Estou à procura de uma moça chamada Dalila. Você a conhece?

Cário não sabia que se tratava de Sansão, mas sabia reconhecer uma pessoa desumana facilmente. Havia convivido com vários tipos brutais no palácio. E o hebreu não lhe parecia um homem violento, pelo contrário, era amigável e não o tratava com desprezo por causa de sua aparência e suas cicatrizes no rosto. Assentiu e, com um sinal, pediu que o acompanhasse.

Poucos minutos depois, estavam diante da porta do cômodo onde vivia com Jana. Entrou, assustando Dalila e a amiga, que conversavam.

Cário entrou primeiro, e Sansão, em seguida. O hebreu descobriu o capuz sobre a cabeça, deixando suas tranças escorregarem por sobre os ombros. E abriu um largo sorriso ao reencontrar a bela Dalila, mesmo que ela tivesse no rosto uma expressão assustada pelo súbito reencontro.

*

CAPÍTULO 13

O desejo que cega

Héber correu o mais rápido que pôde. E, enquanto mergulhava nas brumas de areia que se formavam com a ventania, via as silhuetas dos homens que desapareciam atrás dele como miragens.

Mesmo já distante o bastante para não ser alcançado, continuou correndo. Já não sabia mais a direção em que estava. Nem se algum outro companheiro de viagem havia sobrevivido ao ataque. Pensava apenas em manter-se vivo e distante.

Após algumas horas, seu corpo exausto já não se aguentava em pé. Ele já havia passado pelo deserto e entrava numa região rochosa quando caiu desmaiado.

Sem perceber, havia chegado na entrada da pedreira onde trabalhavam os homens de Judá, que, ao vê-lo desfalecido, correram para socorrê-lo. Deitaram-no sobre uma prancha de madeira e molharam seus lábios, até que ele recobrou a consciência.

— Por Deus, não se aproximem. Tenham piedade de mim!

— Não se preocupe. Está seguro entre os seus — respondeu um trabalhador, amistosamente. O homem lhe ajeitou a cabeça sobre um pedaço de pano que havia sido dobrado e que lhe servia como travesseiro. E deu um pouco de água fresca, retirada da fonte de *En-Hacoré,* ou "Fonte do que Clama". A mesma que milagrosamente surgiu após Sansão vencer os filisteus com a queixada do jumento.

Acolhido, o danita contou sua história. Explicou que viajava pelo deserto numa pequena caravana de seis homens quando um grupo de filisteus os atacaram. Ele estava um pouco mais a frente e correu, despistando os agressores.

— E de onde vocês vinham?

— De Zorá. Da tribo de Dã — respondeu Héber, já aconchegado, enquanto bebia a água fresca e arrancava, numa dentada, um naco de pão que lhe fora servido.

— Da tribo de Sansão? — surpreendeu-se um dos trabalhadores da pedreira.

Héber ficou aturdido. Se aqueles homens conheciam Sansão, talvez seu amigo estivesse por lá. E encontrá-lo seria tudo o que precisava. Quem, melhor que Sansão, saberia como agir diante da crise que se avizinhava a Zorá?

O trabalhador pôs-se a explicar como conheceram Sansão e como o danita havia derrotado mil homens do exército filisteu ali mesmo, naquela pedreira, usando apenas uma queixada de jumento.

— E ele continua com vocês? Ele está aqui? — perguntou Héber, afoito.

— Não, ele disse que voltaria para Gaza à procura de uma mulher...

— É, realmente, é de Sansão que estamos falando — riu Héber, lembrando da maior fraqueza do amigo, a beleza feminina.

Após passar alguns dias junto ao povo de Judá, o danita decidiu ir ao encontro de Sansão em Gaza. Agradeceu a acolhida e seguiu em direção à cidade-sede filisteia, em busca do amigo.

Gaza vivia dias difíceis. Desde que Tais revelou ao comandante Abbas que uma hebreia viveu por anos como cortesã do palácio, ele estava enfurecido. E, por conta própria, sem o consentimento de seu soberano, decidiu iniciar uma feroz perseguição aos filhos de Abraão. Queria que todo hebreu que estivesse na cidade fosse assassinado como forma de vingar-se da humilhante derrota sofrida para Sansão.

Passava seus dias ressentido e em busca de informações que o levassem à captura de Jana. Vasculhava as ruas da cidade de Gaza, instava meretrizes e mercadores. E contava com a ajuda de Bak, que havia se tornado os olhos do comandante no povoado.

Bak queria receber recompensas do palácio e para isso não poupava esforços para agradar ao comandante. Junto com outros homens, torturava e matava hebreus que viviam clandestinamente pela cidade.

No palácio, Abbas esquadrinhava cada dependência. Interrogava cortesãs, pressionava os empregados e soldados. Mas não havia pistas sobre o paradeiro de Jana e tampouco de outro hebreu qualquer.

Foi em meio a esse clima hostil que Héber chegou à cidade após horas de viagem desde Judá. Observou com surpresa o estrago feito por Sansão nos muros que antes sustentavam as famosas e fortificadas portas de Gaza.

A movimentação era frenética. E bem menos acolhedora que em Judá. Os únicos sorrisos vinham das prostitutas que se ofereciam a todos os homens que circulavam pelo local. Héber desvencilhava-se delas, meio sem jeito e tímido. E também se desviava do caminho dos homens que carregavam cestos vendendo toda espécie de quinquilharias pelas apertadas vielas da cidade.

Foi quando esbarrou em Ayla, que logo identificou no forasteiro a oportunidade de obter alguns trocados pela manhã.

— Sua procura acabou, viajante — disse, aproximando-se o suficiente para que ele sentisse o calor e o perfume de seu corpo.

Héber riu nervosamente. E, sentindo-se à vontade, perguntou à meretriz se ela tinha notícias de Sansão. Ao ouvir o nome do guerreiro hebreu, Ayla ficou inquieta. Héber, porém, continuou falando, dizendo que era amigo de Sansão e que estava à sua procura.

Bak estava próximo aos dois e, quando ouviu o atrapalhado danita referindo-se a Sansão como seu amigo, saltou sobre Héber, dando-lhe voz de prisão.

— Você irá me contar agora onde está seu amigo, Sansão!

— Tenha piedade de mim! Vou embora de sua cidade imediatamente e prometo nunca mais voltar — pediu, assustado.

Mas Bak não pretendia soltá-lo. E nem entregá-lo a Abbas. Se Héber fosse amigo de Sansão como dizia, certamente atrairia o guerreiro danita ao seu encontro. E capturar ou matar Sansão lhe renderia duzentos siclos de prata, uma fortuna inacreditável. Pensar no tilintar das moedas sendo depositadas em suas mãos fazia Bak sorrir tal qual criança.

*

Sansão estava novamente diante de Dalila. Sorridente, o hebreu desatou de sua cintura o lenço de Dalila e entregou-o a ela.

— Não a encontrei no mar...

Dalila pegou a peça, envergonhada diante de Cário e de Jana, que pelas tranças reconhecera o famoso Sansão. O rosto da moça hebreia iluminava-se como se um pequeno sol tivesse invadido sua casa.

— Sou filha de Abraão, como você. E o admiro por tudo que fez pelo nosso povo, tinha a esperança de que ainda voltaria!

Sansão assentiu, mas não conseguia tirar os olhos de Dalila. E ela lhe parecia ainda mais bonita dessa vez. Mais linda do que nos seus pensamentos em Judá. Mais bela do que quando o mar brincava com seus cabelos no litoral. Não havia nenhuma moça que lhe despertasse tanta atenção. Estava completamente apaixonado. Outra vez.

— Depois do que vi no palácio, imagino que tenha voltado a Gaza para matar o soberano — questionou Dalila, dificultando a conversa.

— Não, vim em paz. Eu voltei por você, Dalila — respondeu com cumplicidade e sem rodeios.

A declaração a fez corar de vergonha. Apesar de sempre atrair os homens, raramente era tão cortejada. E isso a deixava sem jeito.

— E o que faz para proteger seu povo? — perguntou, esquivando-se do galanteio.

— Eu tento livrá-los daqueles que os dominam... a não ser que a dominação seja por escolha própria — continuou Sansão, arrancando um riso ainda mais nervoso de Dalila com seu flerte.

— Pois não percebe que está colocando a vida de uma hebreia em risco? E se os homens o seguirem até aqui? Você pode até fugir levando as portas da cidade, pode matar os soldados, mas Jana continuará aqui... — desandou a falar, constrangendo a anfitriã.

— Dalila! Não! A minha esperança era de que Sansão chegasse justamente para me levar até uma das tribos... Para viver entre as pessoas de nosso povo. Acha possível isso, Sansão? — perguntou Jana.

Sansão assentiu. Dalila estava preocupada. Sabia que aquele jogo de sedução era perigoso para ela. Mesmo jovem, já havia aprendido que era preciso estar com as rédeas da situação nas mãos. O controle do jogo. Foi assim que se aproximou de Inárus e fez com que o soberano a tornasse sua protegida palaciana. Foi assim com Abbas, quando lhe foi oportuno. Já com Sansão, era ela quem perdia seu chão. Sua estabilidade. Tropeçava nas palavras. Falava compulsivamente. Sentia o rosto corar e aquecer. Aquele homem mexia com ela como nenhum outro e, sem saber como agir ou o que falar, decidiu vestir sua túnica branca e fugir pelas vielas de Gaza.

O hebreu seguiu Dalila, pedindo que a esperasse.

— Calma. Eu voltei com um objetivo. E só partirei quando cumpri-lo.

— Que objetivo, Sansão? Mal nos conhecemos! Nunca lhe dei esperanças. Vá embora! — disse, fazendo menção de correr.

O danita a segurou com firmeza pelos braços.

— Não colocarei sua amiga em risco. Vou acampar na praia. E vou esperá-la no mesmo lugar onde nos encontramos pela primeira vez, todo fim de tarde.

— E o que o faz acreditar que irei até lá?

— Eu conheço o olhar de uma mulher — respondeu, com um sorriso travesso e sedutor.

Dalila franziu a testa. Virou-se e partiu, segurando o lenço recebido por Sansão.

O hebreu retornou para a casa onde estava Jana e Cário. Pediu que os dois tomassem cuidado e que, assim que fosse possível, levaria Jana até um povoado hebreu onde ela pudesse viver com segurança.

— Só lhe peço um favor. Avise a Dalila, caso a veja, que um guerreiro não desiste facilmente dos seus objetivos. Ela vai entender — disse, retirando-se para a região do litoral.

Jana assentiu, sem entender bem o fascínio de Sansão por Dalila. E seguiu as recomendações do hebreu, evitando circular pela cidade e aguardando o momento em que ele a levaria a salvo.

Sansão procurou as encostas de uma pequena colina ao lado do mar de Gaza, distante o suficiente da entrada da cidade e longe de qualquer visitante inoportuno. O paredão natural o protegia do forte vento. Lá construiu uma pequena cabana. Alimentava-se de pescados e frutos de árvores da região. E, todo fim de tarde, seguia até a beira da praia onde avistou Dalila pela primeira vez. Lá aguardava a protegida de Inárus com paciência e devoção.

Algumas vezes recebia a visita de Cário, que pescava por ali também. Sansão tentava obter o endereço de Dalila, mas Cário negava-se e era econômico e enigmático nas palavras.

— Você acha que ela me considera um monstro? — perguntou o hebreu.

Cário divertiu-se com a ideia. Logo ele, que para tantos era considerado como tal.

— A beleza salvou o monstro.

Sansão ficou intrigado e pediu que o jardineiro continuasse ajuntando as ideias e as palavras.

— Junte-as até que elas façam sentido para mim — encorajou.

— A escuridão, bravo guerreiro... o frio das correntes, as garras de ódio marcavam a minha carne. A fera... — dizia, em alusão a Abbas.

Cário continuava, soltando frases desconexas como peças de quebra-cabeças ao ar.

— O grito de dor pelo silêncio. E da pedra dura saiu água. Curou as feridas. Fez renascer a esperança e trouxe de volta a liberdade.

A cada frase, o jardineiro se lembrava dos grilhões da cadeia. Da forma como era chicoteado pelo comandante e como Dalila o salvou. Sorriu um sorriso leve, de plena felicidade. Se estava ali, pescando com o guerreiro danita, era porque Dalila lhe dera a oportunidade de viver.

— A beleza salvou o monstro.

Sansão ouvia tudo com atenção e, mesmo não entendendo como as coisas aconteceram, sabia que se tratava de algo significante.

— Se é assim, há outro monstro que precisa ser salvo — divagou o hebreu.

Dalila havia retornado a sua rotina palaciana. Passava os dias servindo a Inárus, conversando com Myra e Yunet e, sempre que conseguia, escapava para a cidade, onde visitava Jana e Cário. Às vezes ia secretamente até a praia e observava Sansão, de longe. Achava graça como o hebreu cumpria sua promessa de aguardá-la e estava cada vez mais fascinada por ele. Mas, ao mesmo tempo, sabia que se relacionar com um outro homem que não fosse Inárus poderia custar-lhe a vida. Por isso, mesmo desejando encontrar-se com Sansão, retornava com melancolia para os seus afazeres. Seus pensamentos, porém, voavam cada vez mais.

Já havia passado alguns dias da reunião dos príncipes filisteus e apenas o príncipe de Ecrom permanecia hospedado no palácio de Gaza. Ele e Inárus tinham ainda alguns acordos para selar. Era importante, para o soberano de Gaza, ter ao seu lado o príncipe de Ecrom. Com isso, Tais também continuava nos domínios de Gaza, dissimulando e arquitetando uma forma de derrubar Dalila. Foi observando sua rival que percebeu seus sumiços ocasionais e deduziu que pudesse estar se encontrando com Jana em algum esconderijo da cidade. E, conforme as ideias começaram a fazer sentido em sua cabeça, correu até Abbas para compartilhar seus pensamentos.

Rompeu a sala do comandante saltitante. Estava eufórica.

— Dalila está armando algo. Vi quando ela saía às escondidas, e não pude segui-la porque o meu senhor ordenou que eu ficasse no palácio... Cheguei a falar ao príncipe Inárus que Dalila conhecia a cortesã hebreia...

Abbas socou a mesa, silenciando a protegida do soberano de Ecrom.

— Não adianta acusar Dalila sem provas. Inárus está cego e confia plenamente nas palavras dela.

— Então consiga essas provas. Basta seguir Dalila e descobrir para onde ela vai quando se afasta do palácio. Ela está agindo exatamente como a Jana, e agora sabem que ela tinha algo a esconder. Pois Dalila também tem. E se conseguir provar que a protegida do grande Inárus é, na verdade, uma traidora... Não tenho dúvidas de que voltará a ser respeitado por todos.

O comandante ouvia com prazer o plano da moça. Seria fácil segui-la. E, caso Tais estivesse mesmo certa, melhor do que descobrir o paradeiro de Jana seria vingar-se de Dalila. Por isso assentiu, com um sorriso ardiloso.

Poucos dias depois, Dalila vestiu sua costumeira túnica branca. E, discretamente, saiu dos aposentos das cortesãs em direção à cidade. Era a chance de Abbas descobrir o que ela fazia e, sem despertar a atenção de ninguém, passou a segui-la.

Dalila parecia nervosa. Andava a passos apressados. Ganhou as ruas de Gaza e, sempre olhando para trás, esgueirava-se por caminhos circulares, entrava e saía da mesma rua diversas vezes. Parava nas bancas, como se estivesse interessada em tecidos novos. E, quando se sentiu confiante, atravessou os muros de Gaza em direção à praia.

De longe, Abbas acompanhava cada passo da moça. Esperava flagrá-la com Jana. Mas bastou Dalila descer por um íngreme caminho que margeava o mar para que ele se assustasse. Dalila ia em direção a Sansão, que a aguardava sorridente.

★

Myra tinha um plano. Se Aron, ou Norá, como o soldado conquistador se apresentava a ela, gostava de brincar com fogo, estava na hora de se queimar. E, quando a chefe das cortesãs o viu no jardim, correu em sua direção, dando-lhe um beijo longo e sugestivo.

— Sempre acreditei nas suas juras de amor e quando prometia ser fiel a mim.

— Sou fiel aos meus sentimentos. Ao amor... — respondeu, tentando agarrar Myra outra vez.

— Podemos ir até os aposentos das cortesãs e ficar mais à vontade — sorriu Myra, maliciosa.

Aron engasgou de susto. Sabia que ir até os aposentos das cortesãs significava, fatalmente, encontrar-se com Yunet, com quem também mantinha um tórrido caso amoroso. E há tempos evitava encontrar as duas cortesãs juntas.

Mas Myra tinha um plano. E, diante da expressão assustada de Aron, disse:

— Esqueceu que sou a chefe das cortesãs? Vou dar um jeito de ficarmos sozinhos por lá. Vou colocar todas para fora.

Aron ficou enlouquecido com a ideia. E esperava o dia para o furtivo encontro. Não demorou muito para que a data chegasse. Era uma manhã e ele fazia uma ronda pelos corredores do palácio quando foi repentinamente agarrado por Myra.

— O que aconteceu? — perguntou assustado o soldado.

— As cortesãs foram se apresentar. O aposento está totalmente livre para nosso amor.

Aron abriu um largo sorriso. E, de mãos dadas com a chefe da cortesãs, correram pelos corredores até os aposentos das mulheres. Lá Myra o conduziu, aos beijos, até sua cama. Sentou-se e ficou observando a forma como Aron, atabalhoadamente, tirava o cinto, desabotoava a camisa e lançava para longe suas pesadas botas.

— Se está mesmo com saudade de mim, repita aquelas palavras que tanto me encantaram.

— Não me encantam mais que sua beleza, da qual sou escravo... Eu lhe pertenço... Apenas a você. Você é única. É princesa. É rainha e senhora dos meus pensamentos. Quem mais conseguiria apagar essa chama que consome meu coração?

Myra divertia-se com a cena.

— Saberemos agora. — E, após assobiar bem forte, continuou — Alguém se candidata a apagar as chamas do soldado?

Yunet surgiu por detrás de uma das cortinas. E, atrás delas, dezenas de outras cortesãs foram aparecendo, com ar de reprovação.

— Vamos conferir se estamos realmente enganadas... Aquela que foi seduzida pelas juras de amor e fidelidade deste homem, a ponto de se deitar com ele, que dê um passo à frente — interrogou Myra, diante do aflito Aron.

Yunet se aproximou ainda mais. As outras se entreolharam com receio e seguiram o mesmo movimento. Até mesmo uma criada idosa estava entre elas, para o constrangimento de Aron.

Uma a uma, saíram do quarto, deixando Myra e Yunet sozinhas com Aron. O soldado tentou explicar-se, mas as duas também foram embora, deixando-o sem graça no cômodo e pondo fim à sua bem-sucedida carreira de conquistador do palácio.

★

Enquanto Bak mantinha Héber em cativeiro, planejando torturá-lo em praça pública para atrair Sansão, a poucos quilômetros dali, Abbas estava de tocaia, vendo o furtivo encontro de Dalila com o guerreiro hebreu.

Dalila estava apreensiva, e Sansão logo a tranquilizou. Mostrou seu acampamento e prometeu que ficaria à sua espera o tempo que fosse preciso. A jovem riu e os dois seguiram caminhando pela praia, deixando que as ondas molhassem mansamente seus pés descalços. Fazia calor e Dalila levantou um pouco sua saia, deixando à mostra suas pernas. Sansão reparou e tentava desviar o olhar daquelas curvas que lhe maltratavam a imaginação.

Sentaram-se numa rocha à beira-mar e Dalila apanhou um pedaço de madeira, com o qual tentava estocar alguns peixes, mergulhando meio corpo na água. Em poucos minutos retornou com um peixe de bom tamanho.

Sansão ficou admirado com a habilidade da jovem.

— Eu cresci no vale de Soreque. Passei minha vida lá e, mesmo que não quisesse, aprenderia a pescar.

— E o que a trouxe até aqui?

— Os caminhos da vida. Há de ter um motivo... — respondeu, enigmática e percebendo que a conversava havia se estendido mais do que fora planejado.

Os dois colocaram o peixe sobre uma fogueira que crepitava. A luz das chamas projetou a sombra do casal na areia, como se a imagem bailasse ao som do mar. Sansão já não resistia estar ali, tão próximo de Dalila, sem tocá-la. E num movimento abrupto a beijou calorosamente, deixando-a sem reação.

Dalila sentiu seu corpo arder e, assustada com o que sentia, levantou e despediu-se.

— Isso é loucura, Sansão. Deveria partir.

Os dois sorriram como adolescentes apaixonados e Dalila despediu-se outra vez, encantada com o que estava acontecendo. Sansão permaneceu observando-a até que ela desaparecesse por de trás da colina.

Enquanto caminhava apressada de volta ao palácio, já prestes a atravessar a entrada da cidade, sentiu um violento agarrão pelo braço. Assustou-se, pensando tratar-se de algum ladrão. Era Abbas.

— Seus dias de traição terminaram, Dalila — riu descontroladamente.

— Tire suas mãos de mim. Está me machucando!

— Pois essa será a menor das dores que sentirá — gargalhou, levando-a arrastada pelas ruas de Gaza, sob o olhar consternado das pessoas da cidade. Assim que chegou ao palácio, levou-a até a carceragem onde Cário havia ficado preso. Lançou-a com fúria na cela.

— Eu sabia... Sabia desde o início e avisei ao soberano, mas ele preferiu acreditar em você. Tantos anos de lealdade e ele preferiu acreditar nas palavras de uma mulher... Daquela que o traía com seu maior inimigo! Como teve a coragem de fazer isso, Dalila? Como teve a ousadia de envolver-se com Sansão?

— Está descontrolado porque nunca mais conseguiu colocar essas mãos sujas sobre o meu corpo... E saiba que Sansão é muito melhor que você — respondeu Dalila, com ódio.

Abbas a esbofeteou com raiva e levantou-a pelos cabelos. Estava transtornado. Mais do que a traição ao seu soberano, sentia seu coração sangrar. Dalila tinha razão. Aquele corpo nunca havia sido voluntariamente dele. Aquele riso espontâneo. Aquelas mãos macias. Por isso, após outro tapa, o comandante apoiou-se nas grades, exausto. Estava abatido com a descoberta.

Após se recompor, o comandante seguiu determinado até o Templo de Dagon, onde Inárus reunia-se outra vez com líderes filisteus. Entrou no local e, diante do trono do soberano de Gaza, curvou-se com reverência.

— Perdoe a interrupção, meu príncipe. Mas a notícia que lhe trago é de suma importância para o grande senhor de Gaza. Gostaria de conversar com o senhor em particular.

— Diga logo o que houve — respondeu Inárus, com seu olhar gelado sobre o comandante, deixando-o sem jeito.

— A honra do senhor dos senhores foi manchada por uma traição. E, confirmando minhas suspeitas, Dalila é a traidora.

— Comandante, muito já falamos sobre Dalila...

Abbas estava nervoso e não permitiu que Inárus continuasse a falar.

— Confie em minha palavra, meu senhor. Vi com os meus próprios olhos. Acompanhei todos os passos da traidora até ela encontrar Sansão. Vi quando eles se beijaram. Sansão e Dalila são amantes.

As palavras foram como adagas no coração do príncipe, que observou o olhar de espanto dos convidados, entre eles, Tais, que já não conseguia esconder o ar de satisfação.

— Onde está Dalila? Tragam-na até aqui! — berrou com violência o soberano de Gaza.

Dois soldados correram para buscar a jovem e trouxeram-na ferida, suja e com as roupas rasgadas. Levaram-na até diante de Inárus, que mantinha um olhar fixo, contrastando com a indisfarçável expressão triunfal de Abbas e Tais.

— Aí está a traidora! Dalila! A mulher que teve a ousadia de trair a confiança do homem mais poderoso de nosso povo, sem temer pelas consequências de seus atos! Que o soberano seja rígido na aplicação da justiça! E que faça dessa punição um exemplo para todos aqueles que pensarem em um dia traí-lo — discursou Abbas, em alta voz. Inárus continuava em silêncio e aproximou-se devagar até sua protegida. Dalila estava cabisbaixa e segura por dois guardas.

— Soltem-na — ordenou aos soldados. O soberano segurou com delicadeza o rosto de sua protegida. E acariciou-lhe a face com ternura.

— Estava mesmo com Sansão?

Dalila assentiu, contida. As lágrimas brotavam de seu rosto, lavando as feridas abertas pelos tapas violentos de Abbas. Inárus a observava como se ela fosse uma obra de arte. Olhava para os machucados de seu rosto com pesar e raiva.

Eu não avisei que todo homem que tocasse em Dalila deveria ser morto? — perguntou ao comandante, enfurecido.

O comandante surpreendeu-se com o soberano e explicou que não tentou deter Sansão porque estava sozinho.

— E foi ele quem fez isso? — questionou Inárus, apontando para as marcas no rosto de Dalila.

Abbas, envergonhado, respondeu que não e que apenas a puniu, porque Dalila havia resistido a suas ordens.

O silêncio no templo de Dagon era aterrorizante. Inárus olhou mais uma vez para Dalila, fez-lhe um afago na cabeça e virou-se, com ódio, em direção a Abbas.

— Aquele que não cumpre minhas ordens é também um traidor...

— Mas, meu príncipe...

— Detenham este homem! — ordenou, furioso, o soberano de Gaza.

Dois soldados avançaram sobre Abbas, que, indignado, empurrou--os para longe.

— Meu senhor, tem que acreditar em mim. Não se deixe enganar mais uma vez por Dalila. Ela estava aos beijos com seu maior inimigo... com aquele maldito hebreu.

Abbas clamava, quase chorando. Estava inconformado com o rumo que as coisas haviam tomado.

— Eu ordenei a Dalila para que procurasse Sansão — anunciou, sem mudar seu tom de voz ou expressão. — Dalila provou sua fidelidade quando me contou logo que descobriu que Sansão havia retornado a Gaza. Por isso convoquei uma reunião às pressas com os outros líderes filisteus... — continuou, diante da perplexidade de Abbas e Tais.

E, com doçura, levou sua protegida até um confortável assento, onde lhe serviram vinho e uvas. Inárus então explicou que, poucas horas antes, Dalila havia se reunido com os príncipes filisteus que buscavam um meio de derrotar o guerreiro de tranças. E que ninguém mais naquele palácio tinha o poder sedutor de Dalila. Por isso, um baú repleto de moedas de pratas havia sido separado para ela. Além disso, cada príncipe das cinco cidades-estado comprometeu-se em dar mil e cem siclos de prata para Dalila caso ela descobrisse os segredos que faziam de Sansão um guerreiro imbatível.

— Por que não fui avisado desse plano? — questionou Abbas, atônito, sentindo-se o mais idiota dentre os homens.

— Porque Dalila nos alertou de que seu descontrole emocional poderia pôr tudo a perder. E ela estava certa.

— E eu garanto que lhe entregarei Sansão, meu príncipe — completou Dalila, com ar irônico, para o ódio de Abbas e Tais.

CAPÍTULO 14

Sede de vingança

Nem mesmo Abbas ou Tais supunham que Dalila fosse capaz de engendrar um plano tão meticuloso, e ao mesmo tempo sórdido, em troca de siclos de prata. Seduzir Sansão a pedido de Inárus era um ato ambicioso, de coragem e risco. Mas foi a forma encontrada por Dalila para que provasse, de maneira categórica, sua fidelidade ao príncipe enciumado.

Representava também sua liberdade. Cinco mil e quinhentos siclos de prata a tornariam na mulher mais rica e poderosa de todo o império filisteu. Não precisaria mais se sujeitar ao humor de seu soberano, se assim desejasse.

No templo de Dagon, o príncipe olhava seu comandante com desprezo e enfado. Batucava com os dedos, em movimentos ritmados, nos largos braços do seu assento palaciano. E, de modo seco e frio, como se fosse um assunto sem importância, anunciou que não o queria mais sob o comando do exército filisteu.

— Eu mesmo assumirei o comando das tropas.

— Não é justo, meu senhor. Não pode fazer isso comigo... — desesperou-se o comandante.

— Não posso permitir que um hebreu destrua o nosso exército, nossas plantações, as portas da cidade e permaneça impune. De que adianta manter um comandante se ele não é capaz de derrotar a principal ameaça ao meu poder?

Abbas sabia que estava moralmente destruído. Tinha acabado de atrapalhar os planos de Inárus, agredido sua protegida e então estava sendo destituído do cargo que lhe conferia prestígio e privilégios. Estava sendo expulso, escorraçado, como se fosse um cão sarnento, do palácio que tantas vezes defendeu. Do império que ajudou a expandir com fúria e espada.

— Quanto do meu próprio sangue já derramei para cumprir suas ordens? — tentou ainda sensibilizar Inárus.

— Suas vitórias lhe garantem a vida. Mas suas derrotas transformaram Sansão numa lenda ainda em vida. E por isso sou obrigado a tirá-lo do comando. Deve deixar o exército e o palácio imediatamente, Abbas — sentenciou o soberano de Gaza.

Dois soldados se colocaram ao lado de Abbas, mas, diante do olhar altivo do comandante, tiveram receio de tocá-lo. Abbas balançava a cabeça negativamente pelo templo, sorvia através de seu olhar toda a humilhação diante dos convidados do soberano e mirava Dalila com ira.

— Dissimulada... Essa mulher vai destruí-lo. Ela o levará à ruína! — continuava a esbravejar.

Dalila sorria com cinismo. E, enquanto bebericava uma taça de vinho, garantia ao príncipe de Gaza que, diferentemente do deposto comandante, seus planos garantiriam a vitória ao povo filisteu.

Cada palavra da protegida de Inárus envenenava ainda mais o coração de Abbas, que jurou para si mesmo que encontraria uma forma de matá-la. Sua frustração e ódio eram tão grandes que, mesmo já experimentado nas guerras, caiu de joelhos, num choro compulsivo.

Escoltado para longe do palácio, Abbas abrigou-se nos arredores da cidade de Gaza. E sua derrocada abriu espaço para que Aron assumisse a liderança do exército, cotado para ser o próximo comandante.

Feliz com a ascensão, Aron decidiu investir mais uma vez em suas duas paixões: Yunet e Myra. E, valendo-se de seus encantos, músculos e muita lábia, convenceu cada uma, separadamente, de que as queria como esposas.

As cortesãs derretiam-se facilmente com as investidas do soldado conquistador. Aron era sincero quando dizia a cada uma delas que as amava. O problema era que ele amava as duas ao mesmo tempo. Da mesma forma. Nenhuma moça a mais. Era como se seu olho direito mirasse apenas Myra enquanto o esquerdo perdia-se pelos encantos de Yunet.

Havia conhecido Myra enquanto ela era apenas mais uma entre as muitas meretrizes no largo de Gaza. E, desde de que a viu pela primeira vez, não quis saber de nenhuma outra mulher na cidade. Mesmo diante do assédio de outras garotas, de loiras, morenas, ruivas, baixas, gordas, esguias... apenas Myra, a quem chamava de sua rainha, o atraía.

Não que ela fosse a mais bonita. Longe disso. Myra não era dotada de grandes atributos físicos. Era magra, um pouco encurvada e desajeitada. Atrapalhava-se nas danças. Sorria demais e de forma quase infantil. Não era convidativa, mas tinha um ar sereno e ingênuo de quem havia nascido à beira do mar.

Já Yunet era uma linda mulher. Morena, de cabelos longos, tinha os olhos amendoados, os lábios carnudos e grossos. Suas curvas eram perfeitas. E, para Aron, não havia nenhuma outra mulher, dentro do palácio, como sua princesa. Era assim que a tratava. E, mesmo entre as sedas coloridas que flutuavam nas apresentações de danças, a música e as dezenas de moças que trocavam sorrisos com ele, só Yunet o inspirava.

Com as duas juntas sob o mesmo teto, só lhe restava contar com a sorte ou a aceitação das cortesãs. A sorte parecia ter acabado.

*

Bak mantinha Héber como refém. E já tinha um plano para atrair a atenção de Sansão. Desfilaria com seu prisioneiro por toda a cidade, açoitando-o num espetáculo público de horror. Se o herói hebreu estivesse por perto, acabaria sabendo do que estava acontecendo em Gaza.

Logo pela manhã, Bak acordou Héber com pontapés. Amarrou suas trêmulas mãos e pernas e puxou-o, tal como um animal dominado, pelas apertadas ruas de Gaza. A multidão o seguia, rindo da sorte do prisioneiro que era chicoteado e arrastado.

— Levante-se, hebreu. Vocês não se orgulham de terem atravessado o deserto? — gritava Bak, satisfeito com o burburinho que causava.

A plenos pulmões, ele anunciava que o hebreu seria executado no largo central de Gaza.

De perto, Cário assistia à triste e bestial cena. E decidiu avisar a Sansão. Certamente ele não deixaria um homem do seu povo sofrer aquela humilhação pública. Correu o mais rápido que pôde até a praia onde o guerreiro danita acampava. Encontrou-o sentado na areia, ao lado de uma fogueira quase apagada após flamejar durante a noite. E contou-lhe o que acabara de ver.

— Tem certeza que se trata de um hebreu?

— Sim, dominado como uma fera.

Sansão levantou-se rapidamente e pediu que Cário o esperasse ali enquanto ia até a cidade resgatar o hebreu. Passou pelos muros que protegiam a cidade e seguiu o som das ruas e da multidão que acompanhava o cortejo brutal.

O som das chicotadas e dos risos eram atormentadores. Bak ofendia Héber e pedia para que ele clamasse por seu Deus invisível. Que pedisse a Deus que enviasse Sansão, o protetor do povo hebreu. E, tão logo acabou de dizer essas palavras, deparou-se com o guerreiro hebreu bem diante de si.

Ao ver que se tratava de Héber, Sansão esboçou um sorriso. Ver o amigo era bom, mesmo naquelas circunstâncias.

— Solte-o — ordenou Sansão.

Bak puxou o seu prisioneiro para mais perto de si e encostou um punhal afiado em seu pescoço.

— E o que você nos oferece em troca?

— A vida de todos que estão aqui.

O filisteu usava o corpo de Héber como escudo e tentava se afastar de Sansão, que devagar, passo a passo, aproximava-se.

— Não é a mim que quer? Estou aqui.

— Afaste-se, Sansão. Não cairei em sua armadilha. Terá que me acompanhar até o palácio para que eu receba a minha recompensa.

Sansão assentiu, com raiva. E Bak pediu que os homens desatassem Héber.

— Filisteus... vendem-se pelo brilho da prata. E ficam completamente cegos — resmungou Sansão, com desprezo.

Com os braços e pernas livres — e com Sansão por perto —, Héber encheu-se de coragem. E aproveitou a distração de Bak para lhe aplicar uma cotovelada no estômago e um empurrão, desequilibrando-o. O filisteu ainda tentou segurá-lo, mas conseguiu apenas lhe ferir o braço com o punhal que carregava. Com o movimento, acabou despencando do alto da laje onde estavam. Bateu a cabeça com força sobre uma rocha. Estava morto.

Alguns homens avançaram contra Sansão, mas ele os lançava longe com facilidade. O que causou temor nos outros que intentavam lutar contra o hebreu, mas que, ao ver sua força brutal, fugiam assustados.

A salvo, Héber abraçou o amigo demoradamente. Fazia um bom tempo que eles não se viam. Sansão achou melhor instalá-lo na casa de Jana e então seguiu com ele pelas ruas que conduziam ao pequeno cômodo.

Na praia, Cário esperava pela volta de Sansão, mas quem o observava de longe era Abbas. Desde que foi expulso do palácio, o comandante deposto só pensava em matar Dalila. E, sabendo que ela, mais cedo ou mais tarde, iria encontrar-se com Sansão, montou uma pequena campana na praia, de onde podia observar o acampamento do hebreu.

Ao ver que Cário estava vivo, logo deduziu que se tratava de mais um plano arquitetado por Dalila. E decidiu acabar de vez com a vida do jardineiro. Cário estava disperso, observava as ondas explodirem nas rochas ali perto. Sentia o vento forte enquanto desenhava na areia com um graveto. Estava livre e isso deixava-o feliz. Foi assim que Abbas o surpreendeu.

— Deveria estar morto, sua aberração. Foi Dalila, aquela traidora, que o ajudou a escapar, não foi? — questionou Abbas, segurando o franzino e apavorado jardineiro pelos braços enquanto quase esfregava seu rosto nas brasas ainda acesas da fogueira.

Cário conhecia o calor das chamas lambendo seu rosto. Foi assim que havia ganhado todas aquelas cicatrizes. Exatamente pelas mãos de

Abbas, que o amarrara e com uma tocha derreteu seu rosto após uma crise de fúria. O pacato jardineiro tornou-se o monstro do palácio

Cário balançou a cabeça em afirmação, enquanto tentava escapar. Mas Abbas não comandou o exército filisteu sem motivos. Tinha um porte físico invejável. Alto e musculoso, sabia dominar os mais perigosos adversários. O jardineiro não lhe escaparia. Foi quando, de longe, ouviram a voz de Dalila. Abbas sufocou Cário, impedindo-o de gritar. Apertou tanto seu pescoço que ele caiu desacordado.

A protegida de Inárus queria contar logo uma novidade para seu amante hebreu. Poucas horas antes, ela tinha conseguido convencer o príncipe a interromper as perseguições contra os filhos de Abraão. Para isso argumentou que, dessa forma, Sansão poderia ser seduzido mais facilmente. Mesmo contrariado, Inárus concordou com sua protegida e ordenou a Aron que avisasse a todos os soldados que parassem momentaneamente com as invasões e os assassinatos. Ao menos até que Sansão fosse dominado.

Por isso Dalila esgueirou-se apressada pelas encostas da colina que levava ao mar. Estava eufórica para lhe contar que em breve ele poderia ajudar Jana a sair em segurança da cidade.

Abbas a espreitava em silêncio. Surpreendê-la sozinha, longe de Sansão, era o que mais queria.

— Interrompo o descanso de um guerreiro? — perguntou, se aproximando, pensando que fosse encontrar Sansão. Mas, quando olhou atrás da barraca, apavorou-se ao ver Abbas, que sorria com satisfação.

— Jurei vingança e cumpro minha palavra. Pode enganar a todos, mas não a mim, Dalila. Vai se arrepender por ter me desafiado — esbravejou Abbas, desembainhando sua espada e apontando-a em direção a Dalila.

Cário despertou e, ao perceber o perigo que sua protetora corria, lançou-se de forma suicida sobre Abbas, derrubando-o no chão. E, apanhando um pedaço de pau em chamas, cravou-o no rosto do comandante deposto, que urrou de dor e ódio ao sentir seu rosto sendo desfigurado.

Transtornado, Abbas o atravessou com a espada. Dalila assistia a tudo apavorada e em lágrimas. Ver seu amigo morrer pela espada de

Abbas era cruel. Mesmo assim, correu para longe, em direção à cidade, despistando-se do comandante sanguinário.

*

Héber hospedava-se na casa de Jana. Sansão aconselhou-o que, tão logo fosse possível, o amigo deveria partir, levando Jana com ele até a tribo de Dã. Certamente ela seria bem recebida por Zilá.

E, enquanto o hebreu conversava com os dois, Dalila entrou apressada, surpreendendo-se de encontrar outra vez com Sansão.

— Sansão? Eu... não sabia que estaria aqui.

— Pelo visto é um dia de surpresas. Esse é o Héber, amigo de infância que veio de longe... — disse o hebreu, com o sorriso abobalhado que não conseguia evitar toda vez que estava apaixonado.

Héber já o conhecia bem, e a primeira impressão que teve de Dalila foi de desconfiança. Mas ele sabia também que nenhuma palavra iria dissuadir o amigo de sua aventura amorosa. Restava-lhe apenas torcer para que, dessa vez, ele fosse feliz em sua escolha.

Dalila também não deu muita importância ao amigo de Sansão. E, com um sorriso amarelado, saudou-o com cortesia.

— É que vim o mais rápido que pude, Jana. Gostaria de lhe contar pessoalmente... O príncipe ordenou o fim da perseguição aos hebreus. Você está salva, Jana. Todos vocês estão — anunciou, dando saltos de alegria enquanto espalmava as mãos em comemoração.

Jana parecia não acreditar. Após tantos dias se escondendo como se fosse um rato. Indagava o que havia levado o príncipe a tomar tal decisão.

— Talvez por receio de um certo guerreiro que invadiu o palácio... Os soldados já estão nas ruas avisando à população. Parece que vão percorrer as cidades e as invasões serão proibidas — arriscou Dalila, sem assumir que tinha sido a mentora desse plano.

A ordem para o fim da perseguição não havia chegado ainda aos territórios dominados pelos hebreus. Em Zorá, sem Héber e principalmente Jidafe, a tribo ficou praticamente desguarnecida de defensores.

As mulheres trabalhavam no vilarejo, à espera do retorno de parte de seus homens. Zilá e Samara teciam cestos no pátio quando ouviram o galopar nervoso dos cavalos. De longe alguém anunciou: filisteus!

Em poucos segundos a tribo de Dã foi invadida por homens montados em cavalos. Eles atravessaram os que se colocavam diante deles. Alguns danitas tentavam resistir, mas eram facilmente derrotados pelos soldados filisteus. Samara correu em direção a Zilá, protegendo-a e levando-a até sua casa, em segurança. Ficaram ali até que o barulho assustador dos soldados desapareceu, deixando um rastro de destruição. Alguns mortos, pilhas de trigo queimadas e o poço d'água, que estava quase pronto, totalmente em ruínas.

★

A notícia sobre o fim da perseguição aos hebreus se espalhava por Gaza, confirmando o que Dalila havia dito. E, poucos dias após escapar das mãos de Bak, Héber achou melhor seguir de volta a Zorá.

Sansão assentiu e reforçou o pedido para que o amigo levasse Jana até sua tribo. Héber concordou, mas se mostrou preocupado em retornar ao povoado ao lado da antiga cortesã. Bonita como era, despertaria o ciúme em Samara. Logo agora que os dois pareciam, enfim, se acertar.

— Como explicarei a Samara que ela é apenas uma conhecida? — murmurou o atrapalhado danita.

Sansão riu ao ver Héber acabrunhado daquele jeito. E, com um tapa brincalhão nas costas do amigo, perguntou:

— Você tomou coragem e se declarou a ela?

— Não... Mas é que... aconteceram algumas situações... Eu percebi que ela teve ciúme de mim quando mostrei interesse por outra mulher... Antes que eu partisse, ela veio se despedir, disse que me esperaria... Acho que ela gosta de mim.

Sansão riu ainda mais.

— Você reclama que eu quero ficar aqui por causa de uma mulher, mas volta com pressa pelo mesmo motivo?

Héber também achou graça da coincidência. Achava fascinante que, agora, um sentimento cultivado por anos parecia prestes a ser retribuído. Mas tinha medo da reação de Samara.

— Mas eu... eu não tenho coragem para me declarar. Só de pensar fico com as pernas bambas...

Sansão segurou os ombros de Héber, olhou-o nos olhos com gentileza e o encorajou.

— Não tenha medo, meu amigo. Se Deus colocou esse amor em seu caminho, não há motivos para não o viver. Você e a Samara são duas pessoas de bom coração. Merecem toda a felicidade que a vida em comunhão pode lhes proporcionar.

Os dois organizaram os pertences de Jana sobre uma carroça. Deixar Gaza era estranho para Jana. A maior parte da vida esteve ali, como se fosse uma filisteia. A única conexão com seu povo era através de seu pai e suas histórias. E eram essas lembranças que moviam Jana em busca de um futuro diferente, em que pudesse viver em paz, com alegria, celebrando ao Deus de seu pai e, quem sabe, constituir uma família.

Dalila também estava lá, com a amiga, para seu último abraço. Estava aliviada que seu plano para interromper a perseguição aos hebreus havia dado certo, e, com isso, Jana poderia seguir em paz. Mas sabia que precisava descobrir os segredos de Sansão e entregá-lo ao príncipe Inárus, caso contrário, a paciência do soberano logo acabaria.

Héber montou na carroça com Jana e os dois seguiram, sacolejando, em direção à estrada que levaria ao território dominado pelos hebreus.

Era o momento que Dalila esperava.

Poucas mulheres sabiam, como ela, docilizar um homem apenas com o olhar. E bastou lançá-lo para Sansão para que o hebreu ardesse em desejo. Desde o fortuito encontro no mar, Sansão não pensava em outra coisa a não ser no rosto de Dalila e em suas curvas.

Retornaram até a casa de Jana e passaram pela porta já enroscando-se aos beijos e abraços. Um amor apressado que terminou sobre a cama.

Naquele cômodo pequeno e simples, Sansão desfrutava da companhia de Dalila enquanto Gaza fervia. Lá, para ele, era como se o tempo estivesse totalmente domesticado. Não havia mais nenhuma outra preocupação. Nem mesmo com Zorá, com os filisteus. Pensava apenas em Dalila enquanto tateava cada parte de seu corpo. Estava disposto a esperar o tempo que fosse até convencer a filisteia a ir viver com ele junto à tribo de Dã.

A protegida de Inárus envolvia-se cada vez mais com Sansão. Mas tinha um objetivo. Queria descobrir o que lhe dava tamanha força. Como um homem comum derrotava exércitos inteiros, humilhava um dos homens mais poderosos do império filisteu e ainda carregava sobre os ombros portões que pesavam toneladas? Havia mágica? Dalila não descansaria até descobrir.

Deitados na cama, trocando carícias e palavras doces, enroscando com a ponta dos dedos as tranças do guerreiro hebreu, Dalila gracejou.

— Como dominar um homem que carrega nos braços até as imensas portas da cidade?

— Você já me domina, Dalila — respondeu Sansão, preguiçosamente, refestelado sobre a cama e entre os lençóis.

Ela percebeu a chance.

— Diga-me com sinceridade. Essas mãos que me fazem carinho... difícil acreditar. Não parece a mesma pessoa que de tanto falam. Para mim, você era assustador...

— Terá que confiar em mim.

— Se não confiasse, não estaria em seus braços.

Dalila beijou o guerreiro calorosamente outra vez e, lançando seu corpo sobre o dele, encarou-o com ternura.

— Diga para mim, guerreiro, em que consiste sua força? — perguntou, tentando mascarar a expectativa.

Sansão a olhou com ar grave. Nunca nenhuma outra mulher quis saber sobre isso. O segredo de sua força era um mistério que jamais teve cuidado de guardar. Mas que nunca havia sido questionado também. Dalila tinha uma ousadia de guerreira e isso o agradava ainda mais.

Sorriu, condescendente.

— E o que quer saber?

— De onde vem sua força e com o que eu poderia amarrá-lo e dominá-lo. Assim, jamais conseguiria fugir de mim.

Dalila parecia determinada em conseguir a resposta. Estava inquieta. Já Sansão não demonstrava nenhum interesse em resistir. Abraçou-a com delicadeza e a encarou com seriedade.

— Se você quer saber mesmo, vou lhe contar. Se me amarrarem com sete cordas de arco... sete tendões frescos e ainda úmidos... então me enfraquecerei e serei como qualquer outro homem.

Dalila mal podia acreditar. Uma noite de amor e seu guerreiro já tinha revelado seu maior segredo, pensou. E, tão logo Sansão adormeceu, correu até o palácio para contar a Inárus o que havia descoberto.

O soberano de Gaza deu ordens para que Aron e outros soldados fossem até a casa onde vivia Jana e onde o casal passava seus dias de amor. Ficaram à espreita enquanto Dalila amarrava os punhos de Sansão com os tendões frescos. Foram sete laços, delicadamente feitos para que o guerreiro danita não despertasse do sono. E, por fim, um teste.

— Acorda! Os filisteus! Os filisteus vêm sobre você! — disse Dalila aos ouvidos do adormecido Sansão, que, sobressaltado, levantou-se apressadamente, desfazendo os nós sem nenhum esforço. Ao perceber que os laços eram incapazes de detê-lo, Dalila disfarçou, como se estivesse brincando, e sinalizou a um soldado que observava pela janela para que abortasse a missão.

Sansão achou graça da tentativa de Dalila. E, a cada beijo que recebia da amada, mais inofensiva ela lhe parecia.

★

Em Zorá, os danitas reconstruíam o vilarejo após a recente passagem dos filisteus. Mesmo diante do trabalho pesado e da escassez de água e alimentos, os hebreus estavam otimistas de que Héber e Jidafe trariam boas notícas.

Gadi, como toda criança, procurava divertir-se. E, para não perder o hábito que tinha de galhofar Héber, batizou um dos carneiros recém-

-nascidos com o nome do amigo. E explicava, gaiato, que os dois se assemelhavam. Eram franzinos, sempre assustados e de pernas bambas.

Alguns dias depois de partir de Gaza, Héber e Jana chegaram ao vilarejo. A animação foi geral. Samara apressou-se, mas ficou triste ao ver que seu pretendente estava acompanhado. Ao vê-la, Héber saltou da carroça ainda em movimento, levando um tropicão. Ergueu-se, limpou as roupas cobertas de poeira e foi ao encontro de Samara.

Era nela que ele pensava todos os dias. E, encorajado por Sansão e depois de quase perder a vida por duas vezes nas mãos dos filisteus, sabia que não dava para adiar mais.

— Samara, espere. Foi Sansão que pediu para trazê-la — explicou-se, referindo-se a Jana. E pôs-se a contar sobre sua aventura no deserto, e das histórias sobre Sansão, e de como ele havia se tornado um herói.

A jovem sorriu em alívio.

— Eu quero que saiba... que eu a amo. Que sempre a amei... e que, se você...

Samara riu, envergonhada com a forma como Héber enfrentava as palavras para fazer aquela afoita e sincera confissão. E, sem deixá-lo terminar a frase, tranquilizou-o.

— Eu também o amo, Héber.

Era o som mais belo que ele podia ouvir. A melhor recepção possível. Héber inclinou o rosto e já esperava o tão sonhado beijo quando foi interrompido pelos gritos de Gadi, que corria atrás de seu carneirinho. A peraltice do garoto adiou o primeiro beijo e Héber decidiu apresentar Jana para Zilá.

Na casa de Zilá, ele recontou os feitos de Sansão. De como venceu mil homens com uma queixada de jumento, arrancou os portões de Gaza e havia obrigado ao arrogante soberano filisteu a decretar o fim das perseguições aos hebreus.

Zilá ouvia tudo orgulhosa.

— Ele não quis voltar?

— Garantiu que em breve voltaria. Mas precisava resolver um assunto pendente...

A mãe conhecia o filho. E sabia que o assunto pendente era uma mulher.

— Uma mulher filisteia?

Héber assentiu, meio desconfortável. Mais uma vez Sansão estava enredado na sua maior fraqueza. A beleza feminina.

★

Dalila dividia-se entre as noites e manhãs de amor com Sansão e suas idas ao palácio, onde prestava contas ao soberano sobre como estavam seus planos. Inárus ficara aborrecido após a tentativa com os tendões frescos.

Para ajudar a azedar o humor do soberano, Tais, que junto com o príncipe de Ecrom havia se mudado temporariamente para Gaza, até que a situação com Sansão fosse resolvida, não se cansava de envenenar Inárus. Ora dizia que o hebreu poderia ser fisgado pelos encantos de sua protegida. Ora sugeria que Dalila iria apaixonar-se por Sansão.

Para Inárus, se Sansão não fosse seduzido por Dalila, nenhuma outra mulher no mundo conseguiria. Mas temia, secretamente, perdê-la para o guerreiro hebreu.

Dalila seguia seu plano, determinada em dominar Sansão. E todas as tardes voltava para o quarto onde vivia Jana e que havia se tornado uma espécie de ninho amoroso. Um local onde o casal vivia suas noites tórridas de paixão.

Ela usava todas as suas armas de sedução. Bamboleava os quadris em apresentações de danças. Fazia os lenços de seda flutuarem pelo ar no apertado cômodo. E o beijava com os beijos mais doces, enquanto bebia taças de vinho.

Sansão mantinha-se fiel ao voto de nazireu e não tocava em bebidas fortes.

— Melhor é seu amor do que o vinho — esquivava-se.

— Fala mesmo de amor enquanto mente para mim, Sansão?

— Não há mentiras nos meus beijos. Nos meus olhos.

— Mas as palavras o traem, não devia confiar nelas — reclamou Dalila, fingindo-se indignada.

Sansão não dava importância. E, cada vez que ela demonstrava irritação, ele a beijava ainda mais e tudo parecia ficar bem.

— Conte para mim, Sansão? Conte como eu poderia amarrá-lo e dominá-lo...

— Ainda mais do que já me domina?

— Sim, ainda mais... — respondeu Dalila, levantando-se da cama e vestindo-se, como se fosse partir.

Sansão a olhou com ternura. Puxou-a delicadamente pelos braços e a fez sentar sobre o móvel.

—Vou lhe contar. Mas, quando eu disser, serei como um homem qualquer.

— Jamais será como um homem qualquer... — disse Dalila, dando-lhe um carinhoso beijo e envolvendo-o com os braços.

Do lado de fora, Dalila era observada. Era Abbas, que havia descoberto o endereço dos dois e preparava-se para se vingar do casal.

CAPÍTULO 15

Segredo revelado

Yunet andava chorosa. Não que algo diferente houvesse ocorrido. As brigas com Myra, pelo amor de Aron, continuavam as mesmas. Ora a chefe das cortesãs a evitava, enciumada. Ora, em retaliação, não lhe permitia muitos banhos e a colocava para dormir junto com outras mulheres conhecidas pelos barulhos que faziam a noite. Mas nada tão grave que justificasse sua irritabilidade excessiva. Bastava qualquer um aumentar o tom de voz com ela para que desaguasse em lágrimas.

Já Myra também estava diferente. As essências que perfumavam o quarto das cortesãs eram cada vez mais incômodas para ela. Os assados também. Sentia embrulhos constantes, tonturas e mal-estar.

Aron estranhava como suas duas namoradas estavam se comportando nos últimos dias. Logo agora que ele estava tão próximo de tornar-se o grande comandante filisteu, elas ficariam doentes?, pensava, enquanto se dividia em consolar uma e evitar cheiros mais fortes perto da outra.

Não demorou muito para que Myra e Yunet marcassem um urgente encontro com o soldado. Foi no jardim. Aron refrescava-se com um pouco de ar puro quando as cortesãs chegaram apressadas para lhe contar a novidade: estavam grávidas.

*

A janela era estreita. Uma pequena fresta por onde o cômodo recebia um pouco de luz e ar. Mas o suficiente para que, por trás da fina cortina, Abbas observasse, enciumado e furioso, o amor de Sansão e Dalila. Ficou ali até que adormecessem juntos e, sorrateiramente, destravou a porta por onde entrou. Ficou alguns segundos observando Dalila aconchegada no peito de Sansão. Fitava o lençol que delineava seu corpo entrecoberto. Pensou que podia ser ele ali, em vez do hebreu. E sentiu-se ainda mais humilhado.

Desembainhou sua espada silenciosamente. Com a ponta dos dedos, limpou-a do pouco de sangue que ainda carregava de Cário. E avançou com fúria e meio atabalhoado sobre eles.

O barulho dos seus passos despertou o casal. A espada, desviada por Sansão, feriu Dalila no braço. Um corte fino e profundo, provocando-lhe uma grande hemorragia.

O hebreu agarrou Abbas pelo pescoço, mas, ao perceber a quantidade de sangue que manchou os lençóis, soltou-o para socorrer Dalila.

— Essa mulher vai destruí-lo, hebreu! Não acredite nas palavras dela, é tudo parte de um plano! Ela o trairá! E eu faço questão de assistir quando isso acontecer — ria Abbas, diante do desespero de Sansão, que rasgou um pedaço do lençol para estancar o sangue de sua amada.

— Não permita que ele fuja, Sansão. Ele está louco. Não sabe o que diz.

Abbas saiu apressado, sumindo pela estreita viela.

— Vá atrás dele, Sansão. Estou bem. Minha vida sempre estará em perigo com ele por perto — insistiu Dalila.

Sansão assentiu e disparou em busca de Abbas. Correu por poucos metros até avistar o comandante grandalhão cercado por curiosos despertos por seu rosto desfigurado pelas queimaduras provocadas por Cário.

— O que estão olhando? Acham que eu sou um monstro? — Esbravejava, tampando o rosto e tentando desvencilhar-se das pessoas que apontavam para ele com horror pela rua.

Sansão aproximou-se.

— Um homem que tanto mal fez ao meu povo não poderia ser visto de outra forma. E ainda tem coragem de ferir uma mulher inocente...

— Dalila, inocente? Você está cego, hebreu — riu descontroladamente.

— Acha que conhece Dalila, Sansão? Acredita nas palavras dela? Pois aqueles risos de prazer estão repletos de sarcasmo. Ela debocha de você, ela zomba de seus sentimentos. Ela ainda vai traí-lo. Seus dias de herói estão contados — disparou a falar, para depois rir. E depois ria e falava. Misturando os sons num grunhido irritante aos ouvidos de Sansão.

Abbas tentou aproveitar a confusão para estocar Sansão com sua espada, mas o hebreu rapidamente se defendeu, quebrou a arma com um golpe e lançou seu oponente sobre uma barraca com quinquilharias, espalhando tudo pelo chão. Os curiosos abriram um largo círculo envolta daquele que já fora o principal personagem militar filisteu e agora era uma triste e prostrada figura.

Próximo de Abbas, havia um pedaço de osso de animal. Uma queixada de jumento. Sansão gostou da coincidência. Apanhou a peça e a fincou no peito de Abbas, deixando que sua vida esvaísse-se em sangue.

Mesmo morto, o comandante filisteu atormentava os pensamentos de Sansão. Dalila, com um sorriso tão cintilante e sincero, poderia ser uma traidora? Assim, o jovem hebreu remoía-se em pensamentos. De fato, ele mesmo pouco sabia sobre a moça. Não tinha seu endereço, não sabia como vivia nem mesmo sua real origem. E não entendia porque Dalila não havia deixado Gaza para trás e seguido com ele, Héber e Jana para Zorá, onde viveriam seu amor com seu povo.

— Por que insiste em descobrir meus segredos se você mesma tem tanto a esconder? — questionou Sansão, após retornar à casa de Jana e enquanto preparava um curativo no braço ferido de Dalila.

Dalila percebeu que Sansão estava cismado. As palavras de Abbas haviam mexido com ele, e ela precisava reverter a disputa a seu favor. Preferiu descansar um pouco para que seus pensamentos atinassem melhor.

★

Zilá andava preocupada. Outra mulher filisteia na vida de seu filho lhe tirava a paz. Logo agora, que tudo parecia melhorar? Suas aflições só diminuíam ao ver como Héber e Samara estavam cada vez mais envolvidos.

Héber estava decidido. E, um dia antes, quando retornou de Gaza junto com Jana, por muito pouco não conseguiu o sonhado beijo de Samara. Ao vê-la agora, tecendo um cesto, sentada numa pequena mureta próxima à casa de Zila, foi até ela decidido.

— Samara! — gritou ao vê-la, assustando a moça.

— O que foi, Héber?

— Nada... Ou melhor, por enquanto nada... E eu espero que aconteça... Na verdade, sempre esperei e ontem quase... É que eu precisava mesmo fazer isso — anunciou, com seu jeito atabalhoado e nervoso. Esticou o pescoço, fechou os olhos, comprimiu os lábios à espera dos lábios de Samara quando Gadi, mais uma vez, surgiu aos gritos, atrapalhando o momento.

Samara riu. E Héber tratou de encontrar alguma ocupação para o garoto. Tão logo o menino saiu, ele respirou fundo e prosseguiu.

— Samara, quero que você seja minha esposa.

A voz da moça embargou e seus olhos encheram-se de lágrimas.

— Agora sou eu quem está com as pernas bambas — brincou Samara.

Os dois trocaram olhares tímidos e carinhosos e Héber continuou o movimento que fazia antes de ser interrompido por Gadi. O estimado beijo, enfim, aconteceu.

— Eu quero, Héber. Eu quero ser sua esposa.

Para o hebreu, era como se sonhasse acordado. O amor que cultivou por anos, fielmente, agora estava prestes a ser concretizado. Héber queria apenas esperar pelo retorno de Sansão. Queria que seu amigo e juiz de Dã fizesse a cerimônia.

Zilá, entretanto, tinha pressentimentos. Achava que Sansão não retornaria. Não sabia explicar a razão. Apenas uma saudade imensa, uma forte angústia, um aperto em seu coração. E, cada vez que pensava no filho, sentia a vista tontear.

Se por um lado estava muito feliz com o futuro casamento de Héber e Samara, dois jovens que ela considerava como se fossem filhos seus, por outro ela também se ressentia por Sansão.

— Não devem esperar por ele. Aproveitem que foram abençoados com esse amor e realizem logo a cerimônia! Sejam felizes e tragam um pouco de festa à nossa gente! — aconselhava, com a doçura que era sua marca.

Gadi, que estava na casa de Zilá quando Héber e Samara anunciaram a decisão de se casarem, estava triste. Desde que Jidafe havia partido, era Samara a sua grande companhia. E, mesmo gostando de Héber, sentia que perderia espaço na vida do casal.

Sabia também que, muito provavelmente, jamais tornaria a ver seus pais. E ver Zilá se debilitando deixava-o aflito. Perderia novamente as pessoas que amava?, pensava.

Cada vez que a angustia o sondava, ele corria para as sombras generosas da árvore que Jidafe o havia mostrado. Era lá que descansava os pensamentos de menino.

Jana o encontrou lá e percebeu a solidão do garoto. E no sentimento de desamparo de Gadi ela também se reconheceu. Por isso, sua afeição pelo menino foi quase instantânea.

— Qual é o motivo da tristeza, Gadi?

— A Zilá disse que o Héber e a Samara logo terão filhos. Eu ouvi. Agora que serei esquecido de vez...

— Não diga isso... Um filho é um presente de Deus e todos nós devemos ficar felizes quando isso acontecer... Uma criança traz luz, traz esperança.

— Eu ainda sou criança.

— E quem disse que você não representa a esperança? Quem sabe Deus não me trouxe até aqui justamente para cuidar de um garoto tão esperto como você? — sorriu com ternura.

O acolhimento fez brotar de Gadi também um sorriso.

— Cuidar de mim?

— Sim. Eu também estou sozinha... você aceita ser a minha família?

Gadi explodiu em felicidade. E correu para abraçar sua nova protetora. Abraçou-a forte, como se estivesse abraçando a mãe e o pai que haviam desaparecido após o ataque dos filisteus. E, ao apertá-la com seus braços, nem percebeu quem havia chegado. Era seu amigo, Jidafe, que retornava de sua diligência.

— É assim que cuida de tudo na minha ausência? — brincou Jidafe, arrancando um sorriso ainda mais largo de Gadi, que correu para abraçá-lo.

Jana sorriu, emocionada, quando viu o carinho que Gadi devotava ao amigo. E Jidafe olhou com curiosidade para a bela e desconhecida moça que havia chegado em Zorá.

★

Sansão acordou e percebeu que Dalila não estava mais no quarto. Perto da cama, apenas enfeites de conchas apanhadas da praia, feitos pela jovem quando vivia no vale de Soreque.

O hebreu entendeu o recado e seguiu até a praia. Lá encontrou Dalila sentada sobre uma rocha, observando o movimento do mar. Sentou-se, em silêncio, ao lado da companheira.

— Quando eu era mais nova, sempre fugia para o vale do rio quando queria ficar sozinha... Até depois de crescida. Era capaz de ficar horas só olhando aquelas águas...

— Se procura a solidão, eu respeitarei... — disse Sansão, fazendo menção de levantar-se e partir. Mas Dalila, com a mão direita, delicadamente o deteve.

— Fique. Não procuro a solidão, ela que sempre me perseguiu.

Dalila queria lhe contar toda a verdade. Mas preferiu falar sem revelar o mais importante. Contou-lhe sobre seu passado em Soreque e que agora não tinha mais os pais. Falou-lhe sobre Rudiju e, aos prantos, relembrou que sempre foi vítima da perseguição masculina, assim como aconteceu com Abbas.

Sansão estava envolvido demais, e quis saber como Dalila vivia, onde morava.

—Vivo de favor e não posso decepcionar aqueles que me abrigaram quando eu mais precisei. Nunca aceitariam que eu me envolvesse com um hebreu... e por isso menti, para que você não os procurasse. Mas a verdade é que, mesmo em meio a tantas pessoas que circulam na cidade... eu nunca deixei de ser só.

— Pois, se depender de mim, não haverá mais espaço para tanta solidão — emendou o hebreu, satisfeito com as respostas.

Dalila sorriu, envergonhada. O amor de Sansão a constrangia. Era puro demais. Inocente em excesso para um guerreiro perseguido pelo exército mais poderoso.

— Você nunca será como qualquer outro homem, Sansão... — sussurrou.

A protegida de Inárus estava envolvida. Mas seu coração, empedernecido após tanto sofrer nas mãos de homens, não era capaz de dar-se mais uma chance. Ela não se permitia amar um homem. Por mais que esse homem lhe mostrasse ser diferente de todos os outros que passaram por sua vida. Dalila tinha cicatrizes físicas e emocionais causadas pelas mãos de homens lascivos, arrogantes, orgulhosos e violentos. Vingar-se em Sansão representava vingar-se de todos eles. Mas, enquanto isso não ocorria, ela permitia-se dias de paixão juvenil, brincando pela praia, arremessando areia, sorrindo espontaneamente.

— Vamos embora daqui, Dalila.

— Para onde?

— Para qualquer lugar. Podemos ir até a minha tribo... Será bem recebida, como eu tenho certeza que a sua amiga foi.

— A Jana pertence ao povo de vocês...

— Mas eles vão aceitá-la como a minha mulher. Entendo que não queira desapontar aqueles que a ampararam, mas... também tem o direito de começar uma vida nova, ao lado de um homem que a assuma. Do que tem medo, Dalila? Podemos ser felizes, acredite em mim.

Dalila levantou-se. Olhou com apreensão para a imensidão do mar. E se aceitasse o convite e seguisse com seu protetor hebreu? Seria feliz, como nas histórias que as meninas, no quarto das cortesãs, gostavam de contar? Ou tudo isso não passava de contos de fadas, de ficção? A felicidade podia muito bem ter sido inventada por esses desocupados contadores de histórias. Uma brincadeira sem graça para encher de ilusão moças como ela. A vida real era mesmo pesada.

Hesitou um pouco, mas decidiu seguir seu triste plano.

— Não posso acreditar em alguém que não confia em mim. Diga--me, Sansão. Sem mentiras, sem zombar de mim. Já sabe quem eu sou, já conhece o meu passado. Eu lhe falei de coração, revelei acontecimentos da minha vida que eu nunca dissera a ninguém... Agora, quero ouvir de você: o que está por trás dessa força incomum?

Sansão a observou surpreso com sua insistência. E pensou em revelar-lhe toda a verdade sobre a sua força descomunal.

— A minha fé.

— Então não há jeito de ser dominado? — indagou, surpresa e ao mesmo tempo aliviada.

Sansão, no entanto, quis incrementar a explicação. Aproximou-se dela, com carinho, e contou que, se fosse amarrado bem, com cordas novas, ainda não usadas, perderia suas forças e seria como um homem qualquer.

Dalila surpreendeu-se com a resposta e o abraçou com força.

— Vou repetir: nunca será como um homem qualquer.

Poucas horas mais tarde, a protegida de Inárus levou a informação a Aron, que, junto com outros soldados, puseram-se de tocaia durante a noite, na frente do quarto onde vivia Sansão em Gaza.

Lá Dalila teve mais uma tórrida noite de amor com seu namorado hebreu. E, propondo uma brincadeira, apanhou as cordas novas, nunca usadas, e o atou com firmeza, com nós que havia aprendido a fazer quando vivia em Soreque. Laços de pescador.

Sansão sorria, divertindo-se. Mas quando Dalila dramatizou que haviam filisteus por perto, o danita arrebentou as cordas com facilidade, lançando-se em pé, pronto para combate. Dalila o abraçou, revelando que se tratava de uma brincadeira, enquanto sinalizava para Aron, que os observava, que o plano não tinha dado certo. Ao mesmo tempo estava cheia de raiva por Sansão ter mentido outra vez para ela.

No palácio de Gaza, o clima era de indignação. Os príncipes pressionavam Inárus para uma solução e o soberano já não se sentia confortável com Dalila fora do palácio todos os dias. Tais não perdia a oportunidade de inflamar ainda mais Inárus contra sua protegida. Dizia que Dalila poderia ter se aliado ao hebreu. Ou até mesmo se apaixonado.

Inárus não lhe dava atenção, mas preferiu chamar sua protegida e, após o fracasso de mais uma tentativa, decidiu proibi-la de continuar visitando Sansão.

Tais aproveitou que naquela manhã Dalila estava no palácio de Gaza em audiência com seu soberano e decidiu investir seus encantos diretamente em Sansão. Intentava seduzi-lo e conseguir o tão guardado segredo do hebreu.

Após descobrir o endereço onde ele e Dalila se encontravam, seguiu até o velho quarto no centro da cidade de Gaza. Entrou no cômodo vestindo uma longa túnica preta e Sansão, pensando tratar-se de Dalila, abriu um sorriso receptivo.

— Se demorasse mais um pouco, sairia à sua procura...

Tais então descobriu seu rosto, deixando que seus cabelos longos e claros deslizassem sobre seu ombro. Apesar de venenosa, Tais era uma mulher belíssima. E sabia seduzir.

— Então é aqui que o grande herói hebreu se esconde? Não diga que não se lembra de mim. Notei seus olhares enquanto eu dançava no palácio de Gaza.

Sansão sorriu, envergonhado. De fato, Tais tinha lhe despertado atenção. Sua dança sensual o havia hipnotizado no duro encontro que teve com Inárus. Mas nada além disso.

Tais esforçava-se para enfeitiçá-lo. E deixou sua capa escorregar por seu corpo, mostrando suas curvas perfeitas. Deitou-se na cama e convidou-o com os dedos.

— Não agrado aos seus olhos?

— Sabe que é uma bela mulher — respondeu Sansão, cativado pela moça e sem tirar os olhos de seu corpo.

A cortesã levantou-se e beijou as mãos do hebreu. Subiu com os lábios até seu pescoço, deixando que ele sentisse o calor de seu corpo e sua ofegante respiração.

— Talvez não tenha ouvido muito a meu respeito — interrompeu Sansão, afastando-se. — Deve saber que sou fiel aos meus sentimentos...

— E o que sente agora? — perguntou Tais, esgueirando-se novamente para próximo dele.

— Sinto um amor maior que a minha própria força pela mais bela das mulheres: Dalila. Por isso peço que se recomponha totalmente e saia imediatamente do lugar onde a amo com todo meu coração.

Tais sentiu o golpe. Mordeu os lábios com raiva e humilhação. Apanhou as roupas que havia retirado na tentativa inútil de seduzi-lo. E, quando seguia em direção a porta, esbarrou justamente em Dalila, que ouviu, furiosa, o fim da conversa.

— Saia daqui! — berrou, com raiva.

Tais olhou para o casal, constrangida. E sumiu pelas ruas apertadas da cidade em direção ao palácio. Dalila, mais uma vez, surpreendeu-se com o caráter de Sansão. Nenhum outro homem que conheceu seria capaz de recusar os encantos de Tais, que se oferecia com extrema facilidade. Sansão era um homem raro.

— Espere um momento, Sansão — pediu Dalila, então e correu atrás de sua inimiga. Alcançou-a perto dali e, puxando-lhe os cabelos, a fez cair no chão.

— O que é isso?

— Eu avisei que se arrependeria se tentasse estragar os meus planos.

— Pode enganar a todos, mas não a mim. Você está apaixonada por ele.

Dalila ficou gelada com a afirmação. E, no mesmo instante, esbofeteou Tais, fazendo-a cair sobre uma banca, sujando toda a sua roupa. O tapa foi tão forte que deixou o rosto da cortesã marcado.

Tais tentou defender-se, mas levou outro tapa, tão forte quanto o primeiro.

— Isso é quase nada perto do que sou capaz de fazer. Nunca mais se aproxime de Sansão — avisou, completamente transtornada, Dalila.

Dalila estava confusa. Amava Sansão, sabia disso. Mas não poderia se entregar ao hebreu. Tais tinha razão, a jovem de Soreque não conseguiria enganar a si e aos outros por muito tempo.

De volta ao quarto, Sansão a abraçou forte e os dois beijaram-se longamente. O hebreu, mesmo inocente, tentava explicar-se sobre Tais. Dalila dispensava cada tentativa, calando-o com seguidos beijos.

Depois de mais uma noite intensa, Sansão aninhava-se sobre o colo de Dalila. E ela brincava com suas tranças. Enrolava os fios nos dedos e os desenrolava. Amarrava e desamarrava as tranças, de forma carinhosa.

— Por que me ama, Sansão?

— Amor não se explica. Se sente, se vive.

— Então prove para mim. De onde vem a sua força? — perguntou, despretensiosamente.

Sansão a olhou com ternura. Estava completamente entregue.

— Tem nas mãos a origem de tudo, Dalila.

A moça ficou surpresa com o que acabava de ouvir.

— Você está me dizendo que sua força vem dos cabelos?

O hebreu levantou-se. Ajeitou-se sobre a cama, mais desperto e um pouco assustado por ter quase revelado seu segredo. E continuou.

— Se tecer as sete tranças de minha cabeça com a urdidura de um tear e as firmar com um pino... irei enfraquecer-me e serei como um outro homem qualquer.

— É verdade? Não está zombando de mim?

Sansão sorriu, misterioso. Gostava de brincar com a curiosidade de Dalila e de propor enigmas.

Na mesma noite, como antes, Dalila avisou aos soldados. Com um tear, teceu as tranças do guerreiro hebreu enquanto ele dormia. Prendeu as pontas com pinos. E aguardou, triste, até que Sansão acordasse.

Durante a noite, o hebreu sonhou com seu pai. Manoá o chamava de longe, enquanto ele caminhava por uma enorme plantação de trigo, tal qual as fazendas de Simas, seu antigo sogro. Manoá continuava chamando-o e até se pôs diante dele, sorrindo e com os braços abertos, mas Sansão passava pelo pai sem lhe dar atenção. No mesmo sonho, ele escutava Dalila o chamar e só aí se detinha.

A angustia de não responder ao pai o fez despertar sobressaltado. E, com o movimento rápido e aflito, nem se deu conta de que suas tranças estavam presas aos pinos.

Dalila estava deitada ao seu lado e aguardava que ele despertasse. Quando percebeu que mais uma vez tinha sido enganada por Sansão, ficou mais uma vez chateada. Estava cansada daquele jogo. Sabia que Inárus não perdoaria outra tentativa em vão. E que isso lhe custaria a chance de ganhar os siclos de prata e vingar-se, através de Sansão, de todos os homens que a importunaram na vida.

— Como diz que me ama se zomba de mim? É a terceira vez que mente. É assim que prova seu amor? — disse Dalila, levantando-se e recolhendo suas roupas do chão.

Sansão tentou abraçá-la, mas Dalila estava visivelmente magoada.

— Por que exige provas de amor se eu nunca lhe pedi nada disso?

— Se pedisse, certamente o faria.

— Mas eu não preciso que prove. Basta-me aquilo que sinto. Eu olho em seus olhos, Dalila. Eu percebo que está envolvida quando se entrega a mim... Vejo o seu sorriso, o seu olhar... Isso basta para eu perceber o seu amor. E você nunca disse que me ama.

—Você nunca perguntou.

—Porque eu já sei a resposta, Dalila. Mesmo que negue, não importa o que diga. Eu sei que você me ama. E para mim isso basta.

Dalila ouvia perturbada aquelas palavras. Não gostava de sentir-se usada.

— Sou apenas mais uma conquista do grande guerreiro. Você já obteve sua vitória, Sansão. Meus cumprimentos. Deve continuar sua jornada — disse, terminando de vestir-se, lançando sobre si a túnica branca e deixando o pequeno cômodo.

Saiu aflita e chorosa. Não sabia o que iria acontecer, nem mesmo se poderia voltar a ver Sansão. Voltou ao palácio, apresentou-se a Inárus e foi até o jardim repensar sua vida.

Sansão também buscou um lugar para refletir. Seguiu em direção à praia e sentou-se sobre a pedra onde havia avistado Dalila pela primeira vez. Ficou ali até perceber a companhia do misterioso andarilho que lhe aparecia nos momentos mais cruciais da vida.

— Eu não ouvia. Não ouvia meu pai... — disse o hebreu ao enigmático companheiro de jornada.

— É hora de partir, Sansão. Você deve continuar tua caminhada — aconselhou o andarilho.

O guerreiro permaneceu ali, absorvido pelos pensamentos em Dalila. Não conseguia pensar em nada mais. Só na mulher que amava.

★

Não havia outro plano. Apenas Dalila poderia envolver Sansão e derrotá-lo. Nenhuma arma seria tão letal. Nenhum exército poderia conter o hebreu. Inárus sabia que dependia de sua protegida e mais uma vez confiou-lhe a tarefa de descobrir o segredo da força de Sansão.

★

Em Zorá, Jidafe, Héber, Samara, Jana e Gadi estavam ao redor de uma irreconhecível Zilá. Antes doce, conselheira e otimista, ela estava prostrada. Febril, tinha alucinações constantes nos últimos dias. Gritava, chorava e falava sozinha. Orava a todo instante pedindo a Deus por seu filho.

— Não! Não deixe que ele se perca. Não deixe que ele sofra... não se retire dele... gemia, com o olhar preso ao teto da casa enquanto estava deitada em seu quarto. Era um clamor tocante, pesaroso. Os amigos, ao seu redor, entreolhavam-se aflitos.

Zilá piorava com rapidez até que, num momento, desencadeou um choro compulsivo e dolorido. Um lamento de uma mãe diante do filho morto. Era assim que Zilá sofria. Pranteou por horas seguidas até que todas as suas forças acabaram-se e ela morreu angustiada.

Longe dali, em Gaza, Dalila retornava para a casa de Jana, que estava vazia. Parecia que havia ficado afastada por meses, mas, na verdade, estava longe apenas há alguns dias. Tempo que precisou para pensar sobre como conquistar definitivamente Sansão.

O hebreu também havia refletido muito nos últimos dias. Não queria mais se arriscar a perder seu grande amor. E se era o segredo que ela precisava, ele lhe contaria. Assim que retornou ao cômodo onde havia vivido os últimos dias, surpreendeu-se ao ver que Dalila o esperava.

— Por que voltou? — questionou Dalila.

— Não poso seguir meu caminho. Ele sempre me levaria a você. — respondeu Sansão, aproximando-se da jovem e a beijando com pressa e força.

Dalila permitiu que Sansão a tomasse no colo e a levasse até a cama. E, com doçura, arriscou mais uma vez.

— Diga me, em que consiste a tua força?

— Não menti quando falei sobre os meus cabelos. A navalha nunca os tocou, pois sou um nazireu de Deus. Esse é o meu voto, Dalila. Se cortar o meu cabelo, a minha força me abandonará e então, sim, por mais que você negue... Serei como qualquer outro homem.

Dalila empalideceu-se. Não havia nenhum sinal de mentira naquela contundente afirmação. Sansão estava sendo sincero como jamais foi.

Outra vez, ao entardecer, retirou-se para retornar até o palácio de Gaza. Lá avisou seu soberano sobre a nova descoberta. Estava confiante que o segredo do guerreiro hebreu havia, enfim, sido descoberto.

Na mesma noite retornou para o pequeno quarto no centro de Gaza. E, outra vez, aninhou Sansão sobre seu colo, acariciando suas tranças. Quando o danita adormeceu, cansado, ela sinalizou a um dos soldados que os espreitava. O homem entrou silenciosamente no cômodo apertado com uma pequena navalha. Enquanto Dalila segurava, com delicadeza e carinho, cada uma das tranças do hebreu, o soldado as cortava com a lâmina. Uma por uma, até que as sete tranças do danita fossem recortadas.

Após isso o soldado saiu, deixando Dalila com os cabelos de Sansão em suas mãos.

*

CAPÍTULO 16

Uma fé perene

Zilá era uma mulher de dores. Passou boa parte da vida sendo humilhada por não poder dar filhos a Manoá e, somente quando já entrava na velhice, o mensageiro de Deus apareceu a ela, no alto da colina, para lhe anunciar a promessa divina.

"Você é estéril, não tem filhos, mas engravidará e dará à luz um filho. Todavia, tenha cuidado, não deixe que ele beba vinho nem outra bebida fermentada, nem que coma nada impuro, e não se passará navalha na cabeça do filho que você terá, porque o menino será nazireu, consagrado a Deus desde o nascimento; ele iniciará a libertação de Israel das mãos dos filisteus."

Como gratidão à resposta divina, Sansão jamais teve seu cabelo cortado. Os fios eram domados com tranças tecidas pacientemente pela mãe, enquanto ela lhe contava histórias sobre os feitos do Deus dos hebreus. O voto de nazireu, que quer dizer separado, consagrado a Deus, era cumprido à risca. Isso até que Sansão crescesse.

Por mais cruéis que fossem os dias e por mais que os planos parecessem não se cumprir, Zilá mantinha uma fé inabalável no meio do seu povo e incentivava Manoá. Orientava os mais jovens, como Jidafe, Héber e Samara. Cuidava dos desamparados, como quando abrigou, sem nenhuma rejeição, Gadi e Jana. Era uma mulher valiosa.

Todos os dias orava agradecendo a Deus. Intercedia pelos danitas, pelos filhos de Abraão e principalmente por seu filho, Sansão. Não havia murmúrio em seus lábios, somente palavras de esperança e gratidão.

Porém, nos últimos dias, a angústia tomara conta daquela admirável mulher. Seus lábios já não sorriam. Em todo tempo pranteava. Até que a tristeza a venceu e lhe tirou a vida. Foi como uma flor secando repentinamente ao sol. Quando Sansão revelou o maior segredo de sua vida, Zilá não resistiu.

Dalila sofria por trair seu dedicado amor. Cada vez que uma das tranças do temido e gentil guerreiro era arrancada, era como se estivessem ferindo o seu próprio coração, como se o estivessem mutilando também. Uma atitude masoquista de quem nunca conheceu o amor verdadeiro.

Uma movimentação tomou conta nas ruas de Gaza. Inárus passava a pé pelas vielas da cidade, seguido por um grande número de soldados. O próprio soberano queria capturar Sansão e liderava o grupo de filisteus até diante da pequena porta de madeira sem trancas onde vivia o hebreu e Dalila.

Invadiu o quarto com violência, alarmando o adormecido hebreu, que se levantou rapidamente. Foi quando percebeu, espalhadas pelo chão, cada uma de suas tranças. Olhou com terror para os olhos envergonhados e cheios de lágrimas de Dalila.

— Dalila? Por que fez isso? Por que fez isso? — indagava, incrédulo com o que acabava de acontecer.

Dois soldados o cercaram, para dominá-lo. Sansão golpeou um deles, mas o outro o atingiu no estômago com força. Outros o agarraram, imobilizando-o. Inárus entrou em seguida, com ar triunfante. Já Dalila correu apavorada do local.

— Quem passou por mim? Dalila ou o Deus invisível dos hebreus? — tripudiou o príncipe de Gaza, enquanto soldados riam da desgraça do hebreu.

— Está diante do seu soberano. Curve-se! — ordenou Inárus.

—Você não é meu soberano. Jamais me curvarei diante de seus ídolos! — respondeu com fúria e encarando fixamente o príncipe de Gaza.

Um soldado lhe golpeou a parte de trás da perna, fazendo com que o hebreu caísse ajoelhado.

Inárus aproximou-se, incomodado com a forma como Sansão o encarava, sem reverência e com ódio e revolta.

— Ainda insiste em olhar nos meus olhos, hebreu? Ainda pode ver a morte do seu povo por detrás deles?

— Tão claro como a água! — vociferou Sansão.

O príncipe sorriu, sarcasticamente. Era a figura personificada do mal ali. Um diabo em forma de gente. Apanhou da cintura seu pequeno punhal, o mesmo com que havia matado o soberano de Gate. Era uma arma estimada pelo filisteu. Um acessório extremamente afiado, capaz de pequenas incisões, como descascar uma fruta ou perfurar um inimigo certeiramente.

— Será exatamente isso que vai acontecer. O fim dos hebreus. Espero que aproveite bem essa sua última imagem — falou pausadamente, deixando que as pausas entre as palavras produzissem no rendido Sansão um efeito torturante.

Após isso, cravou a pequena lâmina em cada um dos seus olhos, espetando-os como se fossem duas laranjas, fazendo um sulco vermelho de sangue escorrer em seu rosto. O grito de dor de Sansão podia ser ouvido em toda a cidade. Um urro provocado por uma brutalidade sem tamanho.

Dalila corria apressada de volta ao palácio quando escutou o triste e aterrorizante som. O gemido do único homem que realmente a amou.

No chão, contorcendo-se de dor, Sansão tentava se manter vivo. E Inárus o golpeava com chutes, fazendo-o sofrer ainda mais.

— O que diria o seu povo se o visse dessa forma? Já imaginou, Sansão? O grande herói de tranças, a grande esperança do povo hebreu, totalmente derrotado pelos filisteus... Está aqui, como um animal capturado, bem diante de nossos olhos! É uma pena que não possa mais enxergar... é uma bela visão.

Aron olhava tudo de perto, com desconforto. Apesar de servir no palácio, não lhe agradava esse tipo de violência gratuita. Por isso mantinha-se distante o suficiente daquela cena animalesca. Um pano foi amarrado ao redor dos olhos de Sansão, estancando seu sangramento. O hebreu foi amarrado pelas mãos e pelos pés e conduzido pelas ruas de Gaza num cortejo selvagem. Os filisteus gritavam ao seu redor, assustando-o. Alguns atiravam frutas e objetos em sua direção. Na sua frente, Inárus andava orgulhoso com a conquista e já havia mandando anunciar em toda a cidade e nos principados filisteus que o temido herói de tranças havia sido detido. Alguns homens o saudavam euforicamente com vivas e palmas.

Arrastado pelas correntes, Sansão foi levado ao cárcere do palácio, um moinho antigo onde os homens faziam o papel de tração destinado aos animais, fazendo girar as grandes rodas que moíam trigos e outros grãos. Sansão foi amarrado a uma enorme alavanca enquanto soldados o chicoteavam, fazendo-o girar por horas a estrutura construída de madeira.

Inárus divertia-se. A todo momento provocava seu rival, totalmente entregue. Queria usá-lo como uma propaganda para que o povo hebreu não se unisse e nem se rebelasse mais ao seu comando.

A alguns carcereiros, o príncipe de Gaza ordenou que o mantivessem girando o moinho, até que os pés do guerreiro sangrassem e ele fosse esquecido por seu povo.

— Sabem que sou muito generoso... Temos aqui um guerreiro que já esteve em vários lugares, deixando rastros de destruição... Sansão já andou demais nessa vida e não me sinto confortável interrompendo essa caminhada — tripudiou outra vez, antes de golpeá-lo e deixá-lo gemendo de dor no chão.

Condoído com o sofrimento do prisioneiro, o pequeno Alexis, um garoto que ajudava na carceragem, levou um pouco de água ao hebreu.

*

Aron estava incomodado. Jamais tinha visto tamanha crueldade. Furar os olhos de um homem já capturado era brutal demais, mesmo para um soldado experimentado em guerras. Estava pensativo, na sala que antes pertencia a Abbas, quando Yunet chegou. Os dois conversavam sobre a captura de Sansão, o assunto que havia tomado conta de toda a cidade.

— Que monstruosidade... Está certo que Sansão fez muito mal ao nosso povo, mas... Não sabia que o príncipe Inárus era tão cruel... — ponderou a cortesã, já se sentindo mal ao pensar na cena.

— Perdão, minha princesa. Não vou mais atordoá-la com meus pensamentos... É a única a me trazer um pouco de alegria...

No mesmo instante chegou Myra, incomodada com a troca de palavras carinhosas.

— A única? — interrompeu a chefe das cortesãs, carregando frutas e vinhos para Aron.

— Única além de você, meu amor — corrigiu-se Aron, já começando a se complicar em desculpas.

Yunet estava também impaciente com aquela situação. Aron precisava se decidir. Era preciso escolher uma esposa. E com ela cuidar do filho que haveria de chegar. Myra ajuntou-se à amiga e pressionou o soldado a escolher entre uma das duas.

— Já disse que tenho amor suficiente para dar a vocês e a essas crianças que vêm ao mundo... Em tempos tão difíceis, como podem privar alguém de amar e ser amado? Nada lhes faltará, eu garanto. Principalmente se eu for nomeado comandante do exército — esquivou-se, engolindo de uma só vez o vinho servido por Myra.

As duas entreolharam-se, aflitas. Yunet foi a primeira a falar. Sabia que não poderiam continuar vivendo no palácio. Grávidas, não teriam nenhuma utilidade. Seriam expulsas com seus filhos recém-nascidos.

— Vamos partir enquanto é tempo. Podemos viver longe de toda essa guerra... — sugeriu Yunet.

— Eu gostaria de criar meu filho num lugar melhor... Poderíamos seguir para a região montanhosa — completou Myra.

Aron as olhou com ternura. Fitou a sala do comandante do exército filisteu. Pensou em como seria sua vida sendo o homem mais importante do exército, servindo a Inárus. Guerras, mortes, barbaridades, injustiças... imaginou-se com as duas mulheres vivendo numa região fértil, rodeado por filhos. Sorrindo.

— Então está decidido, meus amores. Nós vamos partir.

Myra correu para contar a novidade a sua amiga, Dalila. Queria que ela fosse com eles. Poderia viver bem, longe do palácio e de toda a selvageria imposta por Inárus. Mas a protegida do soberano de Gaza recusou. Dalila não queria ser feliz. Era o preço a pagar pelo que havia feito. Ela pertencia àquele local sombrio.

Poucos dias depois, Aron, Myra e Yunet deixavam o palácio numa pequena charrete com os pertences dos três.

★

Zorá vivia seu luto. Homens e mulheres andavam cabisbaixos. Tristes pela morte da querida Zilá. Gadi, no entanto, animava o povoado. E lembrava como a mãe de Sansão não queria ninguém triste por lá.

Os meses se passaram e o vilarejo voltou a ter alegria. Jana e Jidafe estavam cada vez mais próximos. Héber e Samara haviam se casado diante do levita da tribo, que os abençoou. Porém, o problema da seca encurralava os danitas. Além disso, notícias de que a perseguição dos filisteus havia recomeçado ganhavam os territórios dominados pelos hebreus.

Jidafe insistia com Héber de que a terra que havia encontrado, em sua última incursão, era perfeita para que o povo de Zorá retomasse a vida. Havia fontes de água, terrenos férteis e árvores frutíferas na direção ao norte. Bastava arrumar as caravanas e partir.

Héber, porém, tinha um entrave. Samara havia engravidado logo que se casaram e o primeiro descendente do casal poderia nascer durante a viagem. Seria muito arriscado. Refletiu e decidiu que ficaria com Samara em Zorá até que o bebê nascesse. Mas que não poderia arriscar todo o povoado e que, por isso, seria melhor que Jidafe conduzisse parte dos danitas até o território por ele descoberto.

Jidafe assentiu, preocupado. Sabia que era a coisa certa a fazer e começou os preparativos para a longa jornada.

No dia marcado para a viagem, quase todo o povo reunia-se no largo central de Zorá. Alguns danitas haviam abandonado os costumes dos hebreus e faziam oferendas ao deus-pedra, próximo da entrada do vilarejo. Todos estavam emocionados em deixar aquelas terras. Jidafe havia crescido ali. Assim como Samara e Héber. Abandonar aquelas construções, ruas e lembranças para trás era doído. Uma sensação amarga de derrota diante da iminente ameaça dos filisteus.

Samara chorava, muito triste com o cenário, quando sentiu uma forte dor no estômago. Os incômodos seguiam, em sequência. Eram contrações. Gadi apontou assustado para o líquido viscoso que descia sob as vestes da jovem. A bolsa havia se rompido e ela entrava em trabalho de parto.

Héber, com a ajuda de Jidafe, levou-a com cuidado até a casa onde vivia antes Zilá e agora era habitada pelo casal. Ajeitou alguns tecidos limpos sobre a cama e fez com que a esposa deitasse. E, apavorado, correu atrás da parteira do vilarejo, que chegou apressada, trazendo bacias com água e panos limpos.

Gadi, acompanhado de Jana, olhava tudo com espanto. Samara estava pálida demais, sem forças. Parecia não resistir. A bolsa havia se rompido antes da hora. E a parteira não conseguia ajudar Samara no parto. Sua expressão no rosto era de preocupação.

Acariciando as mãos de Samara e dizendo palavras de apoio, Héber tentava demonstrar força e fé. Estava, na verdade, desesperado com a possibilidade de perder a esposa e o filho ali.

As horas passavam e deixavam todos ansiosos. Jana e Gadi foram tomar um pouco de ar fresco enquanto Jidafe apoiava Héber.

— Não perca sua fé, meu amigo — dizia, enquanto o afagava nos ombros, tentando fazê-lo resistir ao lado da esposa, quase desfalecida.

Do lado de fora, um barulho já conhecido aos danitas. O trote furioso dos cavalos de soldados filisteus, enviados diretamente por Inárus, invadia o povoado. O soberano de Gaza estava absorvido em ódio e queria acabar com todas as tribos por onde Sansão havia passado e triunfado. Com um mapa, traçou seus objetivos. Zorá, Estaol, Timna, Ascalão e Judá. Todas essas cidades haviam sido palco das façanhas de Sansão. Começaria destruindo a cidade onde o hebreu havia nascido e depois devastaria os outros povoados hebreus.

Por isso, a invasão foi violenta. A ordem era acabar com os filhos de Dã. Os soldados cercaram e mataram um primeiro grupo, justamente os que cultuavam o deus-pedra, na entrada do vilarejo de Zorá. Depois seguiram pelo largo central, golpeando os que estavam no caminho, revirando as carroças e cercando as mulheres. Entre elas, Jana, que protegia Gadi.

Ao ouvir o temível som, Jidafe correu pelo vilarejo e, antes que um dos soldados se aproximasse de Jana, Jidafe o golpeou com fúria. Sua inciativa animou outros danitas que começaram a se defender, lutando contra os invasores. Foram minutos de resistência até que os filisteus fugiram, derrotados. Pela primeira vez, os danitas haviam resistido à invasão sem a ajuda de Sansão. Feito que foi celebrado por toda a tribo.

Enquanto agradeciam a Deus pela vitória, um choro estridente ecoou da casa onde morava Manoá e Zilá. O filho de Héber e Samara havia, enfim, nascido.

★

Dalila era festejada no palácio. Ovacionada como "a mulher que derrotou Sansão". Ao lado de Inárus, os representantes de Ecrom, Gate, Ascalão e Asdode, que junto com Gaza formavam a poderosa Pentápolis filisteia, o reino mais temido do mundo, depositaram, cada um, mil siclos de pratas aos pés da bela e triste moça. Baús repletos de moedas reluzentes.

Para a protegida de Inárus, toda aquela riqueza havia perdido seu encanto. Remoía-se num amargo ressentimento. Sentia-se suja e indigna. E já não conseguia esconder seu desconforto com a euforia que tomou conta do palácio desde que Sansão havia sido capturado.

Quando conseguia, Dalila refugiava-se na praia. Ficava horas pensativa, olhando para o mar, arrependendo-se profundamente pelo que havia feito.

No palácio, Tais continuava sua vocação venenosa de persuadir Inárus. E, sabendo que Dalila estava emocionalmente envolvida com Sansão, tecia insinuações, tentando convencer o soberano a sacrificar o hebreu de vez.

Alegava que as pessoas na cidade ainda temiam o retorno do invencível guerreiro hebreu e davam a Dalila todo o crédito pela vitória. Inárus era um homem vaidoso e não gostava de dividir suas honras. Pensou e decidiu. Iria organizar uma festa em homenagem ao deus filisteu Dagon e promover uma humilhação pública de Sansão.

— Exibiremos Sansão, fraco e com aspecto terrível, como atração principal. Chamem todos os filisteus! Que o templo fique repleto de pessoas da cidade, para que todos vejam, com seus próprios olhos, quem realmente tem poder — discursava para os demais príncipes e líderes filisteus.

A ideia de exibir seu adversário em opróbio o excitava. E Inárus quis, pessoalmente, torturar Sansão com seus planos de extermínio do povo hebreu. Desceu até o moinho onde ficava o cárcere. Entrou no lugar malcheiroso e escuro e encontrou Sansão empurrando uma das pás que fazia a moenda girar. Achou engraçado vê-lo trabalhar como se fosse um animal.

— Nosso ilustre convidado está sendo bem tratado? — provocou.

Sansão deteve-se ao ouvir a voz de Inárus. Sentiu todo o ódio dentro de si. Inárus apanhou uma corrente no chão e lhe golpeou as costas.

— Ninguém ordenou que parasse. Continue andando! — mandou.

Sansão resistiu, mas outro golpe das correntes o fez continuar seu curso. Inárus gargalhava maldosamente. E afligia o prisioneiro hebreu com suas palavras.

— Força! Onde está aquele homem tão valente e tão destemido? Dalila ficaria muito decepcionada se o visse dessa forma... E é uma pena que não pode mais vê-la. Depois da fortuna que recebeu para entregá-lo, está mais bela do que nunca... Jamais sentirá novamente o gosto da vitória sobre o povo filisteu... Será exibido como um animal, para divertir o meu povo. E, mesmo depois de sua morte, não ficarei satisfeito enquanto não destruir todos os hebreus. Está sozinho, Sansão. Você e seu povo. Até o Deus invisível os abandonou.

Ao ouvir as últimas palavras, Sansão gritou com fúria e, num movimento rápido, conseguiu segurar Inárus pelo pescoço, sufocando-o com a corrente que estava em suas mãos.

Os soldados logo agiram, acertando Sansão com pedaços de paus e correntes, fazendo com que soltasse o soberano.

— O meu Deus não me abandonou! O meu Deus não me abandonou! — gritava e chorava ao mesmo tempo.

Seu ímpeto foi castigado com uma dura surra pelos soldados filisteus, que o deixaram urrando de dor e sangrando no chão gelado do moinho.

Os meses passavam lentamente ali. Os pés já esfolados, as mãos feridas de tanto empurrar a desconfortável pá. Por centenas, milhares de vezes circulando o mesmo espaço. O movimento rotatório e repetitivo que lhe moía também a alma e debilitava seu corpo.

Sua cegueira o fez enxergar quanto errou.

— Liberte-me, Senhor, liberte-me desse sofrimento sem fim... — clamava, diante do olhar condoído do garoto Alexis.

Lá fora, com o anúncio da grande festa a Dagon, as cortesãs animavam-se. Costuravam fantasias e homens brincavam com perucas trançadas. Outros faziam alusão aos olhos furados de Sansão. Todos queriam divertir-se com a desgraça do guerreiro danita.

Após alguns dias, chegou o momento da grande celebração. No grande templo de Dagon, dançarinos apresentavam-se com o acompanhamento de músicos. Cortesãs enfeitavam o salão, repleto das pessoas mais importantes do reino filisteu. Os príncipes vestiam suas roupas mais nobres. Militares desfilavam com taças de vinho, enquanto comiam frutas frescas. A descontração só foi interrompida quando anunciaram a entrada de Inárus e sua protegida, Dalila.

— Salve o grande Inárus! — gritou um dos soldados, diante da explosão de vivas e aplausos.

O soberano desfilou diante de todos segurando Dalila pelas mãos. Acenava para a multidão que se apertava entre as colunas para reverenciá-lo. Aproximou-se da grande estátua erguida em homenagem a Dagon e a fitou por um instante, com cumplicidade. E, num ato cheio de simbolismo, abaixou-se à sombra da imagem feita de metade homem e metade peixe e a reverenciou.

A multidão gritou em homenagem a Inárus e a Dagon.

— Nosso deus nos entregou nas mãos Sansão, nosso mais terrível inimigo, que destruía as nossas terras e multiplicava os nossos mortos. E é para agradecer por essa vitória que aqui estamos. Celebremos o triunfo dos filisteus sobre Sansão, aquele que os hebreus acreditavam que seria um herói! — discursou, levantando as mãos e provocando ainda mais risos e histeria.

Dançarinas voltaram a se apresentar. Um musical relembrando a trajetória de vitórias de Inárus, tripudiando sobre as conquistas de Sansão e satirizando sua queda. Todos riam, bebiam e pareciam se divertir. Exceto Dalila.

Era chegada a hora de buscarem Sansão. No cárcere, ele continuava suas orações.

— Perdoe-me, meu Senhor... Perdoe-me por não ter escutado as tantas vezes que tentou me avisar... O Senhor que fez sair água da pedra dura quando eu estava sedento... O Senhor que tanto me salvou dos perigos e que nada faz sem um propósito... Não permita que este seja o fim da minha jornada, não permita que eles me matem e continuem a oprimir o meu povo... Aceite o meu perdão e volte a olhar por mim, meu Deus... — murmurava, entre lágrimas que lhe faziam sangrar ainda mais os olhos. Uma dor profunda.

Alexis, o pequeno carcereiro, aproximou-se.

— Sansão, chegou a hora. Os soldados vieram buscar você. Melhor ficar de pé.

O guerreiro hebreu agradeceu os cuidados do menino. Ajeitou-se para não ter que ser erguido com pontapés e correntes nas costas. E esperou que dois soldados o conduzissem até o átrio principal do palácio, o imponente templo erigido em homenagem a Dagon.

A construção do salão ganhava destaque em todo o palácio. Era centralizada, no segundo andar do conjunto de prédios. Colunas de pedra polida atravessavam do fundamento, passando pelo templo, até o terraço. O espaço dava equilíbrio para que todas as outras alas pudessem ser erguidas. Era um dos orgulhos de Inárus, um símbolo da inteligência e sofisticação filisteia na área da arquitetura.

Sansão foi levado, aos tropeções, até lá. Estava cansado e maltrapilho. Seus cabelos já haviam crescido até a altura dos ombros, desde que, há alguns meses, fora capturado. Quando entrou no salão, a multidão ria e o ofendia.

Um grupo de dançarinos fez uma roda em sua volta. E, com queixadas de jumento nas mãos, atacaram-no superficialmente, deixando-o em pânico. Soldados o chicoteavam, abrindo escoriações em suas costas. Outros o empurravam, socavam e chutavam, aproveitando sua cegueira e correntes nas mãos.

Dalila não suportava mais ver aquela cena e virou o rosto. Mas Inárus percebeu seu incômodo e a forçou a olhar o que estava acontecendo, virando seu rosto novamente para Sansão.

— Veja, Dalila! Eu exijo que você acompanhe cada movimento desse dia memorável... E aproveite! Pois serão os últimos momentos do guerreiro hebreu.

Tais observava tudo com satisfação. E, tão logo Dalila ficou só, foi provocá-la.

— Como pôde preferir as mãos sujas de Inárus às mãos carinhosas de Sansão?

Dalila perturbou-se ainda mais e aos berros mandou que Tais saísse de perto dela. Estava transtornada com a cena e atormentada pelas lembranças. Como quando o encontrou pela primeira vez no mar. Das juras de amor de seu amante hebreu. De como ele havia colocado sua vida em risco para protegê-la. De sua fidelidade diante das insinuações da bela Tais. Era tão claro que ela havia cometido o pior erro de sua vida... Sentiu na boca o gosto do sangue. E não aguentou mais. Gritou, em desespero, por Sansão, fazendo com que a multidão silenciasse em estranhamento. Fez menção de correr até ele, mas Inárus a deteve com raiva.

— Acalme-se, Dalila. Aproveite este grande momento — ria com sarcasmo.

Sansão gritava de dor, bramava como um leão furioso e ferido enquanto era golpeado por mulheres, dançarinos e soldados. Tonteou com um dos socos que recebeu e caiu próximo a duas colunas. Alexis, que acompanhava o sofrimento do guerreiro, levou um pouco de água até ele. Amparou com cuidado o hebreu exaurido, ferido e que chorava copiosamente, mesmo diante dos protestos de alguns filisteus.

— Alexis, por favor... Deixe-me onde eu possa apalpar as colunas que sustentam a casa... para que eu me encoste nelas.

O menino ajudou-o a subir dois degraus. Colocou suas mãos em uma das duas colunas mestres. Sansão mostrou-se aliviado e sorriu.

— Preciso que você fuja. Corra para o mais distante que puder deste lugar. Agora! — pediu, acariciando as mãos do pequeno e gentil carcereiro. Alexis entendeu. Sabia todas as histórias sobre Sansão e o

Deus dos hebreus. Algo iria acontecer e ele não deveria estar ali para presenciar.

Dalila tentou correr em direção a Sansão, mas alguns soldados a seguraram. Inárus já estava impaciente com o descontrole de sua protegida e já intentava castigá-la tão logo a sua diversão com o guerreiro danita terminasse.

O hebreu colocou as mãos feridas e ensanguentadas nas colunas do templo. Estava próximo de não mais resistir. Sua vida passava pela memória. Tantos arrependimentos. Tantas chances de fazer o que era certo. Era um homem como qualquer outro, pensava. Sujeito às mais simples das tentações humanas.

— Perdoe-me, Senhor Deus... Peço que se lembre de mim e me dê forças só desta vez... Para que eu me vingue dos filisteus pelos meus olhos... Atenda à minha súplica, Senhor, eu lhe peço! Dê-me forças! — orou, quase sussurrando.

Em seguida, pôs-se de pé. Amparou cada uma das mãos sobre as colunas e, num grito alto e doído, empurrou-as com toda força. As correntes que seguravam seus braços explodiram, deixando todos admirados.

— Que eu morra com os filisteus! — berrou com força, fé e ódio.

A força fez com que as colunas trepidassem. Grandes blocos de pedras começaram a se desprender da laje do pavimento superior, atingindo a multidão. Alguns corriam em desespero, mas outras colunas tombavam, num efeito dominó, esmagando mais e mais filisteus. Inárus tentou proteger-se diante da estátua de Dagon, mas ela também caiu, justo em sua direção, matando-o.

Dalila também foi atingida por uma grande pedra. E, após Sansão aplicar toda a sua força, o templo desabou como se fosse feito de papelão. Uma enorme nuvem de poeira levantou-se no coração de Gaza, soterrando e matando todos ali, inclusive Sansão.

Um silêncio pavoroso tomou conta de toda a cidade. Todos os príncipes filisteus estavam mortos. Os principais homens do exército filisteu estavam soterrados.

Ao saber do ocorrido, um grupo de danitas foi até o palácio de Gaza e buscaram o corpo sem vida de Sansão. Um cortejo, conduzindo seu ataúde, seguiu até uma pequena colina ao lado de Zorá. Justamente onde o mensageiro de Deus havia aparecido pela primeira vez a Zilá. Lá, junto com Zilá e Manoá, Sansão foi sepultado.

Gadi estava sentado próximo, sobre uma pedra. Olhava tudo com profunda tristeza.

— Os heróis não deveriam morrer... — murmurava.

O andarilho, companheiro de Sansão em todas as jornadas de sua vida, sentou-se ao lado do menino. Acariciou seus cabelos.

— Eles vêm para nos ensinar. O caminho de Sansão foi longo... Mas ele finalmente encontrou a fé que tanto procurava — consolou-o.

Os dois ficaram um tempo em silêncio, observando a homenagem dos amigos a Sansão. Viram a forma doce como Héber e Samara revezavam-se nos cuidados com o pequeno bebê. As flores colocadas diante de seu sepulcro por Jana e Jidafe, que já formavam um novo casal.

— Sabia que eu sou forte como ele? Conheço o seu segredo... — sussurrou Gadi ao desconhecido, mas amistoso viajante.

O andarilho achou graça diante do olhar inocente do menino

— Não é um segredo. E você pode contar a todos... — respondeu, levantando-se, pronto para partir.

Gadi o observava, cheio de curiosidade. Tinha muitas perguntas sobre o seu herói danita. O homem que, mesmo diante de tantos tropeços, cumpriu a promessa divina de estabelecer um tempo de paz e pôr fim à opressão filisteia.

— Acha que daqui a muito tempo as pessoas ainda vão contar as histórias de Sansão?

O andarilho deteve-se. Olhou ao seu redor com calma. Respirou vagarosamente o ar do semiárido. Viu a esperança no olhar das pessoas e voltou-se com ternura para Gadi, e o acalentou.

— Tenho a impressão de que irão...

★